# JUTAKU KADAI 09

## 住宅課題賞 2020

［建築系大学住宅課題優秀作品展］

Residential Studio Project Award 2020

## はじめに

「住宅課題賞」（建築系大学住宅課題優秀作品展）は、東京建築士会事業委員会主催により、2001（平成13）年より毎年企画・開催しております。会場のギャラリー エークワッド様には、展示空間を長年ご提供いただき感謝申し上げます。特別協賛の総合資格様には、2012（平成24）年より「JUTAKUKADAI」を企画・監修・出版いただき、各大学の設計課題を取りまとめた書籍は、学校教育において貴重な資料として喜ばれており、感謝申し上げます。そして、その他多くの関係各位のご協力により、20年目の第20回「住宅課題賞」を迎えることができました。

　住宅課題賞は、関東圏に位置する大学を対象として、建築系学科等で行なわれている建築設計授業の中から、住宅課題における優秀作品を各校・各学科1作品ずつ推薦していただき、それらを一堂に集めた展示会として開催しているものです。また、審査員は各大学ごとに異なる課題のため、どれだけ課題にそっているかを中心に、厳正なる審査をし、公開審査により「優秀賞」としております。回を重ねるごとに、参加大学も増え、第20回は41大学53学科の参加・出展をいただきました。

　住宅課題賞は建築を学ぶ学生のみなさんに建築の基本である住宅の設計を通して、建築の楽しさを知り、その社会的な意義への理解を深めてもらおうとするものです。また、学生のみなさんと大学の教員の方々並びに第一線で活躍されている建築家を結ぶ場として、そして各大学間における建築教育の情報交換と研鑽による向上を目的として企画されたものであり、学生間の交流の場としても定着してまいりました。今後の建築文化を担う学生のみならず、建築界・大学にとっても有意義なものになると考えております。

　今回は新型コロナウイルス感染防止のため、オンラインでの審査会となり、交流の場を設けることができなかったことを残念に思っております。

一般社団法人 東京建築士会

## Preface

The Residential Studio Project Award (University Architecture Students' Residential Studio Project Outstanding Works Exhibit), organized by the Projects Committee of the Tokyo Society of Architects and Building Engineers, has been planned and held annually since 2001. We are grateful for the generosity of Gallery A Quad in providing display space since the award was founded. We would also like to thank Sogo Shikaku Co. Ltd., which since 2012 has planned, supervised, and published a volume collecting the design projects of participating universities entitled Jutaku Kadai. These volumes have proved valuable resources for educational purposes. Thanks to the cooperation of these and other collaborators, the Award is now in its twentieth year.

The Residential Studio Project Award requests the architecture-related departments of universities located in Tokyo and surrounding prefectures to recommend one work of outstanding quality from among the residential-topic-related projects done by students in each school and department and these works are presented together as an exhibition. The jury carefully assesses those works, mainly in terms of how closely they follow project topics that differ from one university to another, and the "Prize for Excellence" is awarded through final open screening. The number of universities has increased each year and for the twentieth exhibit, 53 departments of 41 universities have participated.

The Residential Studio Project Award aims to help architecture students experience the joy of architecture and deepen their understanding of its social significance through the design of a residential building, which is fundamental to architecture. As a forum where students and university teachers come into contact with architects working at the front lines of the profession today and planned for the purpose of raising the level of education in architecture through inter-university information exchange and focused endeavor, the Award has become firmly established as the scene of information exchange among students.

We believe the Award will continue to make a significant contribution not only to the careers of the students who will carry on the culture of architecture but to the architectural profession and to the universities that provide basic training in the field.

The Award screening this time was held online as a measure against infection from the novel coronavirus, and we deeply regret that opportunities for face-to-face communication could not be provided.

**Tokyo Society of Architects and Building Engineers**

## 住宅課題賞への協賛にあたって

　建築士をはじめとする、有資格者の育成を通して、建築・建設業界に貢献する―それを企業理念として、私たち総合資格学院は創業以来、建築関係を中心とした資格スクールを営んできました。そして、この事業を通じ、安心・安全な社会づくりに寄与していくことこそが当社の使命であると考えております。

　その一環として、建築に関する仕事を目指している学生の方々が、夢をあきらめることなく、建築の世界に進むことができるよう、さまざまな支援を全国で行なっております。卒業設計展への協賛やその作品集の発行、就職セミナーなどは代表的な例です。

　住宅課題賞は、建築の基本である住宅をテーマにしており、また大学の課題作品を対象にし、指導教員の情報交換の場となることも意図して企画されたと伺いました。その点に深く共感し、協賛させていただき、また作品集を発行しております。

　本作品集は2020年版で9巻目となりました。時代の変化は早く、1巻目を発行した9年前とは社会状況は大きく異なります。特に近年は、人口減少時代に入った影響が顕著に表れ始め、人の生き方や社会の在り方が大きな転換期を迎えていると実感します。建築業界においても、建築家をはじめとした技術者の役割が見直される時期を迎えています。そのようなことを踏まえ、2018年度より、スピンオフ企画として、実際に大学で課題を出題された教員の方々にご登壇いただき、住宅課題について語り合ってもらうトークイベントを開催、作品集にその模様を収録いたしました。また、毎年行っている教員の方へのインタビュー記事も掲載しています。教員の方々が時代の変化をどのように捉え、どういった問題意識を持ち、設計教育に臨んでいるのか――。これらの記事から、これからの建築家や技術者の在り方の一端が見えてくると思います。

　住宅課題賞に参加された方々が本作品展を通し、新しい建築のあり方を構築され、さらに将来、家づくり、都市づくり、国づくりに貢献されることを期待しております。

総合資格学院 学院長・岸 隆司

## Cooperation with the Residential Studio Project Award

Contributing to the architecture and construction business through training for various kinds of qualifications has been the corporate ideal of Sogo Shikaku Gakuin since its founding as a mainly educational enterprise specializing in architecture-related certifications. Our mission is to help build a safer, more secure society. As part of this mission, Sogo Shikaku Gakuin provides varied forms of support to encourage students throughout Japan aiming to work in the field of architecture to pursue their dreams and enter the architectural profession. The main forms of support are active cooperation in the holding of exhibits of graduation design works, publication of collections of student works, and holding of seminars for job-hunting students.

The Residential Studio Project Award centers on the theme of the dwelling, that structure so fundamental to architecture, and we understand that the Award is targeted at university student projects and is designed to be a forum for information exchange among their teachers. Sogo Shikaku celebrates these purposes and supports the Award.

The 2020 collection of works exhibited for the Residential Studio Project Award is the ninth published so far. Times have changed rapidly and conditions in society are quite different today than they were nine years ago when the first collection came out. Particularly in recent years we are seeing the signs of the major shift in the way people live and the nature of society as the impact of decreasing population begins to be felt. One phenomenon of the changes is the reevaluation of the role of architects and other technical experts in the building and architectural design industries. Starting in 2018, as a spin-off we include the transcription of a discussion among five professors who assigned their students the task of dealing with topics in the residential studio projects. We also include a number of interviews with professors as we did in the previous issues. We asked them for their ideas about the changing times and what they see as the major topics of concern as they pursue their teaching of architectural design. These articles may provide hints for what will be required of architects and technical experts from now on. Through this exhibition we hope that the participants in the Residential Studio Project Award will pursue new approaches to architecture and contribute to the building of homes, cities, and nations for the future.

**Kishi Takashi**
**President, Sogo Shikaku Gakuin**

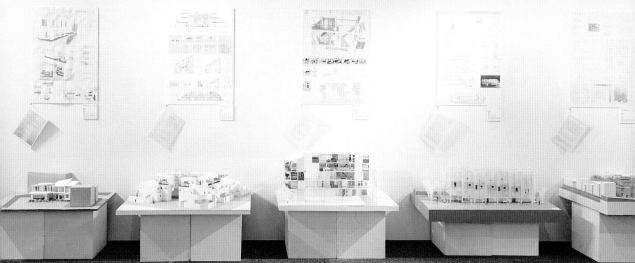

コロナ禍の中、2020年度の住宅課題賞は関東近県から東海までとエリアを拡大し、出展者53名が自身の作品を披露。写真は搬入時撮影

模型がしっかりつくりこまれていると、審査員や来場者から感想が聞かれたように、力作の多かった本年度作品

# CONTENTS

I

住宅課題賞2020
**オンライン審査ドキュメント**

新型コロナウイルス感染症が猛威を振るうなか、「第20回住宅課題賞2020」審査会はオンラインでの開催となった。午前中は審査員のみで会場を巡回して模型や提出資料を基に審査。午後からは午前の審査結果より受賞作を決めるための討論が開始される。

# 伊藤 暁／Ito Satoru

— — — —

| 1976年 | 東京都生まれ |
| 2002年 | 横浜国立大学大学院修士課程 修了 |
| 2002〜06年 | aat+ ヨコミゾマコト建築設計事務所 勤務 |
| 2007年 | 伊藤暁建築設計事務所 設立 |
| 2017年〜 | 東洋大学理工学部建築学科 准教授 |

【主な受賞歴】

| 2015年 | JIA 四国建築賞優秀賞（えんがわオフィス）、<br>神奈川建築コンクール優秀賞（横浜の住宅） |
| 2016年 | ベネチアビエンナーレ国際建築展特別表彰<br>（日本館展示） |
| 2019年 | 東京建築士会住宅建築賞金賞<br>（筑西の住宅） |

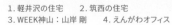

1. 軽井沢の住宅　　2. 筑西の住宅
3. WEEK神山：山岸 剛　　4. えんがわオフィス

# 萩原 剛／Hagiwara Takeshi

| | |
|---|---|
| 1961年 | 埼玉県生まれ |
| 1985年 | 早稲田大学大学院修士課程 修了 |
| 1985〜2017年 | 竹中工務店 勤務（竹中工務店設計部部長、早稲田大学・九州大学・東京工業大学・東京藝術大学・日本女子大学等の非常勤講師を歴任） |
| 2017年〜 | 萩原剛建築設計事務所 共同主宰、早稲田大学芸術学校 教授 |

【主な受賞歴】

| | |
|---|---|
| 1992年 | 東京建築賞・インテリアプランニング賞（草津トリヴィラ） |
| 1997年 | 第29回中部建築賞 一般部門入選（ホテルオーク静岡） |
| 2003年 | グッドデザイン賞（東京サンケイビル） |
| 2005年 | 日本建築学会作品選奨・BCS賞（東京サンケイビル） |
| 2009年 | 日本建築士会連合会賞 奨励賞（足立学園中・高等学校） |
| 2013年 | 国際コンペ最優秀賞・台湾建築賞（苗栗客家文化園區／台湾客家文化センター） |

1. 軽井沢の家 HOUSE IN KARUIZAWA：Shigeo Ogawa
2. 伊豆の家：Shigeo Ogawa　3. 苗栗客家文化園區／台湾客家文化センター
4. 東京サンケイビル：Shigeo Ogawa

## 原田 麻魚／Harada Mao

————

| | |
|---|---|
| 1976年 | 神奈川県生まれ |
| 1998〜99年 | 象設計集団 所属 |
| 1999年 | 芝浦工業大学 卒業 |
| 2000〜03年 | 建築都市ワークショップ 所属 |
| 2004年 | 原田真宏と共に<br>MOUNT FUJI ARCHITECTS STUDIO 設立 |
| 2013〜14年 | 東北大学 非常勤講師 |
| 2019年〜 | 東京大学工学部建築学科 非常勤講師 |

【主な受賞歴】

| | |
|---|---|
| 2003年 | SD レビュー鹿島賞（焼津の陶芸小屋） |
| 2007年 | The Barbara Cappochin Prize<br>（焼津の陶芸小屋） |
| 2008年 | AR Awards（雨晴れの住処） |
| 2009年 | AR Awards（PLUS） |
| 2010年 | 第42回中部建築賞 住宅部門入賞・<br>LEAF Awards 2010（PLUS） |
| 2012年 | 第44回中部建築賞 住宅部門入賞（VALLEY） |
| 2014年 | LEAF Awards 2014（Seto） |
| 2015年 | JIA新人賞（Shore House）、<br>AACA賞 芦原義信賞（Seto） |
| 2017年 | 日本建築学会作品選奨（Shore House） |
| 2018年 | LEAF Awards 2018・JIA日本建築大賞・BCS賞<br>（道の駅ましこ）、<br>日本建築学会作品選奨（立山の家） |
| 2020年 | 日本建築学会賞＜作品＞（道の駅ましこ） |

1. ROOFLAG：Mitsumasa Fujitsuka　　2. 半島の家：Ken'ichi Suzuki
3. 道の駅ましこ：MOUNT FUJI ARCHITECTS STUDIO
4. M3・KG：Ryota Atarashi

©Kazue Kawase

# 古澤 大輔／Furusawa Daisuke

———　———

| | |
|---|---|
| 1976年 | 東京都生まれ |
| 2002年 | 東京都立大学大学院博士前期課程 修了、馬場兼伸、黒川泰孝と共にメジロスタジオ 設立 |
| 2013年 | メジロスタジオをリライト_Dへ組織改編、日本大学理工学部建築学科 助教 |
| 2020年〜 | 日本大学理工学部建築学科 准教授 |

【主な受賞歴】

| | |
|---|---|
| 2011年 | SD レビュー朝倉賞（バルコニービル） |
| 2012年 | 日本建築学会作品選奨（3331 Arts Chiyoda） |
| 2015年 | JCD デザインアワード金賞（中央線高架下プロジェクト〜コミュニティステーション東小金井〜／モビリティステーション東小金井） |
| 2016年 | グッドデザイン・ベスト100 及び 特別賞（中央線高架下プロジェクト〜コミュニティステーション東小金井〜） |
| 2019年 | グッドデザイン・ベスト100（コトニアガーデン新川崎） |
| 2020年 | JIA日本建築大賞・日本建築設計学会賞・東京建築士会住宅建築賞（古澤邸） |

1. 古澤邸：Takeshi YAMAGISHI　　2. 下高井戸の産婦人科：平井広行
3. 中央線高架下プロジェクト〜コミュニティステーション東小金井〜

# 結果発表

城戸崎｜「住宅課題賞」は今年で20回目となります。東京建築士会では「住宅建築賞」という新人建築家の登竜門とも言える長い歴史のある賞があり（1984年より開催）、住宅の概念を広げてきました。学生が取り組む住宅課題にも、現代を反映し、未来を変える作品に会えるのではないかという想いから始まりました。この賞の特徴は、大学から推薦・出展してもらった作品が全て入賞作品であること。つまり、Zoom画面に入ってくれているみなさん全員が入賞者となります。まずは、おめでとうございます。今年は残念ながら学生が対面でプレゼンテーションをすることは叶わなかったのですが、あらかじめアピールポイントを聞いて、審査員が共有しています。

さて、1次審査の結果ですが、票が思い切り分かれました。今回は1票の作品がとても多いので、票が多い作品から良かった点や推したい点を審査員の先生方にコメントをもらいたいと思います。とはいえ、イチオシの1票もあると思いますので、その点については配慮しながら進めたいと考えています。

**展示会場の資料をもとに1次投票**（一人6票）

| 番号 | 大学／氏名 | 票数 |
|---|---|---|
| 05 | 神奈川大学／桶谷彩乃 | 1票（植田） |
| 06 | 関東学院大学／香川 唯 | 3票（萩原、原田、古澤） |
| 07 | 共立女子大学／小林芽衣菜 | 1票（萩原） |
| 08 | 慶應義塾大学／吉岡 萌 | 1票（伊藤） |
| 09 | 工学院大学／藤牧 舞 | 1票（原田） |
| 14 | 静岡理工科大学／疋田大智 | 2票（植田、萩原） |
| 16 | 芝浦工業大学／前田菜帆 | 1票（原田） |
| 18 | 昭和女子大学／髙木さくら | 1票（古澤） |
| 22 | 千葉工業大学／石井遥菜 | 1票（古澤） |
| 24 | 東海大学／渡邉優太 | 2票（萩原、古澤） |
| 25 | 東京大学／藤堂真也 | 1票（伊藤） |
| 27 | 東京藝術大学／堀之内ゆみ | 2票（植田、古澤） |
| 37 | 日本大学／髙橋和音 | 1票（植田） |
| 38 | 日本大学／厚澤くるみ | 2票（植田、原田） |
| 39 | 日本大学／伊藤茉奈 | 2票（萩原、原田） |
| 44 | 法政大学／木嶋真子 | 1票（萩原） |
| 45 | 前橋工科大学／安部田夏帆 | 1票（伊藤） |
| 48 | 武蔵野美術大学／二又大瑚 | 3票（伊藤、原田、古澤） |
| 49 | 明海大学／菊池優香 | 1票（植田） |
| 52 | 横浜国立大学／榊 真希 | 1票（伊藤） |
| 53 | 早稲田大学／笹原瑠生 | 1票（伊藤） |

## 植田 実／Ueda Makoto

1935 年東京都生まれ。早稲田大学第一文学部卒業。「建築」編集を経て、1968年「都市住宅」創刊編集長。その後「GA HOUSES」編集長などを経てフリー、現在に至る。住まいの図書館出版局編集長として「住まい学大系」第1〜103巻などを企画・発行。建築文化の普及・啓蒙に貢献した業績により、2003年度日本建築学会賞文化賞を受賞。

## 城戸崎 和佐／Kidosaki Nagisa

© 高橋保世

1960年東京都生まれ。芝浦工業大学大学院修士課程修了。1984〜85年磯崎新アトリエ、1985〜93年伊東豊雄建築設計事務所を経て、1993年城戸崎和佐建築設計事務所を設立。2008〜12年京都工芸繊維大学准教授、2012〜17年神戸大学客員教授、2019年實踐大学客座教授（台湾・台北）。2013年から京都芸術大学教授。

## 3票の作品をディスカッション

**06** 関東学院大学 建築・環境学部
建築・環境学科 すまいデザインコース

### 香川 唯 〔萩原、原田、古澤（3票）〕

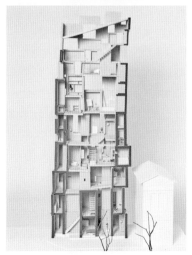

No.06　模型写真

**古澤**｜強い壁を意識的につくっているところが良いと思いました。強い壁を都市に埋め込もうとする姿勢が素晴らしいし、それが模型から伝わってくる。また、スケルトン・インフィルについても意識しているように感じました。木の床（＝インフィル）が力強く空間に作用していて、コンクリート（＝スケルトン）と拮抗している点も、空間の緊張感につながっていて良いですね。

**萩原**｜私もイチオシの案の一つです。横浜の中心に土の砦のような住居を出現させるという意欲的な案で感心しました。

**原田**｜「あり続ける住宅」というのが課題名ですが、裏を返すと、日本の住宅は「あり続けない」と認識されているということですよね。それは我々が取り組むべき問題の一つだと思います。一戸建て住宅に限らず、集合住宅でも「あり続ける」ことをコンセプトに据えるのは大切だと感じました。その際に、構造やインフラは強いものでつくり、私たちの、移ろう身体と共にある住宅の空間部分は木でつくる。その考え方に共感しました。ただし、実際に建てる時のリアリティについて（構造や改築を可能にする具体的提案など）はもう少し検証はすべきだと思います。

**48** 武蔵野美術大学
造形学部 建築学科

**二又 大瑚** 伊藤、原田、古澤（3票）

**No.48 模型写真**

**原田**｜東京・神田の狭小な敷地で、とても厳しい条件です。この課題は敷地を自分で選ぶようで、その場所を自発的に選び、可能性を探る行為そのものが素晴らしいと感じました。そして設計された作品も意欲的で、正直、住んでみたいかもしれない。

この案は「住むための機械」のような視点を感じます。そのことによって、多くの人たちの個別の住むための動作や、手持ちの家具、例えば花柄の布団さえも許容できるのではないか。高層化や狭小という、「都市的」と言える「あるスタイル」を規定しようとしているのではなく、また自分のデザインを押し出すだけでもなく、ただ「住宅」として解こうとしている点を評価したいです。

**城戸崎**｜よくあるミニマルな狭小住宅とは、一線を画しているということでしょうか？

**原田**｜そうだと思います。

**伊藤**｜住む場所をつくるという行為は、本来、そこを使う人の切実さが現れるはずなのです。どういう生活が必要か。そこでどういう時間を過ごすか。それがかたちとして現れてくることが、住宅として健全なあり方だと思います。私は地方での仕事も多いのですが、田舎をブラブラしていると、その切実さの表象として、勝手に増築したり改築したりしている家をたくさん見ることがあります。

一方で東京だとそういう事例にあまり巡り合わない。狭小敷地に床を積層してなんとか面積を確保するだけで精一杯で、住む人が主体的に住まいに働きかけていくというよりは、パッケージされた中

でお行儀よく生活する傾向さえあるように思います。この建物は都心の高層の狭小住宅でありながら、住む人の切実さを受け止める懐の深さがあるように見えました。住まうことの逞しさを感じられる良い案です。

**古澤**｜素材がぶつかり合う場所に意識的です。例えば庇には、ポリカ、ジョリパットといった違う素材をぶつけている。下の層では、赤錆の錆止め塗料を塗った鉄骨でコンクリートとの縁を切っている。そのような違う形態がぶつかりあうところに事件が起きていて、それこそが都市的なエレメントだと読み替えても良いと思えてくる。あと、階段も面白いです。隣地境界線側に鉄骨階段があり、2階にのぼると玄関となる。玄関に入るとまた外に出ることになり、今入ったばかりの同じ向きにまた鉄骨階段があり、建物に入るということがどういうことかを哲学的に解いている。何のための階段なのかわからないがゆえに、空間を体験してみたいと思いました。

**城戸崎**｜06番の香川さんは萩原さんのイチオシで、「強い壁」「緊張感」といった作品の力を評価されていました。48番の二又さんは作品にさまざまな読み解き方があって、期待感があります。建築家が住宅を読み取る際のソースにもなりそうです。

**2次審査**

## 2票の作品をディスカッション

### 14 静岡理工科大学
理工学部 建築学科
**疋田 大智** 〔植田、萩原（2票）〕

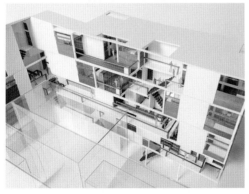

No.14　模型写真

**植田**｜みなさんの案を見て気になるのは、私的領域と公的領域の関係については非常にうまく解い

ているけれど、住戸の中はキッチンがあって、食卓があって、寝室は決まった大きさ……。家の中が似通っている。対して、疋田さんの作品はシビアに現実と対応させようとしていると感じました。特にプレゼンボードの上部のコメントに、「維持していくこと」「つくること」と書かれていて、これらは当たり前だけど今まであまり学生の作品で言われてこなかった。また、白と茶色の模型もコンセプチュアルな関係性を表現していて印象的でした。パンフレットに掲載の教員推薦コメントで田井幹夫さんに「提案は弱いところもある」と注文をつけられているところも、逆に好感が持てました。

**萩原**｜この案の魅力は、内側の生活感が外側のエレベーションに滲み出るように出てきていて、さらに外の環境との関係も考えられている。つまり、内、境界、外という3重の思考をして建築をつくっている。都市の中で建築があるべき姿について思考している点が評価できると思います。

--------------------------------------

### 24 東海大学
工学部 建築学科
**渡邉 優太** 〔萩原、古澤（2票）〕

No.24　模型写真

**萩原**｜まず、造形が秀逸です。外部と内部を思い切って反転させて、中の構造体だけが潔く浮いている。キューブの浮かし方も上手い。審査で歩き回っていても、何度か振り返って見てしまう魅力がありました。住居の問題を超えて、都市に対するあり方として魅力がある。住宅が都市にとって起爆剤になる可能性を感じます。

**古澤**｜中央のボックスがプライベートな空間だけど、それを開放して透明感を与える際に、周囲に

壁を立てている。つまり、壁が増えているのに、透明感が増しているのが面白いです。

**城戸崎**｜お二人の建築感がわかるコメントですね。

------------------------------------------------

**27** 東京藝術大学
美術学部 建築科
## 堀之内 ゆみ 植田、古澤（2票）

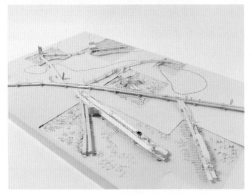

No.27　模型写真

**植田**｜尾瀬の木道での提案ですね。実はこの作品に投票したのは、この作品の評価だけでなく別の理由があります。2016年に早稲田大学の軽部蘭さんが不思議なプロジェクトを出展していました。早稲田界隈の古い地域の性格を浮き彫りにするために、玄関棟、浴室棟、勝手口棟、収納棟、キッチン棟などの6〜7つの場所を、バラバラにして地域の中に振り分けた。一つひとつは全く普通の建築で、住宅の一部とは思えないような佇まいをしている。これは良いなと思いながら、結局投票しなかった。個人賞にも選ばなかった。でもその後ずっと気になって、きちんと評価しきれなかったといまだに時々思い出しては、残念な気持ちになっていました。そして、この作品は、その軽部さんの作品にコンセプトがよく似ている。住宅の機能を全てばらけさせているのです。高田馬場のごちゃごちゃした街並みの中と壮大な自然の中。場所は全く違うけれど、そういう機能の振り分けが普遍的な方法論になり得る可能性を感じました。さらに、距離の代わりにそれぞれの建物の間を歩く時間が書いてあって、実は普通の住宅の距離感とそんなに変わらないのも驚きました。しかし、尾瀬を愛する人から見ると、「いくらなんでも……」となるのでしょうが（笑）。

**古澤**｜投票してもいいのか、とても迷いました。そ

れでも1票入れたのは、気づきがあったからです。今日は会場を3周ぐるぐる回って、どれに投票しようか考えたのですが、1周目の時は、理解しづらくて素通りしてしまった。なぜなら、かたちがなくて構築的ではなかったからです。でも次のタームで気づいたのですが、彼女は芸大生でものすごく構築的に手が動くはずなんです。例えば48番の武蔵野美術大学の二又さんは構築的でした。つまり、おそらく彼女は違うものを提案しようとしているのではないか。それは、そもそも「住宅とは何か」という問いではないでしょうか。

この住宅案は二通りの楽しみ方があって、まず尾瀬にスクウォッティング（不法占拠）している人を想像すること。原田さんは「観光客にとって、邪魔でしょうがない」と話されていましたが、ここに住まう人は尾瀬に来るビジターをエスコートするような振る舞いを始めるかもしれない。もう一つは、住宅のノーテーションです。生活動線だけを地球上に記述するとこのようになるかもしれないという楽しみ方ができるのでは。地球上に自分たちの家事動線が即物的に立ち上がるのではないかと見ると、この作品はなんて素敵なのだろうと思い、投票しました。

**城戸崎**｜私はこの作品を見て、黒川紀章さんの「農村都市計画」（1960年）を思い出しました。現代的生活と農業を同時に成立させようとして、田んぼの上に木道をつくって住宅をつくるわけです。出題者の青木淳さんは、私が芝浦工業大学の非常勤講師の時、「8時間過ごせる場所を都市の中に見つけ出す」という1週間のゲスト課題を出されたのですが、そこでも同じく「住むとは何か」が問われました。

**原田**｜尾瀬を愛するものとして、一言いいですか。私はよくキャンプをします。テント泊の時は、山道を歩いて「ここは木もあるし、遠くも見えるし、石も少ない。テント場にいいなぁ」と思える場所をテン場に決めます。その行為は直感的とも言えて、自分を肯定してくれます。この作品も同様に直感や感性を環境に連続させる行為だと思うのですが、キャンプでは自分の汚物も全部持って帰るのがルールです。もし、尾瀬に夏の間住むとすれば、人間が環境にどんなインパクトを与えるのか。ストーリーとして住むことを考えるなら非常に面白いと思いますが、同時に、それがどういう影響を与えるかというもう一方

の視点も持つべきです。建築行為が行われるのだとしたら、視点を広げた配慮があるといいと思います。

---

**38** 日本大学 生産工学部
建築工学科 居住空間デザインコース
## 厚澤 くるみ <sub></sub> 植田、原田（2票）

No.38　模型写真

城戸崎｜植田さんと原田さんが票を入れていますが、先ほどのコメントで萩原さんは、ボイドの部分を取り出して、さらに詳細な設計をすると良くなるのではないかと言われていました。

植田｜パースから楽しさや賑わいを感じて、自分も住んでみたいと思いました。集合住宅の機能をうまく混ぜ合わせている点も好きです。萩原さんはボイドが螺旋状に展開していくことを評価されていましたね。模型は臨場感があって、このボイドの部分に自分がいるような気持ちになれた。1/30程度に模型を拡大すると密度も上がって、リアリティも出てくるだろうから、それも見てみたいですね。似たようなものはたくさんあるとは思うのですが、空間の組み合わせに実感があると思いました。

原田｜実は悩んで、最後に投票した作品です。最終的に投票させることになったのは、模型の外壁に窓をつけようか悩んだ跡があったからです。カッターで切り込みを入れているけれど、開けていない窓が無数にあって、試行錯誤しながらこのかたちに行き着いた、その痕跡がいいな、と。また、このジェンガを組み立てたようなかたちもこの場所にあり得る

---

と感じました。その設計行為のようなものに対する熱量を感じたことが、投票結果につながったと思います。また、出展作品にタワーは少なかったのですが、現代都市にフットプリントの小さいタワーのデザインは求められているはずなんです。タワーのプロトタイプとしても可能性があると思いました。

城戸崎｜植田さんの「住んでみたい」というのは一番の褒め言葉だと思います。学年が上がっていくにつれて、模型の完成度も上がっていくわけですが、そこに込められた痕跡は胸を打ちます。学生のみなさん、綺麗な模型だけがいいわけではないのですよ（笑）。

---

**39** 日本大学
理工学部 建築学科
## 伊藤 茉奈 <sub></sub> 萩原、原田（2票）

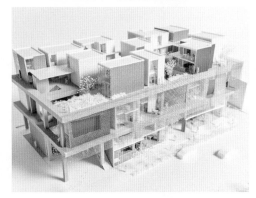

No.39　模型写真

萩原｜実は高層の集合住宅で何か選ぼうと思って、38番の厚澤さんの作品と迷って06番の香川さんに投票しましたが、中層の集合住宅も選ぶとした際に、この伊藤さんの「代官山コンプレックス」は単純に層を積み上げた案ではなくて、2つの大きな人工地盤の中にユニットが挿入されているのだけれど、このモデルが規模の大小に関わらず展開できる可能性を感じました。また、身体スケールの空間としてもよく考えられている。中層の案の中ではこの作品がいろいろな思考が盛り込まれていると思いました。

原田｜設計密度が高く、構造や設備に関する思考もある。設計内容としての完成度も高いです。ただ気になる点は、上階のつくられ方で、5階以上にもラーメン構造のコンクリートの柱がある。ここは上に荷重を背負わないので小さな構造もありだった

かなと……。大きな構造と小さな構造について、もう少し意識的に考えられるといいですね。しかし、それはここまで完成度が高いからこそ指摘できることです。

萩原｜面白いのは3階と5階のスラブのマテリアルを変えようとしていること。これはすごいアイデアだと思う。世界初めての集合住宅であるローマのインスラは下階はコンクリートのようなもので建設し、上階は軽い木造だった。あれがスケルトン・インフィルの始まりだと思うのですが、それを彷彿とさせるものがありますね。

城戸崎｜深読みを引き出すのもポテンシャルですね。以上のところまでが2票投票された作品です。先生方のコメントに建築に対する愛を感じました。

## 1票の作品をディスカッション

城戸崎｜1票の方がものすごくたくさんいらっしゃるので、どうしても議論しておきたいという作品があれば、審査員の先生方に挙手で推薦してもらいたいと思います。

伊藤｜私が投票した作品は私しか入れていなくて、2票の時に話す機会がなかったのですが（笑）。

城戸崎｜確かに。一匹狼だ（笑）。

--------------------------------------------

**08** 慶應義塾大学
総合政策学部 総合政策学科
### 吉岡 萌　伊藤（1票）

No.08　模型写真

伊藤｜議論すべき提案だと思ったのは、08番の慶應義塾大学の吉岡さんのフランク・ロイド・ライト「落水荘」の分析です。なぜこれが大事だと思ったかというと、先ほど14番の静岡理工科大学の疋田さんの時に、植田さんがコメントされていましたが、戸建て住宅にせよ、集合住宅にせよ、共用部に提案がフォーカスされる傾向が見られました。集まって住むことは確かに社会的なテーマなのだけれど、設計者が、人間が住まう場所そのものに対して興味を失ったらまずいという危機感があります。もちろん、藤沢に落水荘があることについては疑問もありますが、名作住宅の豊かな空間から、人間にとって心地の良い場所や優れている場所を追求していくことは、今必要ではないか。そういう意味で名作住宅を学ぶことは重要だと思いました。

萩原｜名作住宅からの学びは大事だと思うけれど、この作品は落水荘の解釈が弱い。まず、スラブとコアしか分析していません。さらに、コアとスラブという近代言語では語れない部分こそ、落水荘の良さだと思うのです。それを理解せずに、単に抽象化するだけでは評価することは難しいですね。こういう歴史的作品を2年生、3年生に求めるのであれば、教員がかなり解釈の手助けをしてあげないといけないと思います。例えば、構造や開口部、空間のつながりなど、着目する点を指し示すというように。

古澤｜伊藤さんが教育者として、そのような視点で評価するのはわかるのですが、例えば、落水荘藤沢バージョンを私が設計して、『新建築住宅特集』に発表したら、「古澤はいったいどうしたんだ」となるじゃないですか（笑）。学生とはいえ作家として見る視点もあれば、学ばせて育てようという視点もある。今回、どういう視点で審査に臨むかは各審査員の自由だとは思うのですが、そもそも住宅課題賞の1等から3等の位置づけにも関わってきそうですね。

植田｜確かに、名作に学ぶという課題はよくありますね。今回も落水荘の他に、ルイス・カーンの住宅

を参照した作品もありましたね。文学ではマルセル・プルーストほどの大作家でも同時代の小説や評論のパスティーシュ（模作）を試みていますが、学ぶ以上に批評のためだったようです。この住宅課題は坂茂さんの出題ですが、坂さんといえばアメリカでの建築教育について実に熱心に話されていた。その展覧会まで企画・実現したりもして。坂さんにこれを出題した意図を聞きたいところです。

**伊藤**｜実際に私たちが建築をつくる時、図面や模型の先に実物の建築があるわけです。学生の課題だとコンセプトや図式、ダイアグラム自体が目的化することが起きてしまいがちですが、それでは本末転倒。実物の建築に結びつかないまま、建築的思考が完結してしまうのは、非常に危険だと考えています。名作住宅はすでに現れている実体験を改めて図面や模型に込めることで、その関連性について考える。その経験が良い学びになると思います。

**原田**｜私は、大学の1〜2年生のころ、ひたすら建築図面のトレースをしていました。図面にトレペを敷いて手描きでなぞる。いろいろな住宅をトレースしたのですが、まずハマったのがルイス・バラガン。そこでわかってくることはプランニングです。「平面図」ではなく、目線で展開する空間のボリュームの連続性のようなもの。バラガンのプランからは壁の有効性を、カーンからは構成が空間に影響することを、自分の手を動かして描いていくうちになんとなく学べた気がします。

　東ロンドン大学のピーター・ソルター先生は、パースはまずホライズンラインをひいて、自分の目の高さを設定して、自分の目から見えている景色を描きなさいと言いました。当たり前のことのように聞こえますが、今の学生はそれが全くできないんですね。俯瞰はできても、目で見る空間をイメージできていない。名作住宅の写真や図面を見比べながらトレースすることによって図面と空間がつな

がる時がある。空間をイメージするトレーニングになるはずです。だから、おそらくそれを期待して、このような課題を出されているのだと思います。

**植田**｜その時、名作住宅は実際に訪れて見ていたほうがいいとお思いですか？

**原田**｜もちろん見たほうがいいですけれど、見ていない時のほうが貪欲ですよね。写真1枚からいろいろ読み取ろうと必死になる。この光はどこから来ているのか考える。それが勉強になると思います。

--------------------------------------------

## **52** 横浜国立大学 都市科学部 建築学科
### 榊 真希　伊藤（1票）

No.52　模型写真

**伊藤**｜同じように居住者にとっての豊かさを追求していくという視点で、52番の榊さんの作品も良いと思いました。「居住単位」という課題名の通り、住宅を分解していく。荒削りな案ではあるのですが、住まう空間そのものにタッチしていこうという姿勢に共感しました。しかし、2年生時の作品ということもあるのでしょうが、内外の境界の設定が少し曖昧ですね。雨が落ちる場所、外気が入る場所が曖昧。でも、曖昧さゆえに魅力的に見えてしまうという魅力もある。「掘っ建て感」が住居にもたらす開放性の

ようなものも、追求していく価値のある提案ではないかと思いました。

--------------------------------------------------------

## 07 共立女子大学
家政学部 建築・デザイン学科 建築コース
### 小林 芽衣菜 萩原（1票）

No.07　模型写真

**萩原**｜素朴な斜面地に普通の住宅を設計するという課題です。レベル差を含めた敷地のコンテクストを読み込み、生活行為を設定して、屋根を架ける。庭のデザインも植物を自分で選んで設計する。とにかく、現実的な住宅設計を最後までやってみる。今やこういう教育をしている大学は日本でほとんどなくなった。これはかなりゆゆしき問題だと思います。

例えば、林雅子の住宅を訪れると、一つひとつのシーンが固定されていることがわかります。今の学生さんの住宅は、多様な人や物、行為を受け入れている空間をつくっているつもりで、それでは「デザイン」になっていない。林雅子の住宅に通じる精神性がこの作品には感じられました。それはひとつの重要な視点だと思います。

**原田**｜私はこの作品に投票しなかったのですが、応援したくなる案だと思いました。「問題定義があるか」「システムやプログラムへの提案があるか」と言われると、そういうことはありません。しかし、よく入り込んで、住宅の空間や生活の匂いを拾えている。これが住宅の基本だと思います。実際に設計することを考えて住宅を学ぶとすれば、本当はこういうことを身につけてもらいたい。光が入らないから安易に屋根を開けている点など、デザインとして改善すべきところはあるとは思うのですが、まず、光が入らないから屋根を開けようと思ったことが偉い。彼女は具体的に身体性を持って図面を描いています。きっと良い建築家になれると思います。

**植田**｜私は内部空間がいいなと思いました。この作品は、住宅課題とは何かという本質について考えさせますね。

**城戸崎**｜私は今回、敷地に注目していました。出題者が工夫して敷地を選んでいるのだけれども、

学生の作品では、図面に描いていなかったり、模型に現れていなかったり。この作品は斜面であるということで、敷地に向き合わざるを得ない。出題に真摯に向き合っている作品ですよね。

----

**44** 法政大学
デザイン工学部 建築学科
**木嶋 真子** 萩原（1票）

No.44　模型写真

**萩原** | 住戸が均質に並んでいるという指摘があって、私も同感ですが、よく観察すると断面図が良くできていて、きちんと空間を描き込もうとしている。立面図もよく描けていて、特に、一番南側の立面図は素晴らしい。6面の立面図がある作品はこれしかなかったと思います。内の行為が外に現れて、整

合性を持って美しく見える。これも今失われている問題を提示していると思いました。

----

**09** 工学院大学
建築学部 建築学科
**藤牧 舞** 原田（1票）

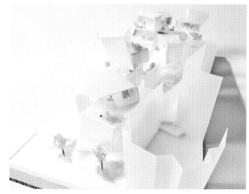

No.09　模型写真

**原田** | ふにゃふにゃしたリボン状の形態で、このように造形を楽しんでいる作品は、やはり魅力的です。正直言うと、毎年同じような形態を見るのですが、これはプランもよく解けていたので1票を入れました。

**16** 芝浦工業大学大学
建築学部 建築学科 SAコース
# 前田 菜帆 （原田1票）

No.16　模型写真

**原田**｜こちらの作品にも1票入れたのですが……、もしかして原田真宏さんの出題ですか？ まずいな（笑）。

**城戸崎**｜MOUNT FUJI ARCHITECTS STUDIOのお二人の仲の良さが垣間見れますね（笑）。

**原田**｜路地と建物の等価性が、模型からパッとわかりました。建築が路地化したり、路地が建築化したり、それらをオーバーレイさせる。密集地で一つひとつの住宅をリノベーションするという手法がどん詰まりになってきている中で、空き家になったら道に還元する、そういうやり方もあるのかな。内と外が同等のあり方ができてくれば、減築までやらなくても、街並み形成の新しい結果が見えてくる可能性を感じました。

**植田**｜全体の考え方としては良いと思ったのですが、プランとファサードのあり方を見て、迷った結果、票を入れませんでした。指導教員であるトム・ヘネガンさんらしくない気もしました。

**原田**｜もう少し大きな視点で、街の新陳代謝のシ

ステムの提案ですからね。

**城戸崎**｜さて、出展者のみなさんには意見があれば、Zoomのチャットにテキストメッセージを入れてくださいとお願いしていたのですが、今のところないようですね……。対面でないと学生さんが発言しづらいのは、オンラインのデメリットかもしれませんね。しかし、とても良い議論が行われたので、ここで審査員の先生方に投票をしてもらおうと思います。お一人、3作品を選んでください。今度は点数をそれぞれ、1位と思う作品に5点、2位に3点、3位に1点をお願いします。

**2次審査**

## 結果発表

| | | |
|---|---|---|
| 06 | 関東学院大学／香川 唯 | **8**点<br>（萩原5点、原田3点） |
| 07 | 共立女子大学／小林芽衣菜 | **5**点<br>（植田5点） |
| 08 | 慶應義塾大学／吉岡 萌 | **1**点<br>（伊藤1点） |
| 14 | 静岡理工科大学／疋田大智 | **9**点<br>（植田3点、伊藤3点、萩原3点） |
| 24 | 東海大学／渡邉優太 | **3**点<br>（古澤3点） |
| 27 | 東京藝術大学／堀之内ゆみ | **1**点<br>（古澤1点） |
| 38 | 日本大学／厚澤くるみ | **2**点<br>（植田1点、原田1点） |
| 39 | 日本大学／伊藤茉奈 | **5**点<br>（原田5点） |
| 44 | 法政大学／木嶋真子 | **1**点<br>（萩原1点） |
| 48 | 武蔵野美術大学／二又大瑚 | **10**点<br>（伊藤5点、古澤5点） |

**城戸崎**｜優秀賞1等に48番の武蔵野美術大学・二又さん（10点）。次、2等に14番の静岡理工科大

学・疋田さん（9点）。そして、3等に06番の関東学院大学・香川さん（8点）が選ばれました。非常に僅差でしたね。みなさん、おめでとうございます。

## 総　評

城戸崎｜上位3賞に選ばれた作品についてコメントをもらえますか。優秀賞1等の武蔵野美術大学の二又さんには、古澤さんがずっと推してコメントをしてくださったので、ここでは伊藤さんにお願いしたいと思います。

伊藤｜おめでとうございます。「住宅とは何か」、例えば磯崎新は「住宅は建築ではない」と言い、篠原一男は「住宅は芸術だ」「民家はキノコである」と言いました。住宅に関する言説はいろいろとあるわけですが、住宅は人と構築物というか、生活するなにがしかの存在との関係がダイレクトに現れてくるものだと思っています。何が建築か、何が芸術かという議論も含めて、そこに建築としてどのように触れられるかは、根源的な問題です。二又さんの案には、都市という人が集まって住む場所の中で、人間がそこで住まう、その状態をどのように形態化するかというチャレンジがしっかりとしたかたちで実現されていて、そこに非常に魅力と力強さを感じました。

城戸崎｜2等になりました14番の静岡理工科大学・疋田さんの作品には、萩原さんにコメントをお願いします。

萩原｜疋田さん、おめでとうございます。50数案ある中での受賞ですから価値があることだと思います。住まうという原点から、現代の都市住居をどうすべきか、あるいはこれからの地方都市の再生をどうするのか。その全てを包括した思考の深さに感心しました。ぜひともこれからも建築を愛してもらっ

て、情熱を持って、次の課題や勉強を進めてもらうと良いと思います。きっと素晴らしい建築家になれると信じています。

城戸崎｜06番の関東学院大学・香川さんへのコメントを原田さんにお願いします。

原田｜最後に迷って、えいって投票したので、3等になってしまってごめんなさい（笑）。この作品にはパワーと構築性がありました。一つの問題に一つの回答で答えるとそれは伝わりやすくて、シンプルで美しいものになります。だけど、香川さんは一つの問題に対して、さまざまなアプローチをして、あの形態に辿り着いていることがわかります。それは決して楽な方法ではありません。非常に熱意のあるアプローチだと感じました。今後もその熱意を失わずに、さまざまな建築に対して香川さんなりの目線で取り組んでいって欲しいと思います。おめでとうございます。

城戸崎｜古澤さんからは、総評でいかがでしょうか。

古澤｜総評ですか（笑）。Zoom画面の向こうにいるみなさん、お疲れさまでした。そして、受賞された方々、おめでとうございます。この展覧会に出展した時点でみなさん入賞ですから、全員おめでとうございます。10点、9点、8点と僅差でした。1点差なので順位はそれほど気にしないでいただきたいと思います。と言いつつも、私も先日、東京建築士会「住宅建築賞」で金賞を逃した時、ものすごく悔しくて、「金賞じゃなくてもいいじゃない」というコメントに腹が立ったので（笑）。順位を気にしたほうが伸びる人は気にしてください。一方で、そんな順位関係ない、自分のペースで行くよというスタンスでもいいと思います。いずれにせよ、建築を設計することは本当に楽しいことだということを忘れずにいて欲しいし、私も常に楽しむことを忘れずに設計しています。将来、この中から確実に何人か建築家が出てくると思いますので、次は実際のフィールドで会いましょう。

城戸崎｜それでは、最後に審査員長より一言お願いしたいと思います。今年で20周年ですので、「住宅課題賞とは」ということも含めて、何かありませんか。

植田｜それでは1つだけ。みなさんが出してきたタイトルやキーワードの話をしたいのだけど、それに

（写真上）モニター上の受賞者と集合写真。左から東京建築士会の鵞海浩康氏、審査員の古澤大輔氏、植田実氏、城戸崎和佐氏、原田麻魚氏、伊藤暁氏、萩原剛氏。（写真下）新型コロナ対策として、模型の搬入と搬出の時間指定をし、会場内の人数を制限するなど、万全を期して開催に臨んだ。展示期間も来場者の人数制限を設けるなか、学生や社会人など年齢問わずたくさんの人が来場し、会場を賑わせた。

ついてももう一歩突っ込んで考えられたらもっと面白いかなと思います。逆にいうと、これから使うのを避けて欲しいキーワードがいくつかあります。例えば、「開く／閉じる」「時を刻む／時間の建築」「表／裏」「内／外」、最近は「反転」というのも出てくる。「土間」「縁側」「自然・グリーン・緑」「路地・隙間」もよくタイトルに使われます。住まいの最も大切な原風景であるほど、消費の対象に容易になってゆく。その闘いの中にみなさんもすでに参加しているわけで、言葉はそのもう少し先を狙える機能なのかな。例えば、「開く」は使わないでと言ったけれど、「趣味開き」という面白い言葉をつくっている人がいました。「開くことで見ること」というタイトルをつけている人もいた。修飾される名詞を、「家」や「建築」ではなく「こと」とすることで、自分の発想の実

感を加えることで、違う次元の言葉となって、空間が見えてくることもある。建築にとって言葉はものすごく重要で、これほど言葉を使って人を説得する職業はないと思ってもいいくらい。もしかすると、文学者よりももっと言葉をたくさん使わないといけないのかもしれない。

この20年間、数多くの大学の住宅課題をずっと拝見してきて、特に強く感じたことです。いや、学校に限らず建築家が社会で応対している住宅課題だって同じかもしれません。住宅設計の尽きせぬ魅力はこの後も続くと思いますよ。

**城戸崎**｜ぜひ学生のみなさんは、植田さんが書かれた本をたくさん読んで、植田さんの言葉や視点に触れて、言葉の力も磨いてください。

**優秀賞 1等**

# 48

武蔵野美術大学
造形学部
建築学科

## 二又 大瑚 さん

審査員の先生方、素晴らしいコメントをありがとうございます。この作品は自分自身の意向を固めるきっかけとなる重要なものと意識しているため、このような場で評価してくださったことを素直に嬉しく思います。ありがとうございました。

**優秀賞 2等**

# 14

静岡理工科大学
理工学部
建築学科

## 疋田 大智 さん

まずコロナ禍の大変ななか、このような機会をつくっていただいて、嬉しく思います。本当にありがとうございます。これからも暮らしの目線を大事にして、設計をしていきたいと思います。

**優秀賞 3等**

# 06

関東学院大学 建築・環境学部
建築・環境学科
すまいデザインコース

## 香川 唯 さん

このように賞をいただくのは初めてで、とても緊張していますが、評価してくれる先生や応援してくれるコメントがあって嬉しかったです。先生方のお話がとても興味深くて、自分では気付かなかった点や課題を教えていただけて、とても良い機会でした。ありがとうございました。

**植田賞**

**27** 東京藝術大学
美術学部 建築科
**堀之内 ゆみ** さん

**伊藤賞**

**25** 東京大学
工学部 建築学科
**藤堂 真也** さん

**萩原賞**

**07** 共立女子大学 家政学部
建築・デザイン学科 建築コース
**小林 芽衣菜** さん

**原田賞**

**39** 日本大学
理工学部 建築学科
**伊藤 茉奈** さん

**古澤賞**

**24** 東海大学
工学部 建築学科
**渡邉 優太** さん

## 住宅課題賞2020 審査員採点表

| No | 大学名 | 大学名 | 学部名 | 学年 | 作者名 |
|----|--------|--------|--------|------|--------|
| 1 | 足利大学 | 工学部 | 創生工学科 建築・土木分野 建築学コース | 2 | 楊 美鷺 |
| 2 | 茨城大学 | 工学部 | 都市システム工学科 建築デザインプログラム | 2 | 佐藤 天彦 |
| 3 | 宇都宮大学 | 地域デザイン科学部 | 建築都市デザイン学科 | 2 | 亀谷 瑞熙 |
| 4 | 大妻女子大学 | 社会情報学部 | 社会情報学科 環境情報学専攻 | 3 | 酒井 美聡 |
| 5 | 神奈川大学 | 工学部 | 建築学科 建築デザインコース | 3 | 桶谷 彩乃 |
| 6 | 関東学院大学 | 建築・環境学部 | 建築・環境学科 すまいデザインコース | 3 | 香川 唯 |
| 7 | 共立女子大学 | 家政学部 | 建築・デザイン学科 建築コース | 2 | 小林 芽衣菜 |
| 8 | 慶應義塾大学 | 総合政策学部 | 総合政策学科 | 2 | 吉岡 萌 |
| 9 | 工学院大学 | 建築学部 | 建築学科 | 3 | 藤牧 舞 |
| 10 | 工学院大学 | 建築学部 | 建築デザイン学科 | 2 | 遠山 亮介 |
| 11 | 工学院大学 | 建築学部 | まちづくり学科 | 2 | 北林 栞 |
| 12 | 国士舘大学 | 理工学部 | 理工学科 建築学系 | 2 | 後藤 沙綺 |
| 13 | 駒沢女子大学 | 人間総合学群 | 住空間デザイン学類 建築デザインコース | 3 | 仲田 来未 |
| 14 | 静岡理工科大学 | 理工学部 | 建築学科 | 3 | 疋田 大智 |
| 15 | 芝浦工業大学 | 建築学部 | 建築学科 APコース | 2 | 山田 楽々 |
| 16 | 芝浦工業大学 | 建築学部 | 建築学科 SAコース | 2 | 前田 菜帆 |
| 17 | 芝浦工業大学 | 建築学部 | 建築学科 UAコース | 3 | 加藤 里歩 |
| 18 | 昭和女子大学 | 環境デザイン学部 | 環境デザイン学科 建築・インテリアデザインコース | 3 | 髙木 さくら |
| 19 | 女子美術大学 | 芸術学部 | デザイン・工芸学科 環境デザイン専攻 | 3 | 工藤 遥菜 |
| 20 | 多摩美術大学 | 美術学部 | 環境デザイン学科 建築デザインコース | 1 | 園田 こ春 |
| 21 | 千葉大学 | 工学部 | 総合工学科 都市環境システムコース | 2 | 大塚 仁弘 |
| 22 | 千葉工業大学 | 創造工学部 | 建築学科 | 2 | 石井 遥菜 |
| 23 | 筑波大学 | 芸術専門学群 | デザイン専攻 建築デザイン領域 | 3 | 滝 望 |
| 24 | 東海大学 | 工学部 | 建築学科 | 2 | 渡邉 優太 |
| 25 | 東京大学 | 工学部 | 建築学科 | 3 | 藤堂 真也 |
| 26 | 東京家政学院大学 | 現代生活学部 | 生活デザイン学科 | 3 | 伊野 文乃 |
| 27 | 東京藝術大学 | 美術学部 | 建築科 | 2 | 堀之内 ゆみ |
| 28 | 東京電機大学 | 未来科学部 | 建築学科 | 2 | 山内 峻平 |
| 29 | 東京都市大学 | 建築都市デザイン学部 | 建築学科 | 2 | 片岡 空良 |
| 30 | 東京都立大学 | 都市環境学部 | 建築学科 | 3 | 高吉 海斗 |
| 31 | 東京理科大学 | 工学部 | 建築学科 | 2 | 近藤 亜紗 |
| 32 | 東京理科大学 | 理工学部 | 建築学科 | 2 | 太田 尚輝 |
| 33 | 東洋大学 | 理工学部 | 建築学科 | 2 | 猪瀬 愛可 |
| 34 | 東洋大学 | ライフデザイン学部 | 人間環境デザイン学科 | 2 | 稲葉 渉 |
| 35 | 日本大学 | 芸術学部 | デザイン学科 | 2 | 浅見 駿弥 |
| 36 | 日本大学 | 生産工学部 | 建築工学科 建築総合コース | 3 | 福屋 亮平 |
| 37 | 日本大学 | 生産工学部 | 建築工学科 建築デザインコース | 2 | 髙橋 和音 |
| 38 | 日本大学 | 生産工学部 | 建築工学科 居住空間デザインコース | 3 | 厚澤 くるみ |
| 39 | 日本大学 | 理工学部 | 建築学科 | 3 | 伊藤 茉奈 |
| 40 | 日本大学 | 理工学部 | 海洋建築工学科 | 2 | 川内 俊太朗 |
| 41 | 日本工業大学 | 建築学部 | 建築学科 建築コース | 1 | 梅田 茜 |
| 42 | 日本女子大学 | 家政学部 | 住居学科 居住環境デザイン専攻・建築デザイン専攻 | 2 | 小口 真由 |
| 43 | 文化学園大学 | 造形学部 | 建築・インテリア学科 | 2 | 板野 雅也 |
| 44 | 法政大学 | デザイン工学部 | 建築学科 | 3 | 木嶋 真子 |
| 45 | 前橋工科大学 | 工学部 | 建築学科 | 3 | 安部田 夏帆 |
| 46 | 前橋工科大学 | 工学部 | 総合デザイン工学科 | 2 | 富田 ひより |
| 47 | 武蔵野大学 | 工学部 | 建築デザイン学科 | 3 | 田中 佑朋 |
| 48 | 武蔵野美術大学 | 造形学部 | 建築学科 | 3 | 二又 大瑚 |
| 49 | 明海大学 | 不動産学部 | 不動産学科 デザインコース | 3 | 菊池 優香 |
| 50 | 明治大学 | 理工学部 | 建築学科 | 3 | 坂巻 亜弥 |
| 51 | ものつくり大学 | 技能工芸学部 | 建設学科 建築デザインコース | 3 | 小池 健蔵 |
| 52 | 横浜国立大学 | 都市科学部 | 建築学科 | 2 | 榊 真希 |
| 53 | 早稲田大学 | 創造理工学部 | 建築学科 | 2 | 笹原 瑠生 |

※出展者の学年や所属については、課題提出当時に基づきます

| 1次投票(巡回審査) | | | | | | 2次投票 | | | | | | 受賞作品 |
|---|---|---|---|---|---|---|---|---|---|---|---|---|
| 植田 | 伊藤 | 萩原 | 原田 | 古澤 | 合計 | 植田 | 伊藤 | 萩原 | 原田 | 古澤 | 合計 | |
| | | | | | | | | | | | | |
| | | | | | | | | | | | | |
| | | | | | | | | | | | | |
| ○ | | | | | 1 | | | | | | | |
| | | ○ | ○ | ○ | 3 | | | ⑤ | ③ | | 8 | 3等 |
| | | ○ | | | 1 | ⑤ | | | | | 5 | 萩原賞 |
| | ○ | | | | 1 | | ① | | | | 1 | |
| | | | ○ | | 1 | | | | | | | |
| | | | | | | | | | | | | |
| | | | | | | | | | | | | |
| ○ | | ○ | | | 2 | ③ | ③ | ③ | | | 9 | 2等 |
| | | | | | | | | | | | | |
| | | | ○ | | 1 | | | | | | | |
| | | | | | | | | | | | | |
| | | | | ○ | 1 | | | | | | | |
| | | | | | | | | | | | | |
| | | | | | | | | | | | | |
| | | | | | | | | | | | | |
| | | | | ○ | 1 | | | | | | | |
| | | ○ | | ○ | 2 | | | | | ③ | 3 | 古澤賞 |
| | ○ | | | | 1 | | | | | | | 伊藤賞 |
| | | | | | | | | | | | | |
| ○ | | | | ○ | 2 | | | | | ① | 1 | 植田賞 |
| | | | | | | | | | | | | |
| | | | | | | | | | | | | |
| | | | | | | | | | | | | |
| | | | | | | | | | | | | |
| | | | | | | | | | | | | |
| ○ | | | | | 1 | | | | | | | |
| ○ | | | ○ | | 2 | ① | | | ① | | 2 | |
| | | ○ | ○ | | 2 | | | | ⑤ | | 5 | 原田賞 |
| | | | | | | | | | | | | |
| | | | | | | | | | | | | |
| | | ○ | | | 1 | | | ① | | | 1 | |
| | ○ | | | | 1 | | | | | | | |
| | | | | | | | | | | | | |
| | ○ | | ○ | ○ | 3 | | ⑤ | | | ⑤ | 10 | 1等 |
| ○ | | | | | 1 | | | | | | | |
| | | | | | | | | | | | | |
| | ○ | | | | 1 | | | | | | | |
| | ○ | | | | 1 | | | | | | | |

# II

住宅課題賞2020
**入選作品**

オンライン審査となった今年は、出展者のプレゼンテーションの代わりに作品PR文が提出となり、審査の対象となった。各作品に掲載している出題教員・指導教員・審査員のコメントとともに、四者の視点から作品への理解を深められる。

※次ページ以降に掲載の課題文は本書掲載用に一部変更を加えています

# 足利大学
## Ashikaga University

**工学部 創生工学科 建築・土木分野 建築学コース**

2年生／建築設計製図Ⅰ／2018年度課題

## 風景の中の住宅

**出題教員コメント** 本課題は、足利市の鑁阿寺（ばんなじ）（国史跡）周辺に設定された3つの敷地を実地調査したうえで1箇所を選択し、周辺環境にも配慮した住宅もしくは店舗兼用住宅を設計することを条件としています。楊さんが選択したのは、道路を挟んで鑁阿寺境内を取り囲む堀と土塀の景色を望む敷地です。（渡邉美樹 教授）

# 楊 美鷙
## Yo Bishi

4年（課題時は2年）

## 風景の中の住宅
### ―一家がくつろげるみどり住宅

**設計趣旨** 計画地は足利市の国宝・鑁阿寺の真向かいに位置する住宅地。ビルに囲まれ、人に揉まれながら帰る家はどんな場が良いだろうか。そこで、住戸内を貫通して、街と自然の気配を取り込み、緑に包み込まれるような住宅を提案する。普段の生活の中で、外の空気を吸い込み、緑の移ろいを楽しみ、空の広さを感じる。そんな自然と触れ合う暮らしがこれからの都市生活を豊かにするだろう。

**指導教員コメント** この作品は閉じがちな住空間を都市に開くために、裏庭へと導く路地を表の歩道とつなぎ敷地に貫入させることで、敷地の真向かいに建つ国宝・鑁阿寺の緑と歩道の賑わいを住宅の裏庭へと取り込んでいます。これによって、住宅の裏に広がる住宅密集地に対しても緑を提供し、裏に広がる他の住空間も豊かにできます。この住宅が建つことで、設計する敷地内だけでなく、周囲に建つ住宅群にも良い住環境をもたらすことが高く評価されました。（大野隆司 准教授）

足利大学 工学部 創生工学科 建築・土木分野 建築学コース｜楊 美鳶

1階の分棟プロセス（人の流れの変化）

敷地図

計画地
裏庭の緑

鑁阿寺

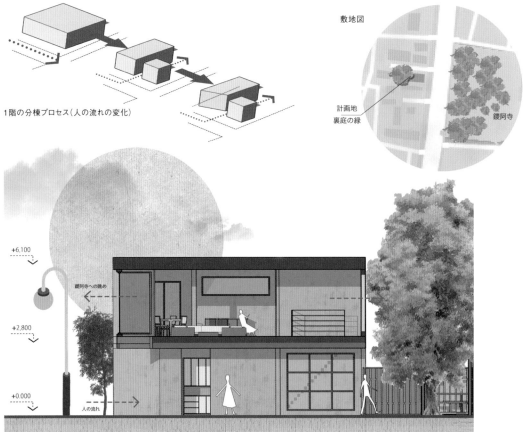

+6,100

鑁阿寺への眺め

+2,800

+0.000

人の流れ

審査員コメント

「風景の中の住宅」という課題名の通り、周囲の風景や環境を踏まえた上で住宅を設計している。例えば、敷地の外まで視野を広げて歩道から賑いを取り込んだり、裏手の住宅密集地に緑を提供したりと、敷地に貫入させた路地を生かして周囲の住環境も向上させようとしていて、その試みは評価できます。一方、プレゼンボードの表現は、スペースの制限があるので仕方ないですが、提案で触れている周辺状況に対する書き込みがもっと詳細にあると良かったと思います。（伊藤 暁）

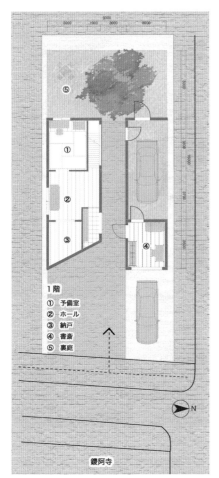

1階平面図

**1階**
① 予備室
② ホール
③ 納戸
④ 書斎
⑤ 裏庭

N

鑁阿寺

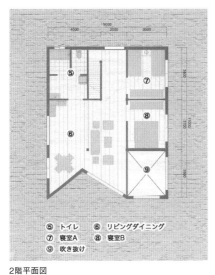

2階平面図

⑤ トイレ　⑥ リビングダイニング
⑦ 寝室A　⑧ 寝室B
⑨ 吹き抜け

**課題**

足利大学 工学部 創生工学科 建築・土木分野 建築学コース
2年生／建築設計製図Ⅰ／2018年度課題

# 風景の中の住宅

**出題教員：小野里信、渡邉美樹、藤谷英孝**

**指導教員：渡邉美樹、大野隆司**

本課題は、住宅の設計である。住宅建築は、我々にとってもっとも身近にある建築であり、「衣」「食」とともに人の生活において欠かせないものである。計画地は、足利市の中心部で「鑁阿寺」「足利学校」が近接する場所である。住宅設計を通して、設計製図の進め方・表現を習得し、同時に家族が集う生活の場とは何かを考え、建築デザインへの想いも深めて欲しい。家族構成は各自が設定し、その住宅の成り立ち（コンセプト、デザイン）を組み立て、自由な発想で設計を進めて欲しい。考え思いついたアイデアは、エスキス帳にスケッチで描きとめていくこと。

課題の取り組みにあたり、各回のエスキスチェック内容、中間発表や作品提出のスケジュールを常に把握しながら課題を進める。エスキスは、担当の先生の指導に従い、毎回必ずチェックを受けること。エスキスチェックを受け、アイデアをブラッシュアップすることが良い作品につながることになる。参考までに大学附属図書館には、住宅や建築の書籍・雑誌が多数蔵書してある。積極的に活用することを奨める。

**1、設計条件**
○用途：住宅（作品名・コンセプト・家族構成は各自設定すること）
○計画地：「鑁阿寺」「足利学校」の近接地に指定する3箇所から各自が選択する。（周辺環境を把握し、設計の手がかりを見つけるためにも、各自で必ず視察すること）
○延床面積：150㎡（45坪）前後
○階数：自由
○構造：原則、木造とする。

**2、設計の進め方**
○各自エスキス帳（グリッド入り）を購入する。購入したエスキス帳に、思い描く住宅のアイデアを、平面図と配置図から描く。木造建築に多用されるモジュール（畳1820×910）を用いると進めやすい。
○平面計画では、居室の大きさ、居室のつながり、動線、日照、また柱の位置や家具の寸法などを考慮すること。
○配置計画では、住宅の配置・通りから玄関までのアプローチ動線・駐車スペース・庭のデザインなどを表現する。

**作品PR** この住宅は、閉じがちな住空間を都市へ開くため、裏庭へと導く路地を表の歩道とつないで敷地に貫入させ、敷地向かいの鑁阿寺の緑と歩道の賑わいを住宅の裏庭へ取り込む。これにより、住宅の裏の密集住宅地にも緑を提供し、裏に広がる他の住空間も豊かにする。路地が面する1階はパブリックな空間である。一方、2階はプライベート空間で、居間を中心に水廻りと個室を配し、書斎上部には吹き抜けを設けて1階と2階の居間をつなぐ。居間では、東側に向かいの鑁阿寺とその緑、西側に住宅の裏庭の緑を眺められる。2階の窓を開け放つと、風が通り抜け、充分な採光と色鮮やかな緑が生活を豊かにしてくれる。

# 茨城大学
## Ibaraki University

**工学部 都市システム工学科 建築デザインプログラム**

2年生／建築設計製図Ⅱ／2019年度課題

## 茨城大学学生寮＋
## 国際交流施設建替計画
### —Hitachitaga station dormitory—

**出題教員コメント** 本学の寮や宿泊施設は、無作為な増設による連携の不足や老朽化、駅への利便性などの問題を抱えています。そこで最寄り駅に隣接する桜並木沿いの敷地を対象として、学生や留学生、教職員、短期利用の研究者が共同して暮らし、地域住民も利用可能な集住コンプレックスを課題としました。ここでは、各々の機能（行為）を最小単位にまで解体し再構築することで、ライフスタイルの異なるさまざまな住人や地域住民の活動が編み込まれた、新しいタイプの集住体を生み出すことをテーマとしています。（内藤将俊 専任講師、稲用隆一 助教）

# 佐藤 天彦
Sato Haruhiko

3年（課題時は2年）

## 表と裏を行き交う

**設計趣旨** 駅前に建つ学生寮を含む複合施設である。2セットのLDKを囲む8〜11居室からなるユニットが各階に3つずつ配置されており、そこでは中央の吹き抜けを介して上下階の学生を巻き込む「表」のコミュニティが形成されるのに対し、立体的な外部空間や図書館等を挟んで近接した2ユニットの半分の居室同士が別のユニットを構成することで、地域住民を巻き込む「裏」のコミュニティを形成している。

**指導教員コメント** 本作品は、工学で結ばれた多分野の入居学生による日常的な交流と、学生が社会の一員として周辺住民と創出する、より開かれた交流という2つの生活を、「表」と「裏」のコミュニティとして位置づけることで、住人のさまざまなライフスタイルに基づいた暮らしを横断的に再編しています。そして、それらの間にさまざまな共用部を配することで各住人が自然に往来することが誘発されています。そうした生活の具体を伴った極めて洗練されたシステムの提案であることが高く評価されました。
（内藤将俊 専任講師、稲用隆一 助教）

茨城大学 工学部 都市システム工学科 建築デザインプログラム ― 佐藤 天彦

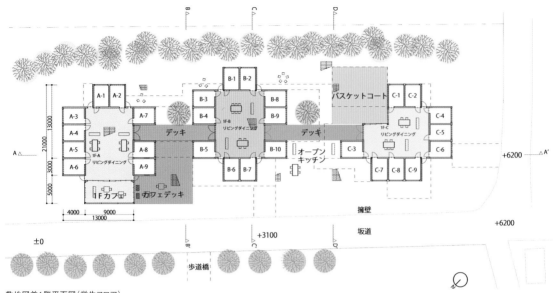

敷地図兼1階平面図（学生フロア）

2階平面図（国際交流フロア）

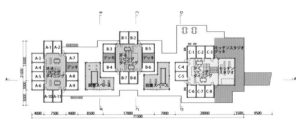

3階平面図（学生フロア）

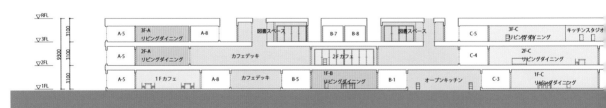

A－A'断面図

**審査員コメント** 模型写真（P.44）が素晴らしく、提案のすべてが表現されている。出展作品の中で、そのような意思を感じる写真は意外と少なかった。提案内容は非常に素直で、人口が減少している地域に学生と地域住民の交流を促す社会的 なアイデア。生活スペースとコミュニティスペースを入れ子にして反転させることも上手く作用している。緩やかな傾斜のある敷地特性を計画へ積極的に取り入れると、コミュニケーションの概念をかたちに表すことができたのではないでしょうか。（萩原 剛）

ユニットの裏に巻き付くように位置する3階図書スペース。住宅地から同じレベルでのアプローチが可能で地域交流の場となる

2層分の庇空間に位置する1階バスケットコート。2階の卓球場ともつながっており、2層が一体でスポーツの賑わいをもたらす

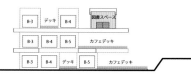

B−B'断面図

C−C'断面図

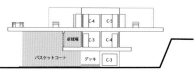

D−D'断面図

## 課題

茨城大学 工学部 都市システム工学科 建築デザインプログラム
2年生／建築設計製図Ⅱ／2019年度課題

# 茨城大学学生寮＋国際交流施設建替計画
## —Hitachitaga station dormitory—

出題教員：内藤将俊、稲用隆一

指導教員：内藤将俊、稲用隆一

茨城大学工学部キャンパスから歩いて15分程度の場所に、男子学生寮や女子学生寮、そして海外からの研究者や留学生が暮らす建築物群が存在する。これらは、総合的に計画されたものではなく、必要に応じて段階的に建設されたものであり、一部分の改修がなされてはいるものの、老朽化が著しい状態にある。

そこで、以下の点を考慮し、男子学生寮、女子学生寮、研究者交流施設、国際交流館家族棟、国際交流館単身棟を含む新たな建築を常陸多賀駅隣接地に計画することを課題とする。

・線路上の歩道橋は敷地図の位置に付け替えることとする。
・歩道橋の計画も含めて提案しても良いこととする。
・1棟にすべての機能を集約しても、分棟としても良い。
・固定概念に捉われず、自由な発想で設計に取り組むこと。
・日々賑う楽しい施設をつくること。
（地域住民や一般学生・常陸多賀駅利用者が交流できる施設をつくること）
・豊かな屋外空間をつくること。
・周辺の桜並木や緑地を意識して設計すること。

**1、敷地概要**
○所在：茨城県日立東多賀町
○面積：3,894 ㎡
○構造：自由
○階数：自由
○日影規制：厳密に対応する必要はないが、近隣への影響を考慮すること。

**作品PR** 敷地周辺には、工場、駅、住宅など多様なコンテンツがありながら、人々が集える活気のある場所は存在しない。駅前がこのように衰退するのは、今の地方社会の現状である。これを打破するのは未来を担う学生であり、その若い力が地域に活気をもたらす。そこで、学生寮に住民以外が利用可能な多様な機能を設けて地域に開放し、交流と活気を創出する。住戸は、多核的なユニットの形式により、多彩な住民同士のコミュニティを強める。さらに「表」と「裏」とに性格づけた生活スペースが反転しながら反復するなかに、住民以外も利用するプログラムを挿入して空間にメリハリを生み、地域交流の楔を形成する。

# 宇都宮大学
## Utsunomiya University
地域デザイン科学部 建築都市デザイン学科

---

2年生／建築設計製図Ⅱ・第2課題／ 2019年度課題

### 集まって住まう
### 「街なか暮らし」

---

**出題教員コメント** 学部2年生前期から課題設計が始まり、木造週末住宅、保育施設を経て、3番目の設計課題が、この小規模な集合住宅の課題です。本学の設計課題では、常勤の教員とともに、1学年につき1課題を非常勤講師の建築家が担当しています。この課題では、慶野正司非常勤講師と相談し、宇都宮の中心市街地を流れる小さな河川沿いの敷地において、多様な暮らしをする人々が共生する「街なか暮らし」のできる集合住宅の提案を求めました。（大嶽陽徳 助教）

# 亀谷 瑞熙
## Kameya Mizuki

3年（課題時は2年）

## 集まって住む 街なか暮らし

**設計趣旨** 宇都宮市街地にある都市河川の側に、人と自然が絡まるような集合住宅を計画した。プライバシー優先の住戸とするのではなく、各住戸を角度をつけて並べ、積層させることで、外部環境と住戸、住戸と住戸の間に関係性を持たせた。住戸の配置によって生まれた外部空間には、植栽や外階段を設け、人と自然が建築に絡まりながら共生しているようなデザインとし、都市河川側という環境条件に合うように計画した。

**指導教員コメント** 小さな箱形の住戸をずらしながら積層し、それにより産まれたさまざまなレベルの外部空間に植栽を配することで、自然と建築が立体的に絡み合う形式の集合住宅が提案されています。この形式を、周辺建物のスケールや不整形な敷地形状のなかで位置付けることで、リアリティのある造形として提出している点が評価されました。（大嶽陽徳 助教）

宇都宮大学 地域デザイン科学部 建築都市デザイン学科｜亀谷瑞熙

1階平面図

10,000mm×5,000mmの住戸を
7つ配置し、各住戸の角度を振り、
積層させる

積層させた住戸を浮かせて階段で
つなぎ、住戸間に関係を持たせ、生
まれた空間をコモンスペースとする。
これにより、住民同士の自然な交流
が促される

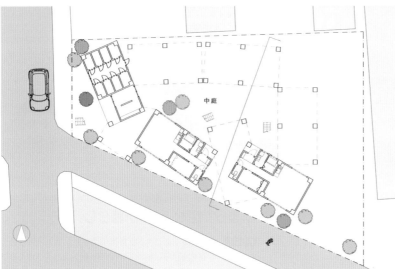

中庭

カフェ

▨ ＝コモンスペース

2階平面図

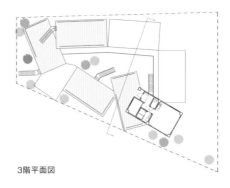

3階平面図

**審査員コメント** 1～3年生までの作品が並ぶなか、2年生でありながら造形力の光る作品だと思いました。川沿いに面した敷地へ、さまざまな角度へ振った住戸を配置している点は面白いのですが、「ボックススタディ」という手法が形態に現れ過ぎているように思います。また、住宅課題において東西南北の方角は外せない環境要素です。しかしこの作品ではその捉え方が一律に見えます。川に面していない住居に対しても、高さや視線への配慮が組み込まれているともっと良くなると思いました。（原田麻魚）

宇都宮大学 地域デザイン科学部 建築都市デザイン学科
2年生／建築設計製図Ⅱ・第2課題／2019年度課題

# 集まって住まう「街なか暮らし」

出題教員：慶野正司、大嶽陽徳

指導教員：慶野正司、大嶽陽徳

本課題は、宇都宮市中心市街地にある釜川添いの敷地に集合住宅を計画する。

### 1、計画の背景とねらい
宇都宮市は都市計画マスタープランにおいて、「住まう」「働く・学ぶ」「憩う」を充足する街として「ネットワーク型コンパクトシティ」を目指している。特に敷地のある釜川プロムナード周辺は、魅力ある水辺景観・緑化景観形成を推進しており、歩いて楽しい交流・回遊空間づくりが期待されている。またこの地域には、住宅、集合住宅、オフィス、商店といったさまざまなビルディングタイプが建ち並ぶとともに、さまざまな時代に建てられた建物が混在している。
こうしたエリアの特性を捉え、集まって住むための魅力豊かな空間を構想する。
また街なか住居においては単身者、若年夫婦、老夫婦、多世代家族、職住一体など多様な住まい方をする人々が共生するこれからの「街なか暮らし」の提案を求める。

### 2、計画する際のポイント
○「釜川プロムナード」沿いに建つ建物として沿道景観や環境づくりを考察する。
○回遊性の促進エリアに位置する建物として機能構成・形態を考察する。
○多様な住まい方やライフスタイルを受け入れられる構成を考察する。
○屋外と屋内空間、住人と住人、街と住居など多様な関係性を考察する。
○時間軸を意識した生活像（過ごし方）をイメージするところから計画をスタートする。
○空間構成・形態に即した構造計画を考察する。

### 3、設計条件
○延べ床面積：700㎡～1,000㎡程度
○容積率：100%～150%目安
○住戸数：7～10戸（1戸あたり平均80㎡程度、40～100㎡の間。住居以外の機能を付加することを可とする）
○駐車場：各住戸に1台程度を基本とし、最低限、半分の住戸分を計画すること。
○構造：RC構造を基本とする

### 4、敷地条件
○敷地：宇都宮市二荒町
○敷地面積：860㎡
○用途地域：商業地域（許容建ぺい率：80%、許容容積率：400%）
○道路斜線：1/1.5

**作品PR** プライバシーやセキュリティの確保を最優先とした集合住宅は、閉鎖的な居住空間を生み、隣人とのつながりの希薄化や地域社会、風土の特色からの乖離といったネガティブな影響を与えていると感じる。集合住宅には、周辺環境と隔離した安全な空間ではなく、周辺環境と連続した豊かな暮らしが必要なのではないか。本計画では、一つずつ住戸を配置してプライベート空間とパブリック空間をつくり、隣人との自然な交流の促進や周辺環境との連続性の確保を目指した。パブリックなコモンスペースでは、住民同士の交流が生まれ、中庭やピロティは集合住宅に余白を生み、多様な生活シーンを許容することができる。

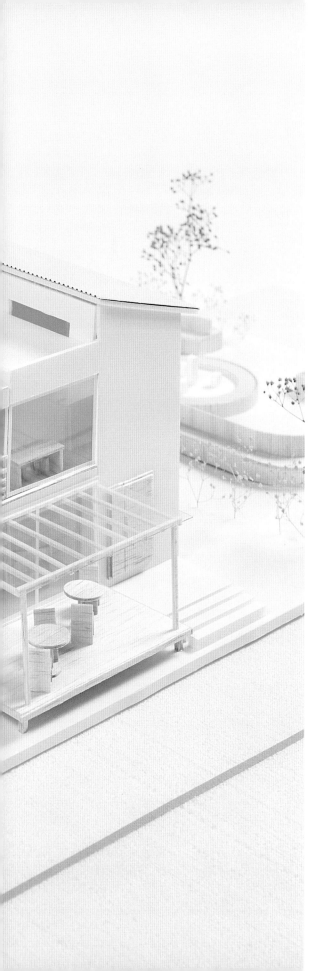

# 大妻女子大学
## Otsuma Women's University
### 社会情報学部 社会情報学科 環境情報学専攻

3年生／住居デザイン演習Ⅱ・課題B ／ 2020年度課題

## ○○併用住宅の設計

**出題教員コメント** 桜並木で有名な目黒川沿いで、商業地域と住居地域の境界のような場所に、店舗とオーナー住居をRC造で設計する課題です。地域の環境とコンテクストを建築にどう取り入れるか、人の流れや滞留をどうつくっていくか、住居の閉鎖性と店舗の開放性をどう共存させるか、難しい課題ではありますが、考えようによっては、設計しがいのある課題としました。プログラムを組み立て、人の流れと景観をつくっていく楽しさに気づいてくれれば本望です。（八木敦司 非常勤講師）

# 酒井 美聡
## Sakai Misato
3年（当年度課題）

## 対比から考えた併用住宅

**設計趣旨** 目黒川沿いの散策路に面し、北側の隣地に小公園がある敷地にカフェ兼バーの店舗併用住宅を提案する。賑やかな道と静かな公園、外部と内部の関係、昼の姿と夜の佇まいなど対比関係にある要素をRC構造内の「かたい空間と柔らかい空間」に関連づけ、動的なテラスから内部へ、複数人から個人へと、静的空間への変化を表した。その延長として公園は個人のためのソシオフーガルの配置とした。

**指導教員コメント** 新型コロナの感染拡大で、対面授業ができないという難しい状況での演習でしたが、学生たちはそれぞれ懸命に課題に取り組んでくれました。酒井案は、「表と裏（南と北）」の対照的な環境の違いという敷地のコンテクストを的確に掴み、その「対比的関係」を、デザインに関わるさまざまな要素に繰り広げて結実させようとした秀作ですが、その発想を、作品の印象を決定づける屋根の形状にまで徹することができなかったのが悔やまれます。（柳 秀夫 非常勤講師）

大妻女子大学 社会情報学部 社会情報学科 環境情報学専攻 ― 酒井 美聡

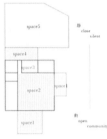

1階cafe&bar

Space1
歩道に面したテラス。目黒川の桜を眺めることができる複数人のための空間
Space2
店内。複数人のための空間
Space3
個室。公園を眺めることができる複数人のための空間
Space4
公園に面したテラス。公園を眺めることができる個人のための空間
Space5
都市公園。個人のための空間であり、ソシオフーガルに配置したベンチと噴水のある静かな小公園

2階family space

Public space
LDK。家族のための空間
Private space
個室。個人のための空間である主寝室や子ども室

A―A'断面図

---

| 審査員コメント | 店舗併用住宅の課題に対して、店舗と住宅、外部と内部、昼と夜、静かさと賑やかさ、など「対比」というキーワードを掲げている点が面白いです。いろいろな対比をベースにしながら、RC造と木造で設計をまとめていますが、その一方で、RC造の部分が単なるアノニマスなラーメン構造になっています。ここに改善の余地があるのではないでしょうか。木を使ったパーゴラのような外構計画についても思考を深めることができると良いと思います。（古澤大輔） |

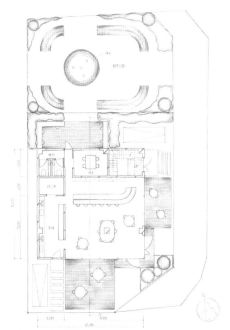

1階平面図兼配置図

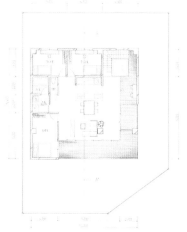

2階平面図

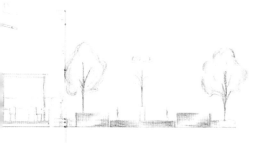

大妻女子大学 社会情報学部 社会情報学科 環境情報学専攻
3年生／住居デザイン演習II・課題B／2020年度課題

# ○○併用住宅の設計

**出題教員：八木敦司、柳 秀夫**

**指導教員：八木敦司、柳 秀夫**

建物は必ずしも単一の用途のものとは限らない、一つの建物の中に複数の用途を抱える建築を求められることも少なくなく、そうした場合には、多様な設計条件を適切に読み解くことが設計者の大きな役割となる。

この課題では、商業スペースと、敷地と商業施設のオーナー家族の住まいを設計する。敷地は、住宅と商業店舗が混在する地域にあり、桜の名所である目黒川や西郷山公園といった大きな公園があり、自然に恵まれている。この場所に、地域の憩いの場所ともなる「居心地の良い商空間」、そして「豊かな住空間」を一体の建築として提案して欲しい。

※課題名の○○は、レストラン、カフェ、ギャラリー、雑貨店など地域にふさわしい用途を各自想定すること。

### 1、設計条件
○敷地の位置：東京都目黒区青葉台の商業・住宅地。
○周辺環境：もし可能なら各自がサーヴェイ（現地調査）する。Google mapも活用のこと。
○敷地面積：約346㎡（約105坪）
○法的条件：準工業地域、第三種高度地区、準防火地域
○建ぺい率：60%
○容積率：300%
○構造・規模：RC造2階建て
○延床面積：240〜280㎡程度
○建物用途：商業スペース120〜140㎡、住宅120〜140㎡
○家族構成：夫婦＋子ども2人
○駐車スペース：2台
※北側都市公園、目黒川との関係を考慮する。2つの用途を別の建物として分離して配置することは不可とする

### 2、設計するうえで意識して欲しいこと
○周囲と建築の相互関係
○建物と外部空間の配置計画
○住宅と○○の関係
○2つの主動線とサービス動線の適切な計画
○鉄筋コンクリート構造の基本知識　（ラーメン構造・壁構造）
○鉄筋コンクリート構造の図面表現
○設計意図を伝えるプレゼンテーション

**作品PR** 店舗併用住宅の散策路に面したオープンなテラスから室内へは、複数人で利用するテーブルからカウンターそして個室へと徐々に閉じていく。さらに隣接する公園につながるウッドデッキにあるカウンター、およびその延長にあるソシオフーガルのベンチを配した噴水公園は、緑や水を感じながらゆったりと静かに過ごせる場とした。このように複数人から個人へと、動から静への流れの中で対比を表現した。

# 神奈川大学
## Kanagawa University

工学部 建築学科 建築デザインコース

3年生／建築デザイン3・第1課題／2019年度課題

## 50人が暮らし、50人が泊まれる、この先の暮らしの場

**出題教員コメント** 地域の課題や特性の分析をもとに、個性的な特徴を持った暮らしの環境を創出することを求めました。子育てのためのサービスや、創造的活動を支えるギャラリーなど、その個性はさまざまです。それぞれの環境を、賃貸の居住者としてあるいは宿泊客として楽しみ、同時にその環境での活動を支えるプレーヤーとなる。そういう場が生まれるような空間構成の提案に期待しました。各々のプログラムに適した敷地を、関内周辺エリアから選定させています。（曽我部昌史 教授）

# 桶谷 彩乃
## Oketani Ayano

4年（課題時は3年）

## きっかけを生む集合住宅

**設計趣旨** 計画敷地である寿町は日本三大ドヤ街の一つで、主に生活保護を受けている高齢者が集まる。密に並ぶ同型の簡易宿泊所の間取りは三畳一間。外がリビング化し、雰囲気は悪く、外部から人が来ることはほとんどない。そこでダブルグリッドを使い、空間を自由につくることで、人を呼び込み、人とつながり、人を楽しませる建物を設計し、新しいきっかけが生まれることを狙う。

**指導教員コメント** RC造と木造が混在する周辺環境に対し、中間的なスケールを持つダブルグリッド構造で全体を構成した秀作。ダブルグリッド自体を居室・動線・吹き抜け・外部とすることで、地域独特の最小限就寝空間と利用者の自律を促す共用部を持つ立体的な空間構成を実現しています。一方で、ダブルグリッド以外の空間も細分化されていること、壁・開口の検討が十分ではないこと、ダブルグリッド自体の寸法・バリエーションを見直すことが今後の課題。（佐々木龍郎 非常勤講師）

神奈川大学 工学部 建築学科 建築デザインコース｜桶谷 彩乃

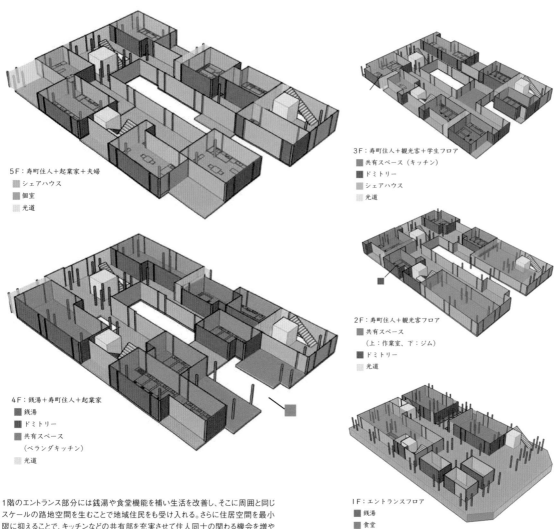

5F：寿町住人＋起業家＋夫婦
- シェアハウス
- 個室
- 光道

3F：寿町住人＋観光客＋学生フロア
- 共有スペース（キッチン）
- ドミトリー
- シェアハウス
- 光道

2F：寿町住人＋観光客フロア
- 共有スペース
  （上：作業室、下：ジム）
- ドミトリー
- 光道

4F：銭湯＋寿町住人＋起業家
- 銭湯
- ドミトリー
- 共有スペース
  （ベランダキッチン）
- 光道

1F：エントランスフロア
- 銭湯
- 食堂
- カフェ、居酒屋、八百屋

1階のエントランス部分には銭湯や食堂機能を補い生活を改善し、そこに周囲と同じスケールの路地空間を生むことで地域住民をも受け入れる。さらに住居空間を最小限に抑えることで、キッチンなどの共有部を充実させて住人同士の関わる機会を増やし、さまざまな出会いやきっかけを見つけ、第2の人生を始めることができる

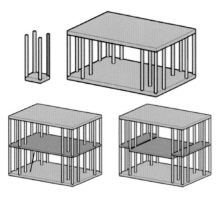

ダブルグリッド構造として、150mm角の柱で1辺1,500mmの正方形をつくり、グリッド上に配置する。250mm厚のボイドスラブを支えているのが主な構造になる。中間に150mm厚の鉄板スラブを入れ、非構造体の床をつくる。非構造体の床を上下に操作しアイレベルをずらすことで、同フロアに設けた住戸空間と宿泊空間のプライバシーを確保することができる

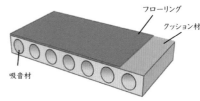

フローリング
クッション材
吸音材

スラブはRC造にして内部にパイプで中空部を設けることで、軽量で剛性を持たせる。パイプを一方向に配置することで、荷重が平行に流れ、柱や梁の出ない空間をつくった。スラブを薄くすることが可能なため、見た目を軽くすることができ、また、中空部内に吸音材などを入れることで防音性能が上がる

| 審査員コメント | なかなか規模の大きな集合住宅に対し、ダブルグリッド構造を採用してプランに幅を持たせることにより、複雑な形式を解いていこうとする姿勢が意欲的で好感を持ちました。さらに、柱は木だけどスラブはRCであるなど、構造に関し | てもよく考えられています。一方で、確かにダブルグリッドによりプランの幅は広がったのだと思いますが、それがプランを拘束してしまっている側面があります。もっと自由なプランニングもありえたのではないでしょうか。（伊藤 暁） |
|---|---|---|

## ユニークな間取り
（ダブルグリッド構造ならではのかたち）

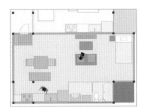

個室（1〜2人部屋）。ダブルグリッドでできたスペースにキッチンや玄関などの機能を配置する。基本的に、起業家やさまざまな世代の夫婦が住み、寿町の住人と関わることで、ドヤ街の悪循環を見直し、改善策を検討する

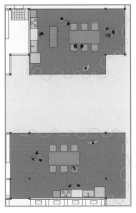

共有スペース（ベランダキッチン）。宿泊側（上）と住居側（下）のベランダキッチンが向き合っていることで、きっかけが生まれる。ビニールカーテンにより、開閉が自由かつ、ガラス張りより暖かい空間になる

シェアハウス（4〜6人部屋、約7〜8㎡の個室）。基本、外の共有スペースで過ごすように、シェアハウス内を比較的狭くしている

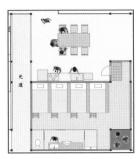

ドミトリー（4〜8人部屋）。部屋の外に共有キッチンがあり、ダブルグリッドで飛び出した玄関によって廊下の中にセミプライベート空間ができる

**課題**

神奈川大学 工学部 建築学科 建築デザインコース
3年生／建築デザイン3・第1課題／2019年度課題

# 50人が暮らし、50人が泊まれる、この先の暮らしの場

出題教員：曽我部昌史、吉岡寛之、岡村晶義、佐々木龍郎、渡瀬正記

指導教員：佐々木龍郎

共に暮らすことで自分の好みにあった豊かな時間が生み出される、そういう住空間を考えてください。

この建物は、大きく住まいの場所と、そこでの暮らしを特徴づけるサービスの場所とで構成されます。住まいの場所には、賃貸住宅部分と宿泊施設部分の両方が存在します。簡単にいえば、賃貸住宅、宿泊施設、サービス関連施設のコンプレックスですが、注意をしたいのは、これらの全ての場が有機的に関係を持っているということです。つまり、単に3つの建物が合体したようなものではなくて、通常3種類の機能に区分される活動の全てを引き受けることができる一つの建物を構想する、ということです。

住宅部分では、何らかの特徴的な暮らしを共有する50人が住む場所を考えてください。共通の趣味やライフスタイルを持った人たちが集まって生活をし、その趣味などのための共有スペースを有する。シェアハウスやシェアアパートメントがその代表的な例です。サービス付き高齢者向け住宅（サ高住：単身となった高齢者たちが種々のサポートを受けながら暮らす賃貸住宅。食堂などの共有スペースを持つ）などの高齢者を対象としたものもありえますし、特徴的な共有スペース（工房や音楽スタジオなど）を持つ学生寮などの若い人たちを対象としたものもあるでしょう。それぞれの個室だけではなく、そこで暮らす人たちみんなで共有する場が生み出す価値を考えながら、特徴的で豊かな時間を過ごせる住空間を構想してください。

そうやって生み出された個性的な暮らしは、独特の雰囲気を醸し出すでしょう。独自の個性を持ったネイバーフッド（個性的なまとまりをもった「ご近所」）といってもいいかもしれません。旅行などで短期的に滞在する場合にも、自分の好みのネイバーフッドで過ごすことができれば、新しい発見などもあってきっと楽しい時間になる。そう考える人たち向けの宿泊施設を設けてください。個室タイプは、ちょっと贅沢なカプセルホテルのようなものから、数名がゆっくり過ごせるメゾネットタイプのようなものまでいろいろあるでしょう。そこでの暮らし方に適したスタイルを各自で検討してください。レストランやカフェ、ホール（貸室）など地域に開放される場所も大事です。

ここでの暮らしと周辺地域での活動とを関連づける場として、サービス関連の空間を計画してください。上記の合計100人の人たちの暮らしをより豊かにするという側面を持つので、どういう趣味やライフスタイルに注目をしているのかということと密接な関係を持ちます。同時に、周辺で暮らす（住んでいる人も仕事をしている人も）他の人たちとも関わりを持ちうる場でもあって欲しいので、シェアオフィスやコワーキングスペースなど広く共有が生まれる場を必ず含むように配慮してください。住戸部分の位置づけに関連して、物販店舗、保育所などもありえるでしょう。

※神奈川大学の課題出題教員インタビューは本書バックナンバー「JUTAKUKADAI05」P.246を参照（山家京子「Rurban House─地域に開かれたスペースをもつ住宅─」）

**作品PR** 周辺建築のマテリアルであるRCと木造を融合させ、量産的な簡易宿泊所地域に馴染むようグリッドで全体を構成。特徴であるダブルグリッド構造は、リズミカルで中間的なスケールをつくり、ボイドや間取り、共有空間の柔軟な設計を可能にした。ダブルグリッドで生まれた、かたち豊かな共有空間はリビングのような存在となり、細いグリッドにはベランダや光道と名付けた通気性や採光性を確保する機能を配置。多様にコラージュした外観から陰湿で同質化した地域に対してユーモラスな空間となり、周辺地域との架け橋となる。そうして生まれた多種多様な出会いが住人の新たな人生のきっかけになることを期待する。

# 関東学院大学
## Kanto Gakuin University
建築・環境学部 建築・環境学科 すまいデザインコース

3年生／住宅設計スタジオ／ 2020年度課題

## あり続ける住宅

**出題教員コメント**　住み手が変わっても、あるいは新型コロナウイルス感染症の影響のように、世界の価値観が大きく変わってもなお、その場所にあり続けられる住宅とはどのようなものか?を問う課題です。これは建築の自律性に対する問いかけであり、固有性と普遍性を兼ね備えた住宅のデザインは可能か?という問いかけでもあります。敷地は横浜市の、かつては違法な風俗店が立ち並んでいた黄金町で、大岡川の桜並木に面した一角を選定しています。
（粕谷淳司 准教授）

---

🏆 **優秀賞3等**

# 香川 唯
Kagawa Yui

3年（当年度課題）

## 組積のねぐら

**設計趣旨**　まず強い壁をつくろうと考えた。壁は小さいエレメントが厚みを減らしながら積み上がっている。壁の内側には柔らかい生活がある。壁には隙間がある。隙間からは壁の内側にある生活が外へと染み出している。小さな住宅が、生活の変化、用途の変化に合わせて積み上がり、成長する。街に対して強く存在し、隙間によって開き、ともに変化する。だから、黄金町という街にあり続けることができる。

**指導教員コメント**　強い建築であればあり続けることができる、という意志をカタチにした作品。小さなエレメントがパッチワーク状に集積した黄金町の雰囲気を参照し、上層につれて薄くなるパッチワーク状の強いRCの壁の中に、同等の強さを持った可変性のある木造の床、家具を入れて変化に順応することにより、自律性と普遍性を獲得しています。日本の住宅の短命さ、開くことを良しとする偏重に対する批評性を持ち合わせていることも特筆すべき作品です。
（村山 徹 研究助手）

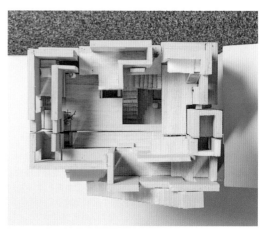

優秀賞3等―関東学院大学 建築・環境学部 建築・環境学科 すまいデザインコース―香川 唯

## 隙間

積み上げる過程で隙間ができる。閉じた隙間から中の生活が染み出す。大きな隙間からは空や公園が見える

## 壁の使われ方

厚い壁の中に空間をつくり、収納や水回りにする。壁が薄くなっていくと開口やくぼみになる。そこでは収納を入れたり椅子として使う

## 床

120角のマッシブホルツの床が架けられている。上にいくにつれ木の床の割合が多くなっていく

## 住んでいる人たち

建物の下のほうは家主の夫婦が、上のほうは黄金町で活動するアーティストの拠点となっている。ここがアートの街、黄金町のシンボルであり中心地となっていく

## 動線

家主は1階の玄関を使い、アトリエを使う人は外階段を上がって2階の玄関から入る。家主とアーティストの動線は完全に分けることはしないながらも場所を動線によって分けている

― 家主
――― アトリエの人

1F　　2F

## 外が内、内が外

この建物は時間をかけて積み上がっているため、昔外だった場所が内に、内だった場所が外になっている

## 閉じること

治安が良くないこの街にとって強くあることは悪ではない。閉じることによって街のシンボルとなっている。この場所ではその状態こそ開いているといえる

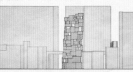

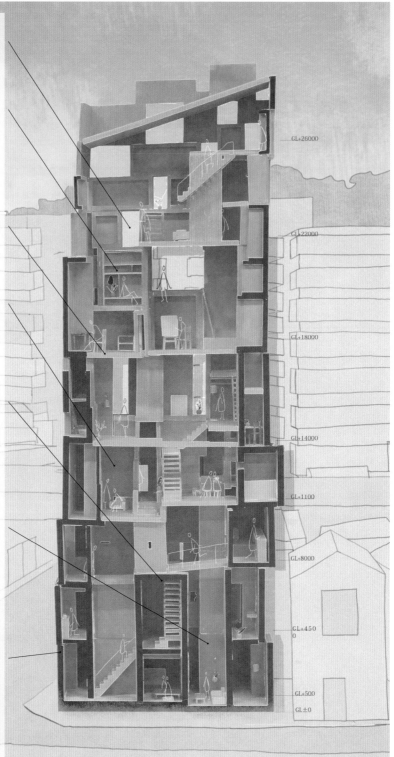

GL+26000

GL+22000

GL+18000

GL+14000

GL+11000

GL+8000

GL+4500 0

GL+500

GL±0

**審査員コメント**　興味深い提案だと思って見ていました。私は大学で住居論の講義を担当していますが、住居の原点は一種の防御だと思います。中国の客家一族による集合住宅「福建土楼」の閉鎖的な外観から、そのように読み取ることができ

ます。壁が積み上がっていく過程で、厚みを減らして隙間が生まれるという、構造的に減衰していく技を使いながら、横浜の中心に土の砦のような住居をつくっている。意欲的かつ意表をついた提案で感心しました。（萩原 剛）

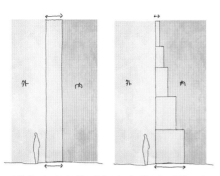

自律的であるために強い壁をつくった。壁は上に行くにつれ厚みを減らし、下は閉じて街と距離をとり、上にいくにつれ距離が近くなっていく。

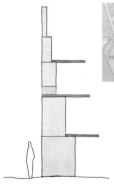

建物は不変であっても生活は変化する。壁の内側は変化する木で支える。マッシブホルツの床で、壁の厚みの差を利用してひっかける

壁は小さいエレメントがパッチワークのように積み上がっている（上図）。小さな住宅だった壁は時間をかけ、積み上げられていく。下から上へと積み上がるにつれ壁には隙間ができ（中央図）、徐々に隙間が多くなる（下図）。壁は密から粗へと変化していく。壁の隙間からは内側の生活が染み出し、隙間によって街と関わる

**課題**

関東学院大学 建築・環境学部 建築・環境学科 すまいデザインコース
3年生／住宅設計スタジオ／ 2020年度課題

# あり続ける住宅

出題教員：粕谷淳司

指導教員：村山 徹

住み手が替わってもその場所にあり続けられる住宅を設計する。個人住宅は、ある特定の住み手のためにつくられるが、建築がその場所にあり続けることは、都市形成、コミュニティ形成、環境問題において重要なことである。では、住み手が替わっても、はたまた昨今の新型コロナウイルス感染症のように世界の価値観が大きく変わっても、そこにあり続けることができる住宅とはどのようなものだろうか？ この課題で考えて欲しいことは、単に住み手を限定しない賃貸住宅でもなく、持続可能な環境設備を持ったものや新陳代謝して持続するシステムでもない。建築の自律性のあり方に焦点を当てたものである。そこにあり続けるために建築に何が必要かを各々で考え、住宅がその場所にあり続けることで生まれる新しい風景を考えて欲しい。

**1、クライアント**
○大人2人以上を各自で設定する。

**2、設計条件**
○住所：横浜市中区黄金町
○敷地：敷地面積93.20 ㎡
○建ぺい率：80%
○容積率：400%
○高さ制限：31mまで
○必要諸室（空間）と規模：各自が算定し決定する。
○構造規模：構造・階数共に自由
○用途：個人住宅（賃貸住宅は不可）

**作品PR** この街に、この住まいがあり続けるために、「自律的で」「変化に対応し」「変化し続ける」という3つのコンセプトを設定した。黄金町周辺はその歴史的背景から、今も治安が良くない。自律的であるために強い壁をつくり、街と適切な距離感を保つ。人々の生活の変化に対応できるよう木で床をつくった。生活や人間関係の変化によって床は場所やかたちを変える。黄金町は今、その人間臭さ、土臭さを生かし、アートの街に変化し成長している。街に合わせてこの住宅も変化し、街とともに成長することで、この住宅はシンボルとなり、開いていく。この街に「あり続ける」ために、つくり続ける住宅を設計した。

# 共立女子大学
## Kyoritsu Women's University

家政学部 建築・デザイン学科 建築コース

2年生／建築設計演習Ⅰ・インテリアデザイン演習Ⅰ
／2019年度課題

### "小住宅"
—大きなスペースと
小さなスペースを持つ住まい

**出題教員コメント** 建築とインテリアは本来一体のものであり、明確に分離することは不可能です。建築の骨格であるシェルターがなければインテリアは成り立たないし、しっかりしたインテリアがなければその空間は機能しません。街に開くことを可能とする趣味を持つ夫婦2人の小さな住まいをテーマに、半期を通して、建築から構造（軸組）・インテリア・家具までトータルに設計を行い、計画の進め方や手法を学ぶとともに、構造と空間のデザインを理解し、自ら設計し表現する力を養います。（堀 啓二 教授）

---

**🏠 萩原賞**

# 小林 芽衣菜
### Kobayashi Meina

3年（課題時は2年）

## とある夫婦のための、
## 土間のとおる家

**設計趣旨** 家の中を通り抜ける土間は内外を緩やかにつなぎ、庭の緑や光を取り入れる。土地の高低差を使用し、平屋の中にも公的な空間と私的な空間が段階的に生まれるようなプランニングをしている。土足可能な部分はアクティブに、土足厳禁の部分ではゆったりとくつろぐことのできる空間づくりを目指した。アクセスの良い都内でありながらも緑と住宅が共存する街で、夫婦2人が趣味を楽しみ、豊かに暮らすための住宅の提案。

**指導教員コメント** この作品を選んだ理由は、既存の樹木が残る高低差のある敷地を自然の斜面に戻し、敷地自体を住まいの一部として捉えたところです。課題は子どもが巣立った後の趣味を持つ50代の夫婦の終の住処です。趣味は自転車です。敷地の高低差を利用し斜面化し自転車で通り抜けができるなど敷地すべてを趣味の場としています。土間空間、室内縁側など中間領域を持つ日本民家の構成をうまく利用した内外が一体となった居心地の良い住まいです。（堀 啓二 教授）

萩原賞 — 共立女子大学 家政学部 建築・デザイン学科 建築コース — 小林 芽衣菜

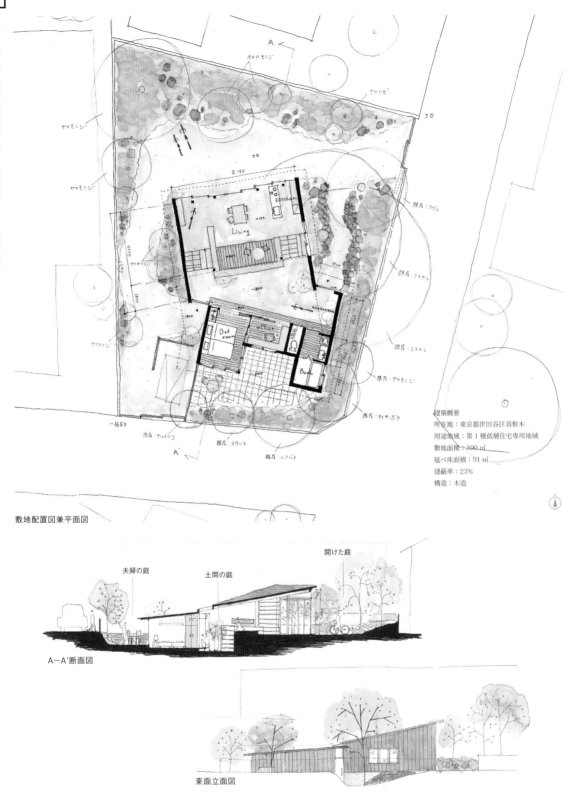

8.190

Kitchen

Living

Bed room

Bath

敷地配置図兼平面図

建築概要
所在地：東京都世田谷区羽根木
用途地域：第1種低層住宅専用地域
敷地面積：約390 ㎡
延べ床面積：91 ㎡
建蔽率：23%
構造：木造

夫婦の庭　　土間の庭　　開けた庭

A−A'断面図

東面立面図

**審査員コメント**　集合住宅や学生寮などの提案があるなか、純粋な住宅の提案です。敷地の高低差を生かして、趣味の場とプライベートな場をつくっていますが、プライベートな場とパブリックなリビングをつなぐ趣味の場が暗くなりがちです。これに対する配慮がトップライトというのは、もっと工夫が必要ですが、配慮しようという姿勢は評価したい。全体としては、プランが良く描けていて、水彩のスケッチも非常に美しい。生活のにおいが感じられるきめ細やかな住宅設計ができています。（原田麻魚）

玄関に入ると、天窓のある通り土間に着く。室内ではあるが、日差しが十分に入ってくる。書斎と寝室の扉を開閉することによって、家全体がワンルームのようになったり、籠ることのできる空間になったりする。リビングの小上がりから土間はよく見えるが、土間からの視線は通らないようにレベル差を用いる

南側のプライベート空間以外は仕切りのない抜けた空間。中央の本棚を中心にさまざまな居場所が広がる。レベル差によってできる程よい距離感がありながら、家の中どこにいても人の温もりを感じる

共立女子大学 家政学部 建築・デザイン学科 建築コース
2年生／建築設計演習Ⅰ・インテリアデザイン演習Ⅰ／2019年度課題

# "小住宅"
## ―大きなスペースと小さなスペースを持つ住まい

出題教員：堀 啓二

指導教員：堀 啓二、上西 明、伊礼 智、河原うらら、六角美瑠

施主は50代後半の夫婦2人です。子どもたちが独立したのを機会に、老朽化した住まいを解体し、新たに2人で住む住まいを計画しています。豊かなスペースの中で暮らし、多くの友人を自分たちの家に招いて楽しく過ごしたいと願っています。夫は会社役員、妻は翻訳家で自宅で仕事をしています。2人ともまだまだ元気です。2人は共通の趣味を持ち自宅で楽しんでいます。このような2人の終の住まいを下記の条件で計画してください。敷地内にはシラカシ・コブシ等の大木があります。自然環境は自分たちだけでなく、街にとっても重要な財産です。周辺の環境を十分に考慮し、かつ敷地内の大木の環境を生かした提案をしてください。

### 1、計画条件
○住むために必要な諸室については各自設定。
○上記以外に下記の"+αスペース"を計画する。
　・趣味のスペース：趣味については下記の中から選ぶ。
　　A）油絵を描くこと
　　B）自転車
　　C）創作料理をつくること(ちょっとした料理教室も行う)
　　D）茶道
　・翻訳家の妻のためのワークスペース(蔵書1,000冊程度を収納できるスペースと机、4〜6㎡程度)
○車1台、自転車2台
○910のモジュールで計画する。
　・柱や壁は、通り芯を中心線にして配置する。910のモジュールでは、通り芯を910㎜の倍数で設定。
○木造、原則平屋
○延べ面積：80〜100㎡程度
○敷地図に表記されたシラカシ・コブシは残す。移植も不可とする。

### 2、敷地条件
○場所：東京都世田谷区羽根木
○第一種低層住居専用地域、隣地斜線(絶対高さによる)
○敷地面積：約390㎡
○前面道路幅：敷地図による
○建ぺい率：60%
○容積率：150%
○北側斜線：第一種高度地区・立ち上がり5m・勾配0.6
○道路斜線：1/1.25
○日影規制：軒高7mまたは地上3階以上が対象建築物となるが、今回は考慮しなくともよい。
○高さ制限、絶対高さ：10m
○外壁後退距離：1.5m

### 3、スケジュール
○フェーズⅠ 建築設計
　配置計画から平面計画、断面計画及び立面計画まで建築設計を行う。
○フェーズⅡ 軸組の設計
　フェーズⅠで設計した住宅の軸組を設計する。
○フェーズⅢ インテリアの設計
　フェーズⅠで設計した住宅のLDK+αのインテリアを設計する。
○フェーズⅣ 家具の設計(木の椅子)
　自分が設計した住宅で最も使いたい椅子を想定し、製作図を作成。模型(1／5)をつくる。

※共立女子大学の課題出題教員インタビューは本書バックナンバー「JUTAKUKADAI07」P.270を参照(工藤良子「『つながり』を育む住まい」)

**作品PR** 敷地にある南北1,650のレベル差をなだらかにつなぎ、屋根を架け、内外が一体となった心地よい場をつくった。レベルが低くなるにつれてプライベートな空間となる。室内にも屋外と同じ仕上げの土間を回し、内外をつなげたことで自転車を家の中まで無理なく持ち込める環境にした。リビングはあえて北側にし、南からの光が木々に当たる美しい景色が見えるようにしている。中央の天窓からは光が差し込む。窓には季節によって移り変わる木々が映る。私は今回の住まいづくりにおいて、どのような立地でも窓から見える風景が美しく、内外関係なく緑に溢れ、何気ない日々を楽しめる豊かな日常をつくることを大切にした。

# 慶應義塾大学
## Keio University
### 総合政策学部 総合政策学科

2年生／デザインスタジオ（住まいと環境）
／ 2020年度課題

## 近代名作を再構成する

出題教員コメント　初学者を対象とした住宅課題です。近代の住宅で名作と呼ばれるサヴォア邸（ル・コルビュジエ）、ファンズワース邸（ミース・ファン・デル・ローエ）、落水荘（フランク・ロイド・ライト）、マイレア邸（アルヴァ・アアルト）のうち一つを選択し、その住宅がどのようなコンセプトで設計されているかを分析します。その後、分析で明らかになったコンセプトや幾何学的な構成を用いて、藤沢市で現代的な条件（周辺環境との関係やプライバシーの確保）を考慮した提案を求めます。（坂 茂 教授）

# 吉岡 萌
## Yoshioka Moe
2年（当年度課題）

## 広がる、コアとスラブの家

設計趣旨　「落水荘」の分析を通してフランク・ロイド・ライトの有機的建築の考え方と、x軸・y軸方向に伸びるスラブの間に広がる空間を意識し、住宅設計に反映させた。空間の変化を床高の違いで演出し、コアとスラブで建物を構成することを設計時の主なコンセプトとした。垂直方向、水平方向に異なる部材を用いて建物の水平線を強調し、特殊な敷地のコンテクストを汲み取りながら、プライバシーに配慮した柔らかく温かい空間を生み出した。

指導教員コメント　吉岡さんの提案は、住宅街の角地という敷地のなかで、プライバシーを確保したい東面にはコアを多めに配置して開口部を少なくしつつ、公園への眺望が期待できる北西面には2階に大きなバルコニーを置くなど、垂直を構成するコア部分と水平を構成するスラブとの関係を明確にしながら提案を行うことが評価されました。（原野泰典 非常勤講師）

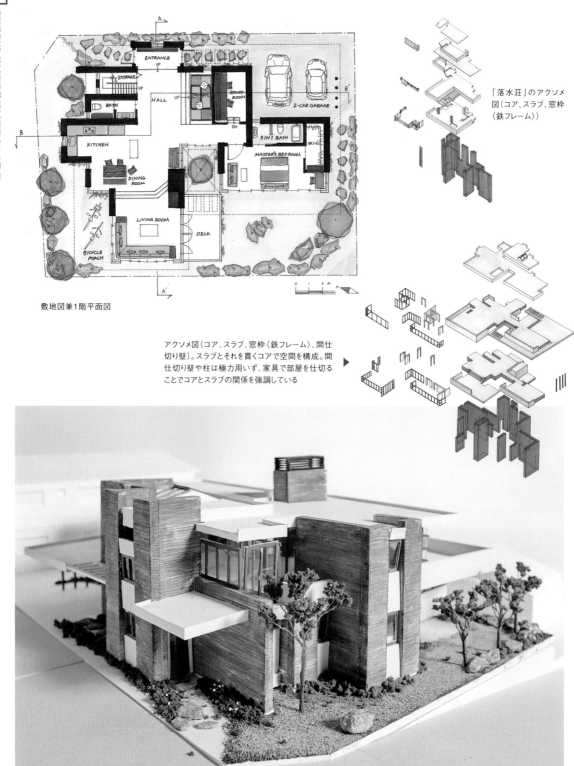

敷地図兼1階平面図

「落水荘」のアクソメ図（コア、スラブ、窓枠〈鉄フレーム〉）

アクソメ図（コア、スラブ、窓枠〈鉄フレーム〉、間仕切り壁）。スラブとそれを貫くコアで空間を構成。間仕切り壁や柱は極力いず、家具で部屋を仕切ることでコアとスラブの関係を強調している

審査員コメント　模型が精巧につくられているほか、図面もよく描けていて感心しました。ライトの「落水荘」を分析対象として、そこから得られた手法やコンセプトを用いて設計したということですが、分析結果や設計などからライトへの愛を感じられる提案となっています。しかし、なぜ藤沢で「落水荘」を再現するのかという違和感があります。今回敷地に設定した藤沢の要素を考慮しながら、再現ではなく再構築をして欲しかったと思います。（古澤大輔）

2階平面図

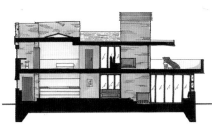

A−A'断面図

B−B'断面図。敷地西側より低い位置にある隣家（平屋）に対しては、建物西側のスラブを90cm立ち上げることで建物の水平線を強調しつつ、下方向からの視線にも配慮した

「落水荘」が周辺環境に溶け込むよう近辺で採掘された石や岩を使用しているように、本作品でも付近の自然を生かした。庭に石を点在させて敷地境界と区別させつつ、庭のたまりの一部としての機能を持たせ、垂直に伸びる石材が地面で水平ラインに溶け込むよう意識した

慶應義塾大学 総合政策学部 総合政策学科
2年生／デザインスタジオ（住まいと環境）／2020年度課題

# 近代名作を再構成する

出題教員：坂 茂

指導教員：坂 茂、原野泰典、城所竜太

**1、課題の流れ**
○近代建築の中で名作と呼ばれる4つの住宅のうち1つを選択する。それらを設計した建築家について調査し、その住宅がどのようなコンセプトで設計され、どのように空間を幾何学的に構成しているかについて分析する。
○この分析で明らかになったコンセプトや空間の幾何学的な構成を用いて、藤沢市内で住宅を設計する。
○分析を行う4つの住宅
●ル・コルビュジエ「サヴォア邸」（1931年竣工）
●フランク・ロイド・ライト「落水荘」（1935年竣工）
●アルヴァ・アアルト「マイレア邸」（1939年竣工）
●ミース・ファン・デル・ローエ「ファンズワース邸」（1951年竣工）

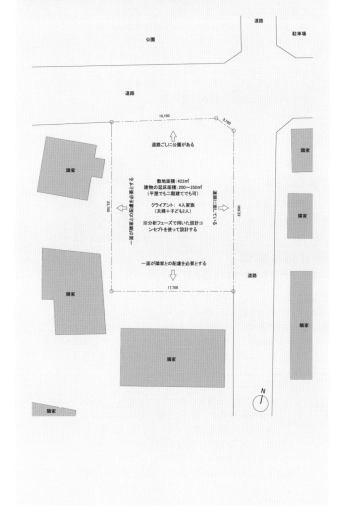

**作品PR** 本設計は「落水荘」から抽出したコンセプトを用い、住宅の構造体、垂直方向の強調としてのコアの役割、さらにプライバシーを守るための機能を追加して設計へ反映させた。「落水荘」のような大自然の中の別荘とは異なり、道路に面する街中の敷地であったため、人通りの多い東側や北側にコアを重点的に配置し、外部からの視線に配慮しつつ、やや低めに設置された天井と隔てなく真っ直ぐ伸びる空間で外へと視線を誘導している。コア周辺には水回りを集中させ、servant space を隠した。スラブの突き出した部分には、水平線を強調しつつ建築物以外のものを隠すための車庫としての機能を持たせている。

# 工学院大学
## Kogakuin University
### 建築学部 建築学科

3年生／建築まちづくり演習B ／ 2019年度課題

## 都市居住
（都市施設を併設させた
新しい集合住宅のかたち）

**出題教員コメント** 課題の「都市居住」というタイトルは、既成のビルディングタイプとしての「集合住宅」の枠にとらわれず、都市に人々が集まって住むという行為そのものを考えるという意図が含まれています。学生たちは、敷地条件、社会背景などを考えながらどんな住民がどのような住まい方をするのかを考え、提案します。敷地は小田急線南新宿駅を中心とした渋谷区代々木エリア。幹線道路と鉄道に挟まれた低層住宅地区。前半はフィールドワークを通して、地域の課題と資源を洗い出してまちづくり方針を提案。後半で建築の提案をします。（西森陸雄 教授）

## 藤牧 舞
### Fujimaki Mai

4年（課題時は3年）

## 微気候受容体
－ねじれた形から生まれる住まい－

**設計趣旨** 植物のように、環境条件の悪い場所でも、さまざまな角度からの光や風を室内に取り込み、住戸の内外の境界関係を曖昧にし、都内で暮らす領域感覚の拡張ができる集合住宅を提案する。ねじれた1枚のリボン状の構造体が連続してスラブと壁を構成し、その中に住居空間を配置することで自然要素を享受できる新たな空間、住まいを目指した。

**指導教員コメント** 「微気候受容体」というタイトルのこの作品は、周囲の都市環境を肯定するでもなく否定するでもなく、空気のように周辺の環境を受容しながら、連続するリボン状の構造体が空間を構成していくというもの。敷地選定においても矩形の容易な場所を選ばず、不定形で既存の建物の隙間を縫うような敷地を選定し、都市環境との関係が形態の決定要因として大きく関わっていることが表現されています。構造的、機能的にもうまく整理されており、アイデアのみで終わっていないところが高く評価されました。（西森陸雄 教授）

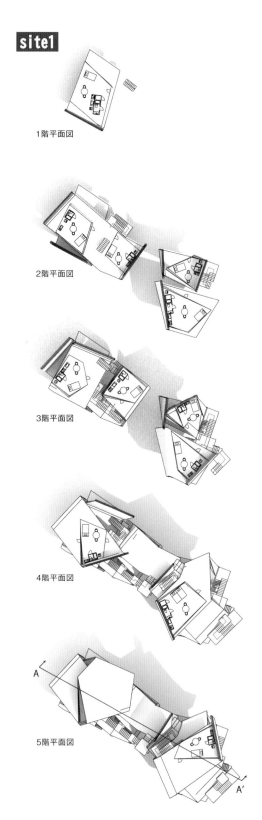

site1

1階平面図

2階平面図

3階平面図

4階平面図

5階平面図

A — A'

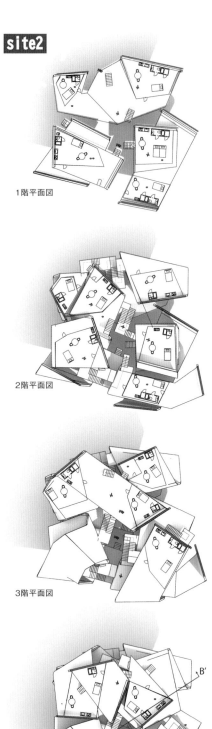

site2

1階平面図

2階平面図

3階平面図

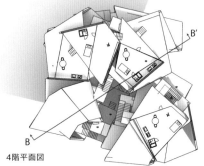

4階平面図

B — B'

審査員
コメント

意欲的で複雑な造形をまとめ上げていて、高い設計力を持っています。提案のタイトルは「微気候受容体」ということですが、都市の中で住宅に切り込むための手がかりとして地表面の状態や植物に影響される気候を指す「微気候」というキーワードを選んだところが慧眼です。ただ、建築がどのように微気候を受容するのかということや、気候と建築形態を関連付けた説明がより詳細にされていると、わかりやすい提案になったのではないかと思います。（伊藤 暁）

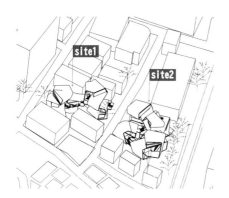

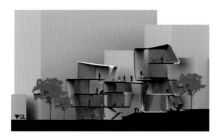

A－A'断面図

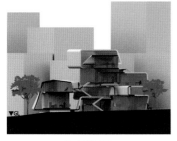

B－B'断面図

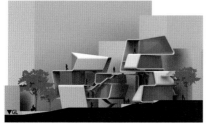

南立面図

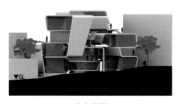

北立面図

工学院大学 建築学部 建築学科
3年生／建築まちづくり演習B ／ 2019年度課題

# 都市居住
## （都市施設を併設させた新しい集合住宅のかたち）

出題教員：西森陸雄

指導教員：西森陸雄、藤木隆明、伊藤博之、星 卓志、
　　　　　カーニー・マイケル、金箱温春、押尾章治、沢瀬 学

東京都心では江戸時代から今日まで、歴史上のさまざまな要因によって繰り返し都市の形態や土地利用が変化し続けてきた。そのため、今日では必ずしも機能的で合理的な都市のかたちが形成されているとは言い難い結果が表れている。道路形状や地理的な条件によっては都心に木造密集地が取り残されたり、住宅地のすぐ脇に巨大な事務所ビルが建設されたり、あるいは不健全なまでに緑地や公園のない地帯が生み出されたりしている。計画的に形成されたこのような市街地では、今後も新たな開発が継続されていくことになる。この課題では、これらの問題に対して、まちづくりと建築デザインのそれぞれの視点を通じた総合的な解答を提示することを目的としている。対象敷地は渋谷区代々木三丁目。甲州街道と小田急線に挟まれたエリアとする。対象地域の状況を調査分析し、エリア内に設定された敷地に、新たに30世帯以上の住居と都市施設を計画する。なお、都市施設には商業施設を含まないものとする。どのような住まい手がどのような住まい方でここに集まるのかを考えながら、次の時代に求められる都市居住の姿を提案してもらう。

1、課題の進め方
　前半ではまちづくりの調査手法を学びながらサーベイを実施、エリア全体の資源と課題を分析して目指すべきまちづくりのコンセプトを提案する。後半はそのコンセプトを引き継ぎながら具体的な建築の設計に取り組む。第1課題と第2課題を通じて最終的に1つの最終提案にまとめる。

2、設計条件
　提案する集合住宅は、対象地区内に敷地を設定し、集合住宅の住民、あるいはその住民と周辺の既存住民にとって必要な「都市施設」を含むものとする。この都市施設には商業施設は含まない。4ユニットが異なる敷地を設定するのでそれぞれのユニットに分かれて設計を進める。

3、提案規模
○敷地面積：2,000㎡程度
○容積率：300%
○建ぺい率：60%
○階数：3〜6層
○住戸数：30戸以上

※工学院大学 建築学部 建築学科の課題出題教員インタビューは本書バックナンバー
「JUTAKUKADAI08」P.76を参照（冨永祥子「外のある家」）

**作品PR** 敷地は澱んだ暗がりや空気が充満している西新宿で、どこか窮屈に感じる場所。西新宿は単身者が多いため、単身者向けの集合住宅とした。どの住戸でも光や風、天気の変化、外の景色などの自然要素を少しでも多く感じられるよう、植物の成長過程のように住戸を少しずつずらしながら計画した。単身者は住居者同士のコミュニケーションが少ないため、自然と生まれるような階段の設置や家庭菜園を設けた。家庭菜園をあえて外からも見えるようにすることで、住居者以外の人ともつながり、街全体として活気づくような場を生み出すよう心がけた。他人の緑が自分の家の緑になるような心休まる集合住宅である。

# 工学院大学
## Kogakuin University

建築学部 建築デザイン学科

2年生／建築設計III・第1課題／2019年度課題

### 工学院大学
### 八王子国際留学生寮

**出題教員コメント** 大学のキャンパスを東西に横断する軸線の終点に位置する敷地に、さまざまな国から集まる30人の留学生が暮らす寮を計画します。生活を個室内で完結させず、共有部分で仲間と暮らし、互いに親しむ仕組みを提案します。加えて、キャンパスマスタープランを参照し、その要所にふさわしい屋外空間を計画し、全学の学生や地域住民も出入りし交流する場をつくります。建築・地域という2つのスケールのコミュニティが重なる場所を考えます。（樫原 徹 准教授）

# 遠山 亮介
## Toyama Ryosuke

3年（課題時は2年）

## ツナガルスミカ

**設計趣旨** 大学に隣接した敷地に留学生のための学生寮を提案する。それぞれ異なる国籍、宗教、概念、マナー、思想、価値観などを持つ留学生が集まる学生寮は強い個性が暮らす場となる。そのような場で、できる限り多くお互いを共有し、影響し合う空間として、生活動線と共有スペースが融合した、ひとつながりの共有スペースを持つ学生寮を提案する。

**指導教員コメント** 建物をS字型とすることで、大学と住宅街というコントラストのある周辺環境双方に対して広場が設けられていて、キャンパスからの軸線を受け止めると同時に、反対側では住宅街との適切な関係をつくることに成功しています。建物は、小さなスケールのボリュームを連ねることで、細長く通り抜けのできる計画となっており、建物内外にも学生たちの交流が図れるさまざまな場が生まれているという点を高く評価しました。（伊藤博之 教授）

1・2階平面図

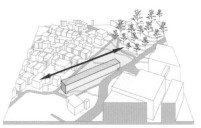

配置計画1。下部の道は、地域機能（コンビニ、スーパー、郵便局、飲食店）へ続き、上部の道は大学キャンパスへ続く。この2つをつなぎ、合理的な動線フレームを計画する

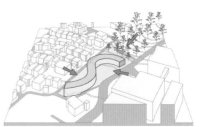

配置計画2。合理的なフレームを湾曲させ、ゆとりを持たせながら、敷地内に大学、住宅街、森を引き込む操作をする

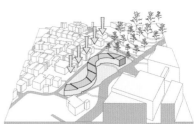

配置計画3。斜面に沿うように、フレームを切り分け、敷地に馴染ませるように上下のずらしを加える

断面図

**審査員コメント** 何気ない周辺の住宅街のコンテクストを読み取り、その力が生み出すS字カーブを発見して、自身の設計に取り込むというマスタープランが秀逸です。単にS字の集合住宅とせず、中のユニットが分節しながらつながっていく構成も素晴らしい。ただ中のユニットは、街のグリッドや45度の軸など、S字とは異なるルールを採用したほうが、ルール同士の衝突が起こり、この提案のキャラクターが明解になったのではないかと思います。（萩原 剛）

敷地に森を引き込み、景色を借りて緑を身近に感じる

大学に開いたオープンな広場から留学生と学生の間に関わりが生まれる

住宅街へ開く広場により、周辺環境と緩やかにつながる

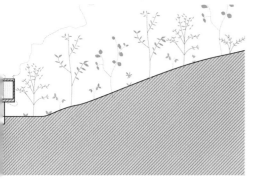

**課題**

工学院大学 建築学部 建築デザイン学科
2年生／建築設計III・第1課題／2019年度課題

# 工学院大学八王子国際留学生寮

出題教員：樫原 徹

指導教員：伊藤博之、大内田史郎、大塚 篤、片桐和也、小島光晴、
　　　　　佐々木將光、藤本良寛、林 孝行、細谷 功、間下奈津子、
　　　　　山門和枝、山﨑健太郎

八王子キャンパス東門から続く東西軸の終点に工学院大学の留学生のためのドミトリーを設計してもらいたい。工学院大学・大学院には現在、6ヶ国から52人の留学生を迎え入れている。彼らに安価で安全な住まいを提供するとともに、日本社会に溶け込むきっかけとなる場所をつくる。日本人学生や周辺住民との国際交流の活性化を担う大学にとって重要な拠点をつくる。各々の室同士の関係、プライバシーの確保、アクセスの仕方、専用、共用、公共空間及び内部と外部の関係など人が集まって暮らすことの基本的な条件を十分に考慮すること。そのうえで、留学生間、日本人学生との交流のための空間が求められる。是非とも斬新な建築提案により、若者たちの豊かな国際交流の舞台を創造して欲しい。

**1、設計条件**
○建物規模：約700㎡内外（±10%）とする
○建物階数：2階または3階
○構造：RC造
○施設内容：30人程度の寮。居室は個室でも数人単位の相部屋としても良いが、一人あたり必ず9㎡以上とすること。居室にはベッドとクロゼットと机を設える。共同入浴の習慣がない人々も住むので浴室は必ず、個室形式のものとする（居室内での専用でも共用シャワーブースでもよい）。別途、コモンとして共同浴場を提案しても良い。
　共用空間（コモン）を設けること。
　共用キッチンと食堂は必ず設ける。研究室、アトリエ・工房（ファブラボ）、ギャラリー、祈りの場など多様な国際交流を想定した場所とする。
○外部用途：国際交流イベント広場（フットサルやバザー、屋台で各国料理をふるまうお祭りなどが行われる。大学の玄関である東門からの軸線の終点という大学のマスタープラン上重要な位置にあることを意識すること）。
○その他：駐車場数台分、人数分の駐輪場。

**作品PR** 敷地は、工学院大学八王子キャンパスと住宅街という異なるスケールの敷地に挟まれた細長い敷地である。S字フレームの中に、3住戸を1ユニットにまとめた専有部を、周辺コンテクストを読みながら配置し、余剰にひとつながりの共有スペースをつくり上げた。S字フレームにより敷地周辺の情景を取り込むことと、ユニットにより空間に強弱がつけることで、自ら多様な場を選びながらコミュニケーションを取れる空間を設計した。斜面に沿って大学側へオープンな広場をつくり、留学生と学生が関わるきっかけをつくる。さらに、住宅側へ開く広場を、まばらな植栽で落ち着いた空間とし、周辺地域と緩やかにつなぐ。

# 工学院大学
## Kogakuin University

**建築学部 まちづくり学科**

2年生／建築設計Ⅱ・第1課題／2020年度課題

## 外のある家

**出題教員コメント** 学生にとっては街中に設計する最初の課題なので、条件に縛られ過ぎず多様さを生み出せる設定を考えました。さまざまな設計の手がかりを見つけられるよう、道路・公園・閑静な住宅街・空き地などいろいろな要素に取り囲まれた敷地を設定しています。大事なポイントは「外」をどう捉えるかです。光や風・緑といった即物的なものもあれば、自分に対する「他人」を外と解釈することもできる。シンプルながら間口の広いテーマとなることを目論みました。（冨永祥子 教授）

# 北林 栞
## Kitabayashi Shiori

2年（当年度課題）

## 壁の共融

**設計趣旨** 住宅は「部屋⇔部屋」「家⇔外部」というような区切られた関係性があることにより、互いが同じ部屋、同じ空間にいないと交流は起こらない。それによって減少したコミュニケーションを「外」として捉え、住宅の中に取り込もうと試みた。本設計では「棚壁」という穴の開いた壁で建物全体を構成し、それを多様に用いることでコミュニケーションが発生するという住宅を計画した。

**指導教員コメント** 「外」という語を「コミュニケーション」と捉え、住宅の外壁を、分厚い「棚壁」とした点が提案のポイントです。棚壁はディスプレイの場となり、また人の居場所にもなるので、内外の対話を生むきっかけとなります。内と外の界壁だけでなく、室内の間仕切りも棚壁で構成されているので、部屋同士の対話にも有効に働きます。入り組んで配置された複数の棚壁を通して見える景色が棚壁の利用の仕方で変化するのもこの住宅の特徴です。（木下庸子 教授）

工学院大学 建築学部 まちづくり学科 ― 北林 栞

妹がデートに着ていく洋服を家族みんなで吟味している。会話に入りづらいお父さん

ギターを弾く兄と、棚壁から顔を覗かせる妹。音色を聞く家族

お母さん「ご飯できたよー!」

思春期の妹。物を置いて視線を遮る

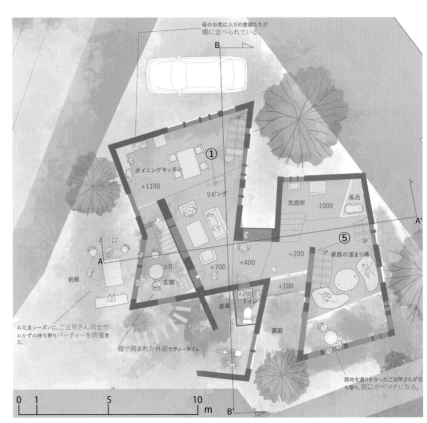

母のお気に入りの食器たちが棚に並べられている。

ダイニングキッチン +1100

リビング

① 洗面所 -1000 風呂

A A' ⑤ 家族の溜まり場

前庭 ±0 +700 +400 +200 UP

玄関 +100

+200 食庫 トイレ

お花見シーズンに、ご近所さん同士でおかずの持ち寄りパーティーを開催する

棚で囲まれた外部でティータイム

裏庭

路地を通りかかったご近所さんが立ち寄り、開口がベンチになる。

0 1 5 10 m

配置図兼1階平面図

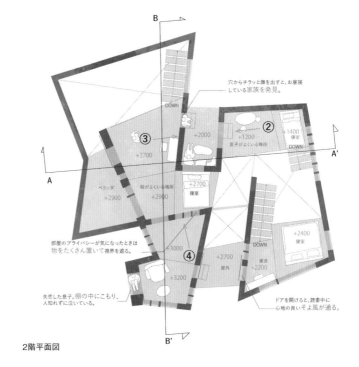

穴からチラッと顔を出すと、お昼寝している家族を発見。

DOWN

③ +2000 +2700 ② 息子がよくいる場所 +1200 +1400 寝室 DOWN

ベランダ +2900 娘がよくいる場所 +2700 寝室

+3000 DOWN

④ +2700 屋外 +2400 寝室 +2200 書斎

部屋のプライバシーが気になったときは物をたくさん置いて視界を遮る。

失恋した息子。棚の中にこもり、人知れずに泣いている。

+3200

ドアを開けると、読書中に心地の良いそよ風が通る。

2階平面図

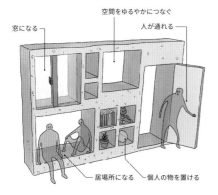

窓になる
空間をゆるやかにつなぐ
人が通れる
居場所になる
個人の物を置ける

棚とは個人の物を置く物であり、使用している人の個性が反映される。また、穴の開いたかたちは、物を置く以外に空間をつなげる役割としても作用する。ここでは家を構成する壁がすべて棚でできており、これらの壁を「棚壁」と呼ぶ

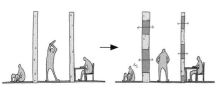

現在の住宅のあり方。それぞれの部屋が区切られている

棚壁で場所を仕切る。それぞれの空間がつながる

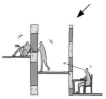

各空間の床をずらす。多様な居場所が生まれ、距離間を自由に調節しながら生活できる

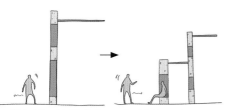

外壁が高いと圧迫感があって近寄りがたい

壁の高さをなるべくヒューマンスケールに合わせることで、棚壁に親しみやすさが増す

課題

工学院大学 建築学部 まちづくり学科
2年生／建築設計II・第1課題／ 2020年度課題

# 外のある家

出題教員：冨永祥子

指導教員：木下庸子、藤木隆明、篠沢健太、市川竜吾、岩堀未来、
　　　　　萱沼宏記、高呂卓志、高濱史子、原田智章、安田博道

この課題では、「外」を取り込んだ家を設計する。
「外」とは、光や風のような環境的なものでも、眺望や庭のように具体的なものでも良い。
あるいは他人や街など、一見家の中にはないと思えるものを「外」と捉えて、取り込んでもいい。
私たちが住んでいる街はいろいろな要素からできている。うっとおしいと言って閉じてしまうのはもったいないし、自然は美しいからといって開くだけでもプライバシーが保てない。内と外の豊かで多様な関係を住空間の中にデザインし、街に住むことが楽しくなるような家を設計して欲しい。

### 1、設計条件
○敷地：東京都八王子市犬目町
○敷地面積：約370㎡
○建築延床面積：120～150㎡程度
○家族構成：父・母・子ども2人の4人家族を基本とする。年齢設定は自由。
※「外のある家」というテーマに沿ったものであれば、上記以外の設定を追加して良い。
　ただし必ず4人以上とすること
○駐車場1台分を設ける。

**作品PR** 「建築によってコミュニケーションを豊かにする」ために本作品を設計した。壁をすべて棚にすることで家族一人ひとりの物が置かれ、そして、個性が反映された棚と毎日生活することで、家族のことをより知ることができるだろう。さらに、あちこちにある開口によりパーソナルスペースと柔和な視線を共存できる。これらがすべてコミュニケーションにつながると考えた。玄関の外側を棚で覆うことで内と外をつなぐ中間領域が生まれ、近隣住民との交流が始まる。棚壁とスキップフロアを合わせることで多様な居場所ができ、住人は心理、物理両面の距離間を選び、さまざまなことを「共融」しながら生活できる。

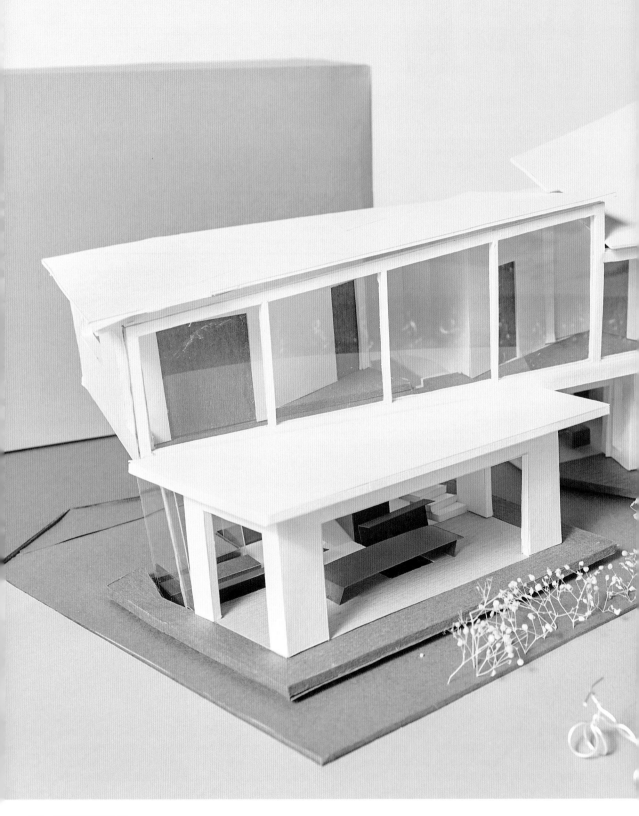

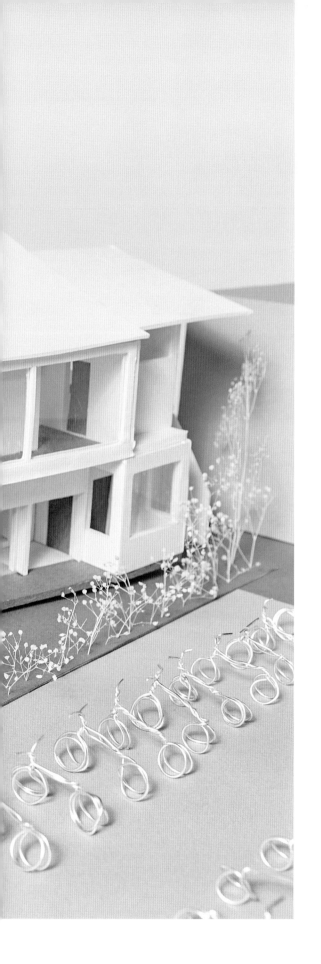

# 国士舘大学
## Kokushikan University

理工学部 理工学科 建築学系

2年生／設計スタジオⅠ／2019年度課題

## 世田谷区「地域共生のいえ」

**出題教員コメント** 本課題は、財団法人「世田谷トラストまちづくり」との協働により、同法人が推進している「地域共生のいえ」を設計する、というものです。ここでは実際に「地域共生のいえ」を開設しようとする区民の方にご協力いただき、世田谷区内における本当の敷地とクライアントがいる条件で、地域に開かれた住宅を設計する、という課題としました。それにより、よりリアリティのある設計に取り組み、社会を視野に入れたトレーニングとすることを意図しました。（南 泰裕 教授）

# 後藤 沙綺
## Goto Saki

3年（課題時は2年）

## 暮らし、交わり、繋がる家

**設計趣旨** 地域交流の拠点となるこの家は家主だけでなく、多くの人々が利用する。敷地の入り口から順にオープンからプライベートへとグラデーションのように空間を配置。この家の顔である交流スペースは畳エリア・リビング・キッチンが一部屋に集約され、会話・ゲーム・食事等さまざまなかたちの交流に対応する。玄関でもある縁側は地域の人々とこの家だけでなく、別棟に暮らす祖母と家主一家をもつなぐ。

**指導教員コメント** 後藤沙綺さんの作品は、「地域に開かれた住宅」という課題に対し、敷地の特性を生かしたうえで、全体を貫く縁側空間を配したアイデアの提案です。それにより、プライベートな領域とコモンの場所を巧みに分節しながらも、前庭の緩衝領域を介して、緩やかに開かれた住宅としています。また、住宅全体をつなぐランダムな軸線を導入することで、二世帯間の分離も上手く計画しています。そうした点が、総合的に評価されました。（南 泰裕 教授）

国士舘大学 理工学部 理工学科 建築学系 ― 後藤 沙綺

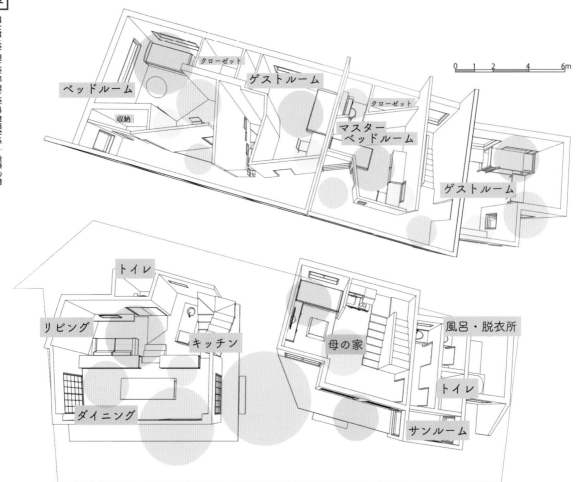

ベッドルーム

収納

クローゼット

ゲストルーム

クローゼット

マスター
ベッドルーム

ゲストルーム

0 1 2 4 6m

トイレ

リビング

キッチン

母の家

風呂・脱衣所

ダイニング

トイレ

サンルーム

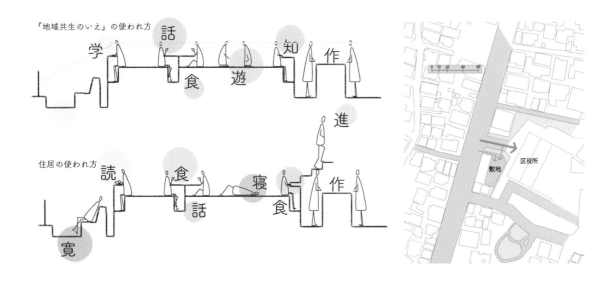

『地域共生のいえ』の使われ方

学 話 知 作
食 遊

住居の使われ方

進

読 食 寝 作
話 食

寛

敷地

区役所

0 10 20 40 60

審査員
コメント

1階に設けられた通り抜けの路地の形に臨場感があり、2階の片廊下の形についても角度などがよく吟味されていて面白いです。外と中の仕切りが玄関であるとして、それを取り払うなど住宅と周辺地域との関係性に言及している一方で、上下階の関係についても考えを深めて提案して欲しいと思いました。そうすることでこの住宅がより良いものになったでしょう。（古澤大輔）

交流スペースと居住エリアを分割

居住エリアを二世帯に分割

二世帯住宅の一部を結合

断面を組み立てる

自宅のリビングを地域交流の場として提供したい、と考える施主のための住宅である。区役所へのアプローチの脇にあるこの敷地に、外と中との仕切りである「玄関」をなくし、「縁側」から直接室内へと上がることで、地域のコミュニティセンターのような立ち寄りやすい空間を提案

**課題**

国士舘大学 理工学部 理工学科 建築学系
2年生／設計スタジオⅠ／2019年度課題

# 世田谷区「地域共生のいえ」

出題教員：南 泰裕、植 美雪、鈴木丈晴、須川哲也、
蔵楽友美、吉本大史

指導教員：南 泰裕、須川哲也

「地域共生のいえ」とは、世田谷区に建物を所有している方が、自宅の一部等を、地域交流の場として提供している住宅のことである。

この制度は、世田谷トラストまちづくりの支援により、現在、さまざまな場所に実現している。

そこで本課題においては、世田谷トラストまちづくり、およびオーナーのご厚意により、リアルな場所と条件のもとで、世田谷に「地域共生のいえ」を設計することに取り組む。

住宅は、建築の基本形の一つであるが、近年、空き家や少子高齢化、コミュニティの衰退等が大きな課題となっており、単純に「核家族のための専用住宅」のみをつくれば良い時代ではなくなりつつある。そうしたなかでこの「地域共生のいえ」は、今後の住まい方に対する、非常に意義深い試みであると言える。そこで今回は、住まい手の居心地や地域への関わりを十分に考慮したうえで、新しい時代にふさわしい、豊かな空間を持った住宅をデザインして欲しい。

**1、設計概要**
下記の2つの住宅につき、各グループが担当する住宅を設計する。
共通設計条件として、以下を守ること。これ以外の条件は、自由に設定して良い。
○延床面積：150～250㎡
○規模：地上3階以内。屋上、地下等をつくっても良い。
○最高高さ：10㎡以内
○地域交流スペースを設ける。
○駐車場1台分、駐輪スペース3台分以上。

そのうえで、下記の2件につき、自分が担当する住宅を設計する。

○Aグループ（植、南、吉本）
Y邸新築計画
2年前から社協のサロン活動を自宅でしているが、利用者がほぼいない状況。傾斜地のため、周辺は通りに面して壁や駐車場のシャッターが並ぶ閑静な住宅街。Yさんはファッション業界に長くおり、その特技を生かして高齢者などを対象にファッション相談室を自宅で開催予定。
敷地面積：214㎡

○Bグループ（須川、鈴木、蔵楽）
N邸新築計画
区役所のそば、庁舎建て替えによって、隣地が庁舎へのアプローチ（歩行空間）になる予定。長年、子ども（中学生・高校生・大学生）を対象に英語教室を開催。Nさんはホームステイ受け入れの経験も豊富で、自宅リビングを交流の場にしたい。国籍関係なく多様な人が集える場に。
敷地面積：196㎡

**作品PR** 目線が交わるLDKとして、ダイニングとキッチンでは使用者の目線の高さが同じになる。リビングは少し目線を下げることで落ち着いた空間となる。また、縁側でつながるよう、道路に面する場所に縁側を設置。中庭を囲むように二世帯住宅双方に縁側を設けることで家族の気配が目線の先に。さらに、動線が重なるように、二世帯住宅ではあるが、風呂・トイレ等を共用とした。主な生活空間は別であるが、一部を共用することで家族をつなぐ。地域交流に参加しない施主の家族の個室はスキップフロアを設け、ワンルームのような空間。施主の個室は、母の居住エリアとつながるような配置にした。

# 駒沢女子大学
## Komazawa Women's University

人間総合学群 住空間デザイン学類 建築デザインコース

---

3年生／建築デザインI・課題②／ 2020年度課題

## ダガヤサンドウに住むとしたら

---

**出題教員コメント** 新国立競技場の完成により新たな注目を集めている「ダガヤサンドウ」において、人が集まって住むことの価値を生み出す集合住宅を考える課題です。1回目の緊急事態宣言発出中の2020年5月に出題した、オンライン授業での設計課題です。新型コロナウイルスの影響で私たちの生活は大きな変化を余儀なくされ、リモートワークが進み、住まいに対する価値観も変化している時だからこそ考えられる集合住宅のあり方を提案することをテーマにしています。（茂木弥生子 准教授）

---

# 仲田 来未
Nakata Kurumi

3年（当年度課題）

## TERRACE×GREEN

**設計趣旨** ダガヤサンドウは都心でありながら閑静な住宅街である。住宅が密集するなか、「プライバシーを守りつつ開放的で住民同士のつながりを得られる」集合住宅にしたいという思いで設計した。各部屋からアクセスできるテラスと、リビングに設けられた大きな窓で家にいながらも外とのつながりを感じられる開放的な空間をつくり出した。また、緑が溢れ圧迫感のない形状にすることで周辺地域に溶け込ませた。

---

**指導教員コメント** ダガヤサンドウと言われる地域における集合住宅の課題です。それに対し外部空間と緑を主題とする多孔質なジグラート建築で仲田さんは応えています。住戸を部屋単位に分解再構成することで、プライバシーと開放性を両立させる住環境、中庭を介した住戸間のコミュニケーション、周辺に配慮されたプロポーションなど、総合的な提案をまとめた点が評価されました。地域のへそである鳩森神社富士塚と共鳴する佇まいも魅力的です。（田中昭成 非常勤講師）

1階平面図。外部とのつながりを二方向につくることで空間の風通しが良くなる（土間空間×中庭、リビング×テラス）

リビング　　　リビングテラス

個室　　　　　個室テラス

玄関・土間

2階平面図。外階段の幅を広くとり、椅子としても使える。縁側がリビングとテラスをつなぎ、くつろぎの場となる。各住戸の窓は、対面させずにズレをつくり、中庭の木によって視線が遮られる

3階平面図。トイレと洗面付きの独立した個室により、ワークスペースや感染症患者の隔離部屋、子どもの友達が泊まる用の客室など、さまざまなケースに対応できる

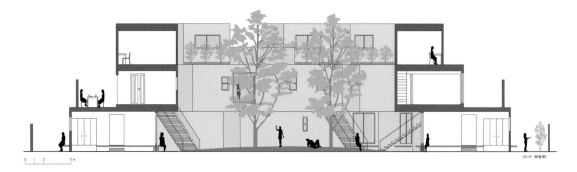

0 2 5m　　　（A-A' 断面図）

**審査員コメント**　住宅設計において、矛盾への解答は大きなテーマであると思います。どのように外的要因を取り入れるか、街に開くかを考える一方で、どのように自分の生活環境を守っていくかを考える必要がある。この提案は、背の高い塀をエレメントとして使いながら、「開く」「守る」をうまく両立させています。ただ、背の高い建物が周囲にあった場合、アイレベルからの視線をカットするだけでは解決できないこともある。この展開が立体的になると、もっと面白い関係性が生まれると思います。（伊藤 暁）

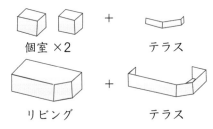

個室 ×2 ＋ テラス

リビング ＋ テラス

上階は個室・テラス。下階はリビング・水回り・テラス（メゾネット2階建て構成）。セットバックさせて住戸のボリュームをのせていく

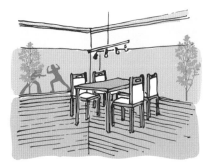

リビング×テラス。室内にいながら外に溶け込むような感覚が味わえる

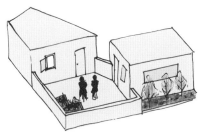

個室×テラス。目の前の植栽により自然を感じられる

玄関・土間×小さな縁側。中庭に対してオープンにすることで、住人同士のコミュニケーションの場となる

**課題**

駒沢女子大学 人間総合学群 住空間デザイン学類 建築デザインコース
3年生／建築デザインⅠ・課題②／2020年度課題

# ダガヤサンドウに住むとしたら

出題教員：田中昭成、茂木弥生子

指導教員：田中昭成、茂木弥生子

「ダガヤサンドウ」とは渋谷区の千駄ヶ谷と北参道を結ぶエリアのことです。もともとは新宿と原宿・渋谷という巨大な商業エリアに挟まれた静かな住宅地エリアでしたが、最近は個性豊かな専門店が次々にオープンし、若い人から大人たちまで惹きつけています。東京オリンピックのメインスタジアムとなる予定の「新国立競技場」が完成し、今後このエリアに新たな人の流れが生まれることが想定されます。

そこで、今回の課題では「ダガヤサンドウに住むとしたら」を考えます。人が集まって住むことにより新たな価値や関係が生まれ、地域と関わりながら住むことで街の魅力や可能性が広がります。周辺環境に配慮し、内と外とのつながりを考えた10戸の集合住宅を提案してください。ターゲットは外資系やIT企業などで働く高所得者層。このエリアに住むことを選択する人たちがどのような暮らしをするかを考え、集まって住むことの価値を生み出す集合住宅を計画してください。

また、今年は新型コロナウイルスの影響で私たちの生活も大きな変化を余儀なくされています。リモートワークが進み、住まいに対する価値観も変化している今だからこそ考えられる集合住宅のあり方を提案してください。

**1、敷地条件**
○敷地：東京都渋谷区千駄ヶ谷
○用途地域：近隣商業地域
○建ぺい率：80%
○容積率：300%
○敷地面積：約1,260㎡

**2、設計条件**
○外資系やIT企業などで働く高所得者層（家族構成は各自で設定する）をターゲットとする。
○住戸数は10戸。各住戸の面積は90〜120㎡前後とすること。
○周辺環境に配慮し、内と外とのつながりを考えた計画とすること。
○駐車スペースは計画に応じて適宜設定して良い。
○駐輪場、ゴミ捨て場を計画すること。
○敷地境界より最低50cm以上セットバックすること。

**作品PR** 「開放感」と「プライバシー」という2つの軸をコンセプトにデザインした集合住宅。リビングからつながるテラスは開放的な窓と縁側で内外が一体となる空間をつくりつつ、スリットガラスで圧迫感を軽減した塀で周辺地域からのプライバシーを守っている。また家に居る時間が増えている時代の流れを考慮し、テラスを共有する独立した個室を設け、個々の活動空間を確保しつつ気軽に外の空気を味わえる。中庭側にはオープンな土間空間と縁側を設け住人同士のコミュニケーションを図れる。緑溢れるテラスは景観を豊かにし、山形の建物形状にすることで周辺地域に対して圧迫感をなくした。

# 静岡理工科大学
## Shizuoka Institute of Science and Technology
### 理工学部 建築学科

3年生／建築設計B1・第1課題／2020年度課題

## 集まって暮らす、働く

**出題教員コメント** 静岡県において初めての建築学科での教育は、日本全国どこにでもある地方都市的課題や人口問題を、いかにして建築的に解決していくのかを実践する挑戦でもあります。今回の課題は歴史的な背景を持つ参道でもある商店街を、いかに活気のある街に再生するかというものです。住むことは、住むだけの箱に閉じるのではなく、その地域全体での営みの循環の中に人としての存在意義を見出すことです。生業や趣味、コミュニティのあり方などがその新しい住み方のきっかけとして提示されました。（田井幹夫 准教授）

**優秀賞2等**

# 疋田 大智
### Hikida Daichi
3年（当年度課題）

## スプロール集住宅
### ―4畳半暮らしの余韻は空虚な通りに波紋して―

**設計趣旨** 入れ替わり立ち替わりの激しい浅間通り商店街で、地域に根付いた生業を起点に長期的な再生策を考えた。また、通りを分断する「間」に着目し、独特な「間」を持つ静岡の県民性に例え、空間的、時間的なバランスをつくり出す。この集合住宅は家族の風景を「4畳半」という「間」で表現し、その「間」を母体にあらゆる設備機能を収束させ、「間」から発展させるような計画となる。

**指導教員コメント** 参道としてかつて賑わった商店街に、生業を伴って生活することで、賑わいを取り戻すことが、課題としては意図されていました。ところが、疋田くんの案は生業には興味がないが如く、住むために余白が差し込まれる空間性ばかりが強調される案でした。しかし、四畳半の空間モジュールと解放される建具により、生活や家族のあり方がずるずるとはみ出して行く様は、人は住むだけでは飽き足らず、はみ出しを許容する空間こそが、生業や趣味などの豊かさを与えるのだと気付かされるのです。（田井幹夫 准教授）

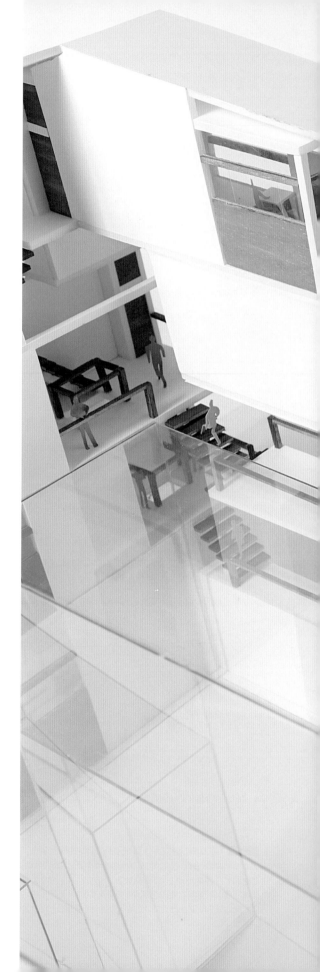

優秀賞2等──静岡理工科大学 理工学部 建築学科──疋田 大智

4畳半に設備機能を収束させた構成は、2世帯住宅を組むことを可能にし、家族の形態の変化に対応できる

メゾネット型を混ぜることで、1階のテラスも確保できると同時に各家族の身体的距離感に選択肢が生まれる

天井高を1,750mm あげることで搬入も容易に行えることができ、裏通りに面することで表通りの雰囲気を壊さない

長屋では2重玄関により隣人との関係を持っていたが、この集合住宅の隣人との交流の場はテラスにあたる

吹き抜けから上下階の住人の様子を感じられることにより、人とのつながりに可能性が生まれた

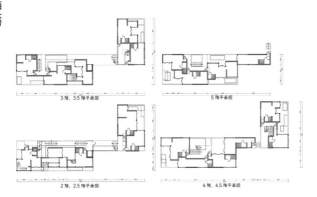

3階、3.5階平面図

5階平面図

2階、2.5階平面図

4階、4.5階平面図

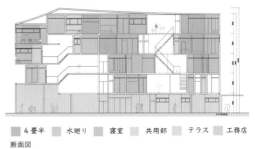

■ 4畳半　■ 水廻り　■ 寝室　■ 共用部　■ テラス　■ 工務店

断面図

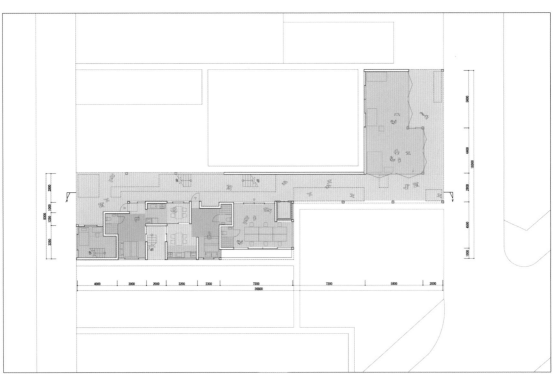

1階平面図

審査員コメント　地方都市の商店街で、歯抜けになったのであろう土地を敷地に選んでいます。非常に不合理な幾何学の連続となってしまったこの敷地特性を、とても上手にプランニングに取り入れている。集中と抜けのバランスが絶妙で、プロをも唸らせる出来だと思います。また、難しい入隅の処理が巧みで、この建築を気持ちの良いものにしています。入隅の処理は建築史上難題で誰も正解にたどり着いていないとも言えますが、そこへ果敢にチャレンジしている姿勢も評価したいです。（萩原 剛）

防災・耐震のためのコンクリート造と文化的な素材・構成である木造を組み合わせ、「守られる自由」を表現

東側の建築物が解体された場合を考慮し、東面にもいくつかテラスや窓を設け、コンセプトの形骸化を防ぐ

# 集まって暮らす、働く

出題教員：田井幹夫、脇坂圭一

指導教員：田井幹夫、脇坂圭一、八木佐千子、佐々木 司

静岡市内に複数の人々が集まって暮らし、働く場を創造します。
2010年を境に日本の人口は減少し始め、静岡市でも徐々に人口は減少し始めています（静岡市HP）。このような状況の中で、家族の形態や働き方そのものが変わりつつあります。一方、血縁関係ではなくても場をシェアして暮らす「シェアハウス」も全国的に認知され始めています。このタイプでは暮らす人々全員で大家族を構成していると言えます。
この課題では、静岡市の中心市街地において、20世帯の家族（＊）が集まって暮らし、一部の住民はその場で働く「集合住宅」を設計します。これからの「集合住宅」のあり方として、「集まって暮らす」ことで生まれるコミュニティの場にも考慮しての提案を求めます。
敷地は静岡市葵区の浅間通りのアーケードに面しており、裏の路地にも接道した細長い敷地です。駿府城の城下町としても歴史的に重要な位置付けであることは想像に難くありません。1階で生業を営み、2階で暮らす職住隣接の典型的な門前町の商店街でしたが、現在、シャッター商店街となりつつあるこの通りを再生し、魅力ある賑やかな街とするために、3つの敷地を選択し、それぞれがネットワークを持って存在する、新たな街に対する起爆剤となる計画を求めます。
「集まって暮らし、働く」ための提案が、全国で起きている市街地での空洞化に一石を投じるようなものとなることを期待します。
＊家族の人数は規定しないが、一人暮らしのユニットを設定するとすれば20のうち5戸までとする。

**1、敷地条件**
○敷地：静岡県静岡市葵区馬場町を含む地図で示された箇所
○敷地面積：約600㎡
○用途地域：商業地域
○容積率：400％
○建ぺい率：80％
○階数・構造 自由
※敷地内はすべて設計すること。外部空間も丁寧に考えてください。敷地は浅間通りのアーケードと裏の通りの2つの道に接道しています。この特徴を生かした計画とすること。

**2、設計条件**
○20家族が暮らす集合住宅
○一家族のユニットは25〜55㎡。通常の一家族に必要な諸室を解体したり統合したりすることは自由。
○住民の一部が運営する仕事場を設定する。
○浅間通りに開くきっかけを仕掛けること。
○ここでの暮らし方が浅間通りに波及するようなポテンシャルを持つこと。
○延床面積：1,500 ㎡前後
○階数：2階建以上

**3、グループリサーチ ＋ サイトセレクト ＋ 個別設計**
○3人グループでのエリア計画とします。
○最初の1〜2週間で敷地のリサーチをし、複数の敷地候補から3敷地を選定します。
○3敷地でネットワークを生み出すプログラムを3人で決定してください。
○3敷地で共有するデザインコードを決定してください。
○グループで決定した条件をもとに各敷地にて個別で設計を行います。
○設計過程において常にグループ内で話し合い、デザインコードや、ネットワークの実現性を確認しながら設計を進めます。

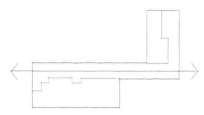

1階に通り抜けを設けることで、表裏両方から集住の内部に入ることができると同時に、地域や家具の歴史的な体験やふれあいが生まれる

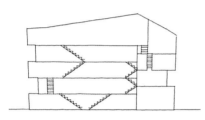

テラスを隣人や外部との中間領域と捉えて共有空間にすることで層ごとにつながりが生まれる。それは縦方向にも同じことが言える。動線はこの建築を血管のようにめぐる

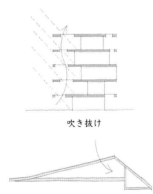

吹き抜け

ダブルルーフ

西面からの採光を主として考えるが、吹き抜けにより密着した建物の隙間からも光を取り入れられるようにする。それは風の通り道としての役割も果たし、屋根での断熱も可能にしている

**作品PR** 4畳半という親しみのある「間」を用途の入れない「暮らしの余韻」とする。それは日常生活のあらゆる活動を介するコアとなり、各家庭に異なった活動領域が内的・外的に展開され、新たな家族の風景を見ることができるのではないか。そうした異なるキャラクターが半外部空間で共存し、細胞型の構成は平面上に収まらず立体的な関係性をも生み出し、血管のように動線を建築全体にめぐらすことを可能にした。そんな暮らしの領域から、浅間通り商店街に存在する空虚や、地域に根付いた「生業・学び・食」文化の間（3人のテーマによる）へと波及させ、現在の生活スタイルと地域文化の新たな関係性を生み出す。

課題出題教員
インタビュー

静岡理工科大学 理工学部 建築学科

# 田井 幹夫 准教授

**課題名** 集まって暮らす、働く
3年生／建築設計B1・第1課題／2020年度課題

田井 幹夫／Tai Mikio
1968年東京都生まれ。1990〜91年石原計画設計勤務、1992年横浜国立大学卒業、1992〜93年ベルラーヘ・インスティテュート・アムステルダム在籍。1994〜99年内藤廣建築設計事務所勤務、1999年アーキテクト・カフェ（建築設計事務所）設立、2004年有限会社アーキテクトカフェ・田井幹夫建築設計事務所設立、2018年〜 静岡理工科大学准教授。

**建築学科が創立されてから4年経ちましたが、
現在の貴校の設計カリキュラムを教えてください。**

　まず1年生前期の図学という授業で、柱や床を使って基本的な図法を学びます。後期の建築設計・基礎で、前川國男の自邸をトレースして木軸の模型をつくっています。それから、世界の名作住宅のリサーチと、そのプレゼンテーションと模型製作をしています。例えば「サヴォア邸」をリサーチし、それをA2、2枚くらいに平面図、立面図、断面図、パースで表現するといった課題です。そして1年生最後には5.4mキューブの空間ユニットの課題。最小単位の空間で単一機能に対する空間性を表現するのですが、プログラムは毎年変わります。昨年は「もてなす空間」でした。

　2年になると、前期に住宅課題を行います。課題テーマは「開く家」という抽象的な内容で、基本的に地元密接型で敷地は大学のある袋井市としています。それから、前期の2つ目が小さな美術館です。大学近くにある「資生堂アートハウス」の敷地内に別館を建てる内容でしたが、新型コロナウイルス感染症のために昨年から入館できないため、大学の最寄りとなる愛野駅の駅前広場の脇に、その小美術館を建てるという内容に変更しました。この課題では、自分でアーティストを1人選び、そのアーティストのための美術館を建てます。「資生堂アートハウス」の建物自体がアートと向き合う空間となっていることから、小美術館も作品そのものに向き合うことをテーマとしています。昨年から敷地が駅前になったことで、駅前の環境を読み込むことになりましたが、読み込む要素が多くなって難しくなりました。周辺住民の家族像や、駅前で待つ時にどうするか、ロータリーの車との関係も考えなくてはいけない。課題として始まったばかりなので、それが良いか悪いかは検討中です。そして

2年後期に、一度身体のスケールに戻ろうと、キャンパスの中に居場所をつくる課題を出しています。キャンパス内で食堂の増築が今考えられているので、これを課題に取り込み、食堂という前提をつくったうえで、食堂をどのような居場所にするかを考えさせました。機能先行型の課題に変わりましたが、これも先生によって意見が分かれてしまい、方向性は固まっていません。そして2年後期の後半は「袋井市立袋井図書館」が課題で、鬼頭梓さんが設計した非常に厳格な図書館。それが老朽化しつつあることから、建て替えて新しい図書館を考えるとして「サードプレイスとしての新しい図書館」を課題にしました。プログラムは自分で考え、規模は1,500〜2,000㎡くらい。川沿いにあるのですが、駅前広場から真っすぐ進むと突き当たる場所で、都市と自然のコンテクストのようなものに対する向き合い方を考える一面もあります。

　そして、今回の出展課題となった3年前期の第1課題。これはより都市的になります。静岡市の浅間神社の参道に伝統的な商店街があるのですが、廃れてシャッター通り商店街のようになっているので、そこに集合住宅を計画します。単なる集合住宅ではなく、「集まって暮らす、働く」住宅。建築は1人でできるものではなく、施主や敷地周辺の人、役所、建設会社の人たちとのコミュニケーションも大切なので、学生にも一度は協働することを学ばせようと、ここで共同プロジェクトを行います。ただ、最初から最後まで共同で取り組むのは、今時の学生にはハードルが高い。そのため、リサーチやプログラムなどのストーリーづくりを共同で行い、その後は個別に設計します。今はまた敷地の数を変更していますが、今回の出展作品の時は9つの敷地からグループでそれぞれ3つ選ばせました。その3つに対して、プログラムやストーリー、どうやってネットワークをつくるか。要するに、点としての

建築を考えさせる時に、線や面という概念で、まち全体に及ぶ建築の在り方を考えさせるのです。集合住宅の課題だけれど、生業が生活と密接にあることを課題を通して伝えるのですが、取り組んでいるうちに、集合住宅の課題なのか、まち興しの課題なのかよくわからなくなり、それが良いのか悪いのかも、これまた先生によって意見が分かれています（笑）。その後に前期2つ目の課題として、自分の出身である小学校を建て替える。敷地はほぼ全員違う。そして違う規模で設計させる。今までの小学校の在り方というよりは、まちに対してどのように向き合うか。まちのコミュニティーセンター的な機能を挿入するとか、学生にいろいろ考えさせる内容ですね。そして3年後期からは選択になります。設計系の研究室に進む人しか取らない後期の前半課題ですが、これもまだフィックスしていません。昨年は、城下町の再生として、掛川市の廃れた商店街の辺りにネットワークをつくりました。1人で何箇所かをピックアップし、ネットワークをつくる機能と建築を自分で考えてつくるという、かなり自由な内容です。ほとんど学生任せの課題で、古い城下町をどうすれば活気づけられるかを考えてもらう。後期は磐田市でコミュニティーの再生。10年くらい前に閉鎖した文化センターが今度移転して建て替えられるので、建て替え後の敷地に何をつくるかを考えます。コミュニティーの再生がテーマなので、何をつくっても良いです。集合住宅や文化施設の併設などを考えるのも、全部学生にお任せで、卒業設計の前段階のような自主性に任せる課題です。4年生になると、前期に卒業論文、後期は卒業設計となります。

**今回の出展作品で評価された点を教えてください。**

課題が「集まって暮らす、働く」という内容ですが、疋田大智くんの場合は、仕事に関する要素をそこまで取り入れませんでした。だから、この作品が課題と

講評会の様子

しての答えになっているかが、すごくわかりづらい（笑）。むしろ、生活する側を非常によく考えています。居住単位というか、4畳半のモジュールが展開していき、それを引き戸で開け閉めできたり、外と中が混ざったりと、そういう空間の可変性と活動領域にずっと取り組んでいました。この案は、仕事場を仕事場として、住宅を住宅として考えるというよりは、空間そのものの構成を考えられることが、何に対しても有効だということを示しました。それこそ「働くこと」と「暮らすこと」に境界を設けないということであり、すごくうまい回答だと評価が高かった。課題の根源的なところに向かっていて良かったです。

## 設計課題における住宅課題の位置づけとは？

住宅課題は難しい。既成概念を外すのが目的であり、今は家族をどう考えるのかが非常に大きなテーマとなっています。例えばシェアハウスに住んでいる人たちは家族か？という疑問に対し、家族ではないと言えない時代になっています。そうすると、設定次第でどうとでも考えられる。我々でさえ家族の定義が決まっていないのに、学生にもっと柔軟に考えなさいと言わなければならず、扱いが難しい。だから住宅の要素としては、寝泊りできるとか、衣食住を満たすとか、最低限それらができる場という意味しか残らない気がします。集合住宅だともう少し範囲が広がるけれど、それでもユニットがいくつかになるという話でしかない。一方で小さな1軒の住宅であろうが、集合住宅であろうが、社会との関係を考えると、生業や地域の人たちによって使われるスペースなどが生まれてくるわけです。だから、吉村順三の住宅が素晴らしいからと、それを真似るような質の高い空間を持っただけの住宅をつくることは目的にしません。裏を返せば、空間の質のようなものは教育できないので逆に難しいのです。美術館や図書館のような機能がないので、生活そのものを対象にするしかない。しかも質を求めてはいけないと言いつつも、光の入り方や風の抜け方などはすごく大切で無視はできない。でも、学生にとって住宅が最初の課題となる。誰もが住宅の概念を持っているけれど、それを疑わずに計画していいのだろうか。住宅課題とは、自分が持っている暮らしの経験を、信じていいのか信じてはいけないのかを試される場でもあり、既成概念に立ち向かうための試練だと思います。

# 芝浦工業大学
## Shibaura Institute of Technology
建築学部 建築学科 APコース

2年生／建築スタジオ演習2・課題Ⅱ／2020年度課題

## シェアのハウス

**出題教員コメント** 江東区清澄公園と運河に挟まれた間口が大きく奥行きの浅い敷地に地域に開かれたサービスと14〜20名の男女が住むシェアハウスを設計する課題です。「シェア」は現代社会の重要なキーワードの1つです。居住者同士、あるいは地域の住民や、来訪者と、何をシェアし、何はシェアせずに暮らすのか。プライバシーの確保と、居心地の良さはどのように調整されるべきか。相反する条件を解決することを学んで欲しいと考えています。（山代 悟 教授）

## 山田 楽々
Yamada Rara

2年（当年度課題）

## さあ 暮らしに深呼吸

**設計趣旨** 清澄白河のシェアハウス。人々の存在感や周囲の自然環境から生まれる緩やかな空気感をシェアしながら暮らす。大空間の中に螺旋状に個室と共用部を配置していくことで、建物内にいる人の存在を感じることができ、少しずつ異なる高さから取り込んだ自然環境を一部に留めることなく全体に届けることを可能にした。ふと深呼吸できるような、日常のちょっとした隙間をここからつくり出す。

**指導教員コメント** シェアハウスの課題のため、多くの学生は何か実態のあるものをシェアすることに着眼し、その目的に沿った生活様式のための空間を提案しています。しかし、山田さんの作品は住民たちの緩い共同体のあり方を問うようなアプローチでシェアハウスを構築する独自の視点を持っていました。作品の建築的なリアリティはまだ力不足を感じますが、共同体にありがちな同調圧力の負のリスクを回避する方法を模索した姿勢を評価しました。（谷口大造 教授）

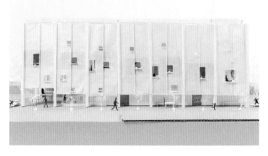

芝浦工業大学 建築学部 建築学科 APコース｜山田楽々

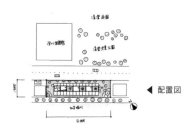

配置図

短手方向断面ドローイング。山型に削ることで街への圧迫感をなくし、屋根を北向きに傾斜させて北側からの光を取り入れる。個室は洞窟のようにくりぬき、どの層にも光や風が届くようにする ▶

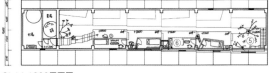

GL+1,1200平面図

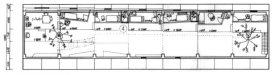

GL+6,400平面図

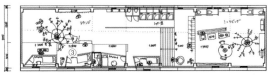

GL+3,400平面図

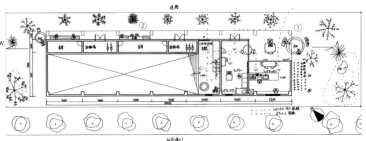

GL+2,000平面図

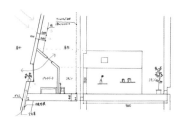

個室詳細図

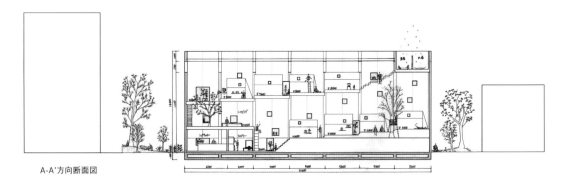

A-A'方向断面図

① フラッと街のリビングを訪れて

② 軒下ベンチでフッとひと休み

③ 登り道での出会いにワクワク

④ ベランダを覗くと空がパッと顔を出す

⑤ スゥーっと流れる風に身を任せ

⑥ フゥ、ただいま

芝浦工業大学 建築学部 建築学科 APコース
2年生／建築スタジオ演習2・課題Ⅱ／2020年度課題

# シェアのハウス

出題教員：谷口大造、山代 悟、大成優子

指導教員：谷口大造、山代 悟、大成優子

「シェア」は現代社会のキーワードの一つである。居住者同士、あるいは地域の住民や、観光客と。何をシェアし、何はシェアせずに暮らすのか。プライバシーの確保と、居心地の良さはどのように調整されるべきか。敷地は江東区清澄公園と運河に挟まれると同時に、二方は隣接する建物に挟まれている。このような敷地の中で、どのような人の流れ、視線の交換ができるか、考えてみて欲しい。

## 1、設計条件
○敷地：東京都江東区清澄
○敷地面積：約663㎡（13m x 51m）
　参考）準工業地域（第2種特別工業地域）、建ぺい率60%（今回は80%で設定）、容積率300%、第三種高度地区、準防火地域、日影規制あり（今回は左の三項目は考慮しない）。
○用途：シェアハウス、街にも開けるラウンジ。
○延べ床面積：450〜550㎡程度
○構造：鉄骨造（各自の設定による）2もしくは3階建て（地下不可）
○所要各室（各諸室の床面積は各自で設定すること）
○シェアハウス個室 ： 男女あわせて14〜20名の利用。男女比は自由だが、男女一方のみは不可。ベッド、個人の収納など。
○リビング ： 男女で分ける必要はないが2箇所以上設置。キッチンを備えたものもつくること。
○シャワールーム：2箇所以上設置、バスタブのある浴室も可。
○トイレ：男女トイレ各2以上
○共用倉庫：備品などを収納
　※以上を居住者専用ゾーンに設置
○ラウンジ：居住者外にも開けること、キッチンなどの提案も可。
○コインランドリー：居住者外も利用
○駐輪場：屋外でも可、20台。
○屋外用倉庫：備品などを収納
○外構計画：建物内外の総合的な利用を考慮し、全体的に計画・デザインし、表現すること。
　※その他必要な設備・備品・家具（テーブル・いす、家具など）を配置する

※芝浦工業大学 工学部 建築学科（現在は3コースに再編）の課題出題教員インタビューは本書バックナンバー「JUTAKUKADAI06」P.238を参照（郷田修身「様々に変化する生活シーンを考えた住宅」）

**作品PR** 忙しない日々の中でふと深呼吸できるような、日常のちょっとした隙間を創り出す。人々の存在感や周囲の自然環境から生まれる「緩やかな空気感」をシェアする暮らしを提案する。大空間の中に個室と共用部を螺旋状に配置し小さな集落をつくり出した。住人がはみ出せるような個室間の隙間、段差や出窓、個室の屋根、木陰等ありとあらゆる場所が住人の居場所になる。大空間の中でそれぞれの居場所から他者の存在感を感じながらも、自分のペースで過ごせる「一人だけど一人きりではない」空間になっている。ダブルスキンの空気層と半透明膜、さまざまな高さの窓から周囲の自然環境を暮らしの中に取り込む。

# 芝浦工業大学
## Shibaura Institute of Technology
### 建築学部 建築学科 SAコース

2年生／設計演習2／2019年度課題

## 地域と交換する集合住宅
### 〜もらい・あたえる恒常的地域をつくる〜

**出題教員コメント** 中央区佃島は大規模開発が進む東京湾岸エリアにあって、戦前からの「路地とそれを挟む小規模な木造家屋群による低層住居ブロック」として存続した特徴的な地域です。かつての漁民としての職縁や住吉神社の氏子の縁を基盤としたコミュニティが保持されており、これに基づいて生活の表出した路地というコモンスペースが豊かに活用されています。こうした特質は現代の集合居住の計画にとって学ぶべきところが多く、集合住宅課題の敷地として設定しています。（原田真宏 教授）

## 前田 菜帆
### Maeda Naho

3年（課題時は2年）

## ミチを暮らす

**設計趣旨** 近年、近所付き合いのようなコミュニティは次第に薄れつつある。一方で敷地の佃では、特徴的な狭い路地を隣の家同士で共用するなど、かつての住人同士のつながりを垣間見ることができる。この集合住宅では既存の家と路地という構成を反転。路地のような小さな部屋に暮らす住人同士が隣り合う庭を共用することで、新しいコミュニティが佃の街全体に広がっていくことを期待する。

**指導教員コメント** 多様な形態の建物とグリッド状の道路と路地で構成される佃の街区は魅力的です。その路地に溢れ出るコミュニティの生活に注目したこの計画は、路地を広げて住居に、また住居部分を狭めて「コニワ」と呼ぶ共有の場にすることを試みています。佃の特性をよく理解した「理想のコミュニティ」の提案として高く評価しました。各住戸の平面や立面の設計不足は否めませんが、2年後期の課題として空間的・計画的な可能性を感じました。（トム・ヘネガン 教授・田中厚子 特任教授）

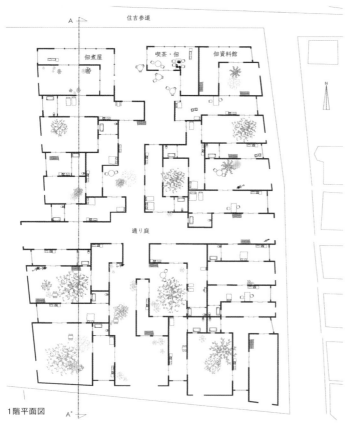

A

住吉参道

佃煮屋

喫茶・佃

佃資料館

通り庭

1階平面図

A'

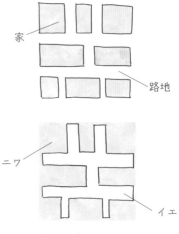

家

路地

コニワ

イエ

小さな庭＝コニワが
多数生まれる

現在の路地と住居の関係性をイエとコニワと
して反転させる。この操作によって、イエは最
低限の機能を揃えた場として、コニワはイエに
付属し、その延長にあるものとして機能する。さ
らにコニワが隣人と共有されることで新たなコ
ミュニティが生まれる

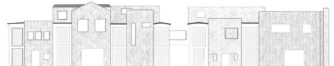

西側立面図。佃の現在のファサードの雰囲気やスケール感をそのまま実現することによって、現存の街
並みが保存される

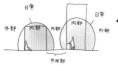

佃のコミュニティ。暮らしが営ま
れる日常的な暮らしの空間が外
部の共用部まで広がっている

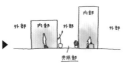

各地で見られるコミュニティ。他
人と共有するのは日常から切り
離された空間

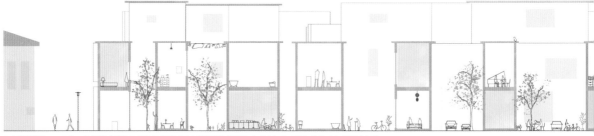

A-A"断面図。コニワという外部空間はこの集合住宅では内部空間と等価な存在として、ここに住む人に利用される

審査員
コメント

住居と路地の関係を、「図と地」を反転させるように操
作しながら密度を調整していて、かなりスタディを繰り返
したのだろうということが模型から伝わってきました。路
地性をしぶとく獲得しようとしています。壁だけで構成されたファサー

ドも、興味深く見ていました。一方、懐かしさをデザインしたテーマ
パークのように見えてしまう面もあります。もっとニュートラルな視点
から路地を抽象化できるのではないかと思いました。（古澤大輔）

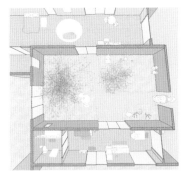

コニワと住戸内部の様子。住戸は開口の配置などによって、表通りから集合住宅の内側へとひと続きの中で空間の質や用途が変化していく

通りニワの様子。コニワは住民のための空間として定義されるのに対して、通りニワは地域に開かれたニワとして、地域住民が行き交う

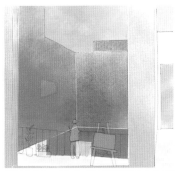

2階から見るコニワ。コニワは1階だけでなく、そこに面する上階に暮らす人々にも共有される

**課題**

芝浦工業大学 建築学部 建築学科 SAコース
2年生／設計演習2／2019年度課題

# 地域と交換する集合住宅
## ～もらい・あたえる恒常的地域をつくる～

出題教員：原田真宏

指導教員：トム・ヘネガン、田中厚子

これまで、特に商品としての集合住宅は土地の魅力（ブランド）に依存するようにして、その価値をうたってきた（例えば「洗練の南青山に生まれる35邸」「歴史文化薫る文京区本郷。品格の85邸」等のマンションポエムに現れるように）。しかし、それらの多くは既存の土地の魅力に頼るばかりで、それを高めることに寄与して来なかったし、むしろ、景観中に巨大なボリュームとして立ち現れ、コミュニティと未接続な大集団が突如出現するなど、多くの場合において土地の価値や魅力を壊す元凶であったことは改めて指摘するまでもない。地域ブランド依存型の集合住宅が無数に都市に建設されることで、依存すべき魅力的な土地そのものが、東京から駆逐されてしまった感さえある。

そこで今回は地域の価値を「受け取る」だけでなく、反対に地域に価値を「与え」もする集合住宅を提案してもらいたい（自ら土地の魅力をあげる集合住宅は、当然、そのあがった地域力から販売上の恩恵を受けることにもなる）。魅力的な地域とはそのような相互交換が多様に接続し、そのことでコミュニティが育まれてきた。それは外部とエネルギーや物質を交換しつつ、特定の状態を持続する生命のあり方に似ているのかもしれない。

敷地は佃。特徴的な路地空間や歴史的な社寺や祭事、隅田川のウォーターフロント、周辺の超高層マンション群などなど、複雑なコンテクストの入り混じった地域である。これらをよく読み取り、新しい集合住宅、および、それを含めた地域の「質」へと転換してもらいたい。

集合住宅内部での生活はもちろん、外部の都市空間での日常経験までもが豊かになるような設計提案を求める。

### 1、設計条件
○敷地：東京都中央区佃
○敷地面積：2,837㎡
○用途地域：第2種住居地域
○特別用途地域：第2種中高層階住居（4階以上は住宅）
○建ぺい率：80%
○容積率：400%（150%程度の容積率を確保すること）
○住戸数および規模：36戸以上、駐車台数18台以上
○住戸規模は、単身者タイプからファミリータイプまで提案者の意図に基づき、自由に設定して良い。賃貸と分譲の別は各自で設定すること。
○住機能以外にも、提案者の意図の実現に必要であれば、集合室や共用ラウンジ等の集合住宅の付属機能や、商業や飲食、デイケアセンター、SOHO等の他用途を導入しても良い。

### 2、その他条件・注意
○敷地周辺は複数の都市的なコンテクストが入り交じった地域である。どのコンテクストを生かし、どれを捨象するかは設計者の意図に任せるが、周囲とのデザイン的な応答は「質」を主題とした場合、重要な設計条件となるだろう。
○集合化によって生まれる外部のパブリックスペース、および、住居ユニット内の環境の質は集合住宅の根本的な目的として認識し、積極的に提案すること。
○敷地は現在住まっている方々がおり、現地調査をする際には、当然、居住者への配慮をすること。

**作品PR** 佃は今もどこか昔懐かしい雰囲気のある地域だ。私が一貫して大事にしたのは、この地域の雰囲気を後世まで伝えていきたいという想いである。佃では特徴的な路地に対して、洗濯物が干してある光景やお気に入りの盆栽が飾られた光景など生活の表出が見られることも特徴の一つである。隣家との間にあるこの微妙な関係性の存在こそ佃の良さの一つと捉え、これらを受け継ぐために路地と家の反転を行った。従来のそこだけで完結する家ではなく、路地のように小さく最低限の機能を揃えた家。そして、隣家と共有する家の一部であるコニワ。これらにより佃の良さが後世まで引き継がれることを願っている。

# 芝浦工業大学
## Shibaura Institute of Technology
### 建築学部 建築学科 UAコース

3年生／都市建築デザイン演習4／2020年度課題

## 辰巳の30戸集合住宅
### 断面で設計する

**出題教員コメント** 東西に長い敷地形状でありながらコミュニティ形成の観点から口の字型配置とするため、住棟を極限まで薄くしかつ北側住棟を南側住棟に比べ一層分リフトアップすることで、どの住戸においても採光や通風に配慮した住空間を獲得しています。その一方で立面にはバルコニーや居室がランダムに飛び出し、生活が都市風景を彩る要素として構成され、地域に開放されたピロティと相俟って、多様性を体現する都市風景の生成に成功しています。（田名後康明 非常勤講師）

# 加藤 里歩
## Kato Riho
3年(当年度課題)

## 共に生きる家

**設計趣旨** 広大な団地が広がる辰巳を敷地とし、各住戸の独立性を維持しつつ住民同士のつながりを持つことができる新しい集合住宅のあり方を提案した。開放的なLDK階と閉鎖的な寝室階から成るメゾネットの住戸を、共用エリアをクッションにしながら配置している。また、地上階には住戸を配置せず広場にすることで、住民以外の人々も集う街の中心となる集合住宅を考えた。

**指導教員コメント** ここではメゾネット住戸を外向的な階と内向的な階との組合せで構成し、積層する口の字型プラットフォームに平面的かつ断面的に市松配置することで、閉じたユニットをバッファとした、開かれた生活を可能にしています。集合と離散という矛盾する状況を同時に成立させることで、コミュニティの生成とプライバシーの確保とを高いレベルで両立させ、多様な世帯からなる都市型集合住宅の価値を更新し得る意欲的な作品として評価します。（田名後康明 非常勤講師）

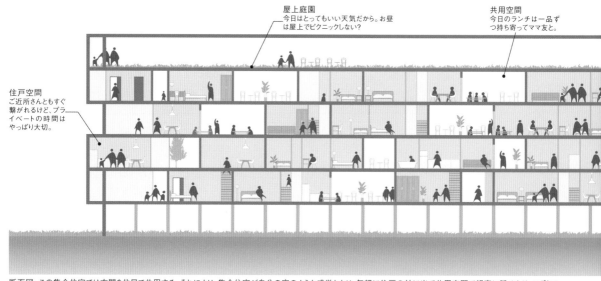

屋上庭園
今日はとってもいい天気だから。お昼は屋上でピクニックしない？

共用空間
今日のランチは一品ずつ持ち寄ってママ友と。

住戸空間
ご近所さんともすぐ繋がれるけど、プライベートの時間はやっぱり大切。

断面図。この集合住宅では玄関を住民で共用する。それにより、集合住宅が自分の家のような感覚となり、気軽に住戸の外に出て共用空間で親密に話せたり、いざという時に助け合えたりできる関係を築くことができる

陽の当たる南向きのバルコニー

リビングの引き戸を開けゆったりとお茶を

オープンなリビングとプライベートなダイニング

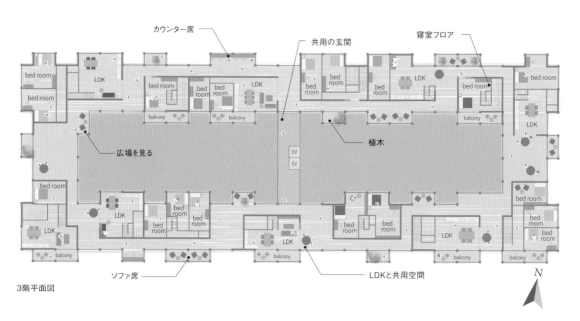

カウンター席　　共用の玄関　　寝室フロア

広場を見る　　植木

ソファ席　　LDKと共用空間

N

3階平面図

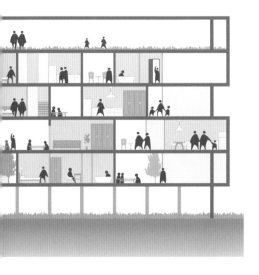

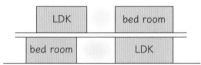

住戸を南北にずらし、北側住戸は1フロアあげることで、住民のプライバシーを守りつつ住民同士がつながる住戸配置を行った。メゾネット住戸を寝室フロアとLDKフロアに大きく分けて平面に交互に配置することで、視線のぶつかりを適度に防ぐ。各住戸間には共用空間を配置し、隣接するLDKとの間を引き戸にすることで、さまざまな使い方や住民交流の場が生まれる

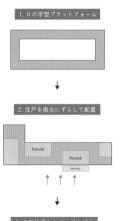

1. ロの字型プラットフォーム

↓

2. 住戸を南北にずらして配置

house
house
balcony

↓

3. 北側住戸を1フロア上げる

住戸部分

south    north

対象敷地は、大通り側が南向きであるのに対し、団地側は北向きで年中日陰となっている。典型的な片廊下型集合住宅だと、住戸位置によって光量が大きく変わるため、すべての住戸の南向きフロアにバルコニーを設け、暖かい陽が当たるようにした

**課題**

芝浦工業大学 建築学部 建築学科 UAコース
3年生／都市建築デザイン演習4／2020年度課題

# 辰巳の30戸集合住宅 断面で設計する

出題教員：赤堀 忍、田名後康明

指導教員：田名後康明

都営辰巳一丁目団地は、東京メトロ有楽町線辰巳駅に近接して立地する総戸数3,326戸の大規模団地である。本団地は、1967〜1969年に建設され、築後40余年を経て建物および設備の老朽化が進行している。そのため15年間（2012年度から2027年度）かけて、既存の都営住宅（60棟、2,087戸）を除去した用地に、新たに都営住宅（12棟、2,950戸）を建て替え、併せて付帯施設の整備を行う計画が進行している。

東京都の平均世帯構成人数は1.9となっており、住まいのあり様は建設当時から変化している。都営辰巳一丁目団地は3K（47㎡）を基本とし夫婦＋子ども2人で構成される世帯像を想定して計画されたが、本課題では時代の変化を考慮し外国人世帯やカップル世帯、単身世帯など多様な世帯像を想定し、これからの社会において集まって住むことの意味を再考した「つながりをデザインする集合住宅」を設計する。

**1、達成目標**
集合住宅の住戸平面を短期間でまとめ、図面で表現することを第一とする。現代の都心型集合住宅の課題を十分に読み取りながら、建築にまとめ上げていくことを習得する。

**2、プログラムと敷地**
○用途：集合住宅、共有コミュニティ空間
○規模：地上4階〜14階程度、地下使用不可
○敷地：東京都江東区辰巳
○敷地面積：2,600㎡
○建ぺい率：60%
○容積率：300%
○最高高さ：40.5m

**3、設計条件**
○集合住宅（専用住戸部分および共用部分）：
　5人用シェアアパート　100㎡＋20㎡バルコニー　3戸程度
　4人家族用　　　　　　80㎡＋16㎡バルコニー　15戸程度
　2人用　　　　　　　　60㎡＋12㎡バルコニー　12戸程度
○コミュニティ空間：150㎡以上
　※各所要面積は10%まで増減可能

**作品PR** 次々と大災害が各地で発生している今日の日本で、少しでも被害を予防するには、声を掛け合い助け合える住民同士のつながりを持つことが重要だと考えた。そのうえで、社会に多数ある集合住宅において、独立性が高く住民同士がコミュニケーションを取りづらいという点に着目し、近隣の住民と適度なプライバシーを保ちつつ自然につながりをも持つことができる、「ちょうど良い」集合住宅のあり方を提案した。シンメトリーでシンプルな外観と、平面・断面の視点からシステマティックに設計した内観とのギャップに着目して欲しい。

# 昭和女子大学
## Showa Women's University

**環境デザイン学部 環境デザイン学科**
**建築・インテリアデザインコース**

3年生／設計製図Ⅱ-1・前半共通課題その1
／2020年度課題

## 「長屋商店街」
### － 商店街に暮らす －

**出題教員コメント** 大学近隣に古くからあり今日でも人通りの絶えない三軒茶屋「栄通り商店街」。この商店街内に与えられた3箇所の敷地は、この商店街らしい特徴的な敷地です。この中から1箇所を選択して「長屋商店街」を設計します。暮らすことと商うこと。職住近接。古くて新しいテーマはコロナ禍の中で、図らずも最重要なテーマとなりました。さらにこの場所性をどのように捉え、生かすのか？単純な集住を超える想像力が問われています。
（杉浦久子 教授）

## 髙木 さくら
Takagi Sakura

3年（当年度課題）

## 内面的な「　」との対話

**設計趣旨** この街は音や光、人で溢れている。その賑わいに喧騒を感じたことはないだろうか。それが当たり前だとするならば、喧騒に最も近いこの商店街で暮らす私たちはきっと、本来そこにあったであろう感覚を無意識のうちに見逃している。そこでこの商店街に、街の喧騒から逃れ、自らの余地となる空間を与える。閑寂に置かれた境地、この建築の中で、私たちは暮らしの中で生まれる一瞬の感覚を再び呼び起こすのである。

**指導教員コメント** 雑多な商店街の中で喧騒から逃れて光や風や雨と向き合うことで、自分の五感を呼び起こすための空間です。住空間を、日常生活を送る場所ではなく、生きることを見つめ直す場所として設定しているところに独創性があります。地域との隔絶や私的なテーマ設定に批判もあったものの、生活者の視線で空間に深く入り込み、時間ごとの光やシークエンスを丁寧に読み解いて計画していることを評価しました。（森田祥子 非常勤講師）

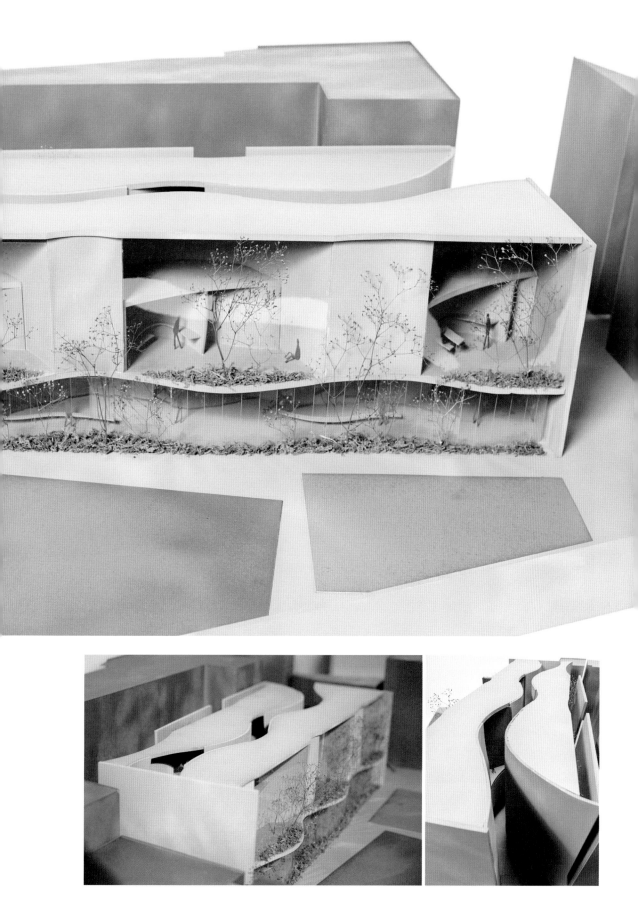

昭和女子大学 環境デザイン学部 環境デザイン学科 建築・インテリアデザインコース｜髙木 さくら

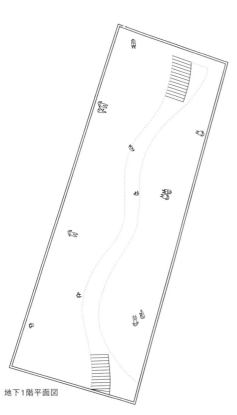

地下1階平面図

11620

34944

1階平面図（店舗）

路地のようなわずかな隙間に
ゆらぐ光に誘われ地下空間
へと沈んでゆく。雨や風、光と
いった自然環境と、主体のみ
が存在するこの空間の中で、
まず心身の静寂を取り戻し、
心に余白をつくる。光の道を
たどりながら奥の階段へ進
み、店舗へ向かってゆく

店舗に入ると空間は揺らぎ、木々の色彩を感じる。曇りの日には薄暗く、
晴れの日には明度を増し、時間の経過に伴い空間の気分は瞬間ごとに
変化する。ここでは茶道、華道、香道、書道といった日本文化に触れるこ
とにより、閑寂の中に潜り込み、余白ができた心に生まれた感覚をより
確かなものとして表出していく

敷地図。商店長屋兼住宅（5戸）を設計

| 審査員コメント | 昨今は有機的な曲線を使った提案が少ないなか、積極的に曲線を取り入れようとし、さらに、共用廊下に精神的な作用をもたらす光を投入し、スピリチュアルな空洞にしようとしている。ある意味で、現代住居への批評性を持ってい | るとも言えます。残念なのは、スリット状にうねった部分の魅力があまり表現されていないことと、南北に長くて光の変化が大きくないこと。小さな東西軸のスリットを混ぜていくと、1日の中でさまざまな変化が起こり、すごい提案になったと思います。（萩原 剛） |
| --- | --- | --- |

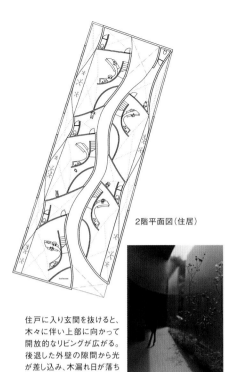

2階平面図（住居）

住戸に入り玄関を抜けると、木々に伴い上部に向かって開放的なリビングが広がる。後退した外壁の隙間から光が差し込み、木漏れ日が落ちる。5戸は内側に開いた外部空間をそれぞれ持つ。対面の住戸と視線が合わないように配置することにより、個の空間を確立させた。目の前の湾曲した壁には雨が伝い、光がゆらぐ

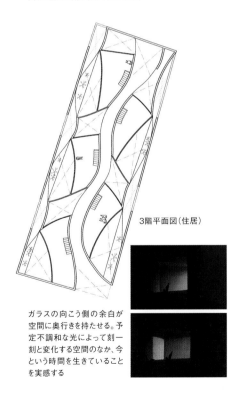

3階平面図（住居）

ガラスの向こう側の余白が空間に奥行きを持たせる。予定不調和な光によって刻一刻と変化する空間のなか、今という時間を生きていることを実感する

## 課 題

昭和女子大学 環境デザイン学部 環境デザイン学科
建築・インテリアデザインコース
3年生／設計製図Ⅱ-1・前半共通課題その1／2020年度課題

# 「長屋商店街」－商店街に暮らす－

出題教員：杉浦久子、森田祥子、御手洗 龍、田井勝馬

指導教員：森田祥子

昭和女子大学からすぐ近くにある、栄通り商店街。
三軒茶屋駅近くにある一方で、意外に普段は馴染みのないエリアかもしれないが、古くからの商店街で現在も活性化している。このエリアが今回の敷地である。あなたが、誰かがここに住むとしたら……商店街という場所での新たな暮らしを想像し、魅力的な「私たちの長屋」を提案してほしい。

**1、敷地**
栄通り商店街のA・B・Cの3つの敷地から1つを各自選定する。

**2、設計条件**
○長屋（タウンハウス）、1区画を長屋形式で設計すること。本人がどこかに入居すること。
○基本的に1棟とする（1戸90㎡程度）。
○高さは3層を基本とし、住居付き店舗5戸以上（店舗でなくても可）。

**3、長屋**
○廊下および階段等を共用しないで2戸以上の住宅が、連続または重なっているもの。
○長屋の出入り口：道に面してつくる（ただし、各戸の主要な出入り口から道に通じる敷地内通路幅が2m以上あればよい。この場合、敷地内通路は天空通路とする。）
○長屋の構造：長屋の各戸の界壁の長さは2.7m以上とする。
○長屋の開口：長屋の各戸は、直接外気に接する開口部を2面以上の外壁に設けなければならない。
　※共同住宅は、2戸以上の住宅が廊下および階段等を共用しているもの。

※昭和女子大学の課題出題教員インタビューは本書バックナンバー「JUTAKUKADAI05」P.248を参照（杉浦久子「私たちの長屋—三宿に暮らす—」）

**作品PR** 都市の商店街に住まう人々にとって、商店街の喧騒とは対照的に、静寂な中での内なる感覚を回復する空間が必要であると考えた。都市においても一日の中でさまざまな自然環境の変化が生じており、私たちはそこに五感を通じて対話することが可能なのではないか。壁を建てることで外部とのつながりを自然環境のみへと限定し、その境地の中で、今まで見失っていた暮らしの中で生まれる豊かな感覚を呼び起こす。刻一刻と表情を変える光の変化によって、この空間の中で、今という時間を生きていることを実感するのである。自己を取り巻くさまざまな自然環境との対話を通じて、自己内観へと向き合う建築である。

# 女子美術大学
## Joshibi University of Art and Design

芸術学部 デザイン・工芸学科 環境デザイン専攻

3年生／環境デザインIDa課題／2020年度課題

## 透明ないえ

**出題教員コメント** もし、いえが透明だったら？「透明ないえ」は、3つの視点で住宅を見つめ直す課題です。「家はハコではない、家は舞台、家は世界とつながっている」。住宅の設計が家と外との境界線を描くことからではなく、住む人の生活や人生を投影し、地域や社会と豊かなつながりを築くことから始まったら、物理的な透明性を超えて、人が生きることと空間をつくることとの間に、正直で心地良い透明な関係をつくりだせるのではないでしょうか？
（式地香織 非常勤講師）

# 工藤 遥菜
## Kudo Haruna

3年（当年度課題）

## スロープでつなぐ家

**設計趣旨** 人は1日の中で仕事の時間、個人の時間、家族の時間とさまざまなシーンを持っている。しかし私たちはスーツを身に纏い、電車を乗り継ぎ、場を変え、その連続したシーンをあえて一枚一枚に切り離そうとしていないか？ そこでそれらを積層させメリハリを与えながらも、その隙間を緩やかにスロープでつなぐことで、シーンの切り替えを自然と心地良く感じる、連続した透明性を持った住宅を計画した。

**指導教員コメント** 「透明」に対する解釈を粘り強く求める姿勢が印象的でした。オンライン授業が続く自身の生活状況を重ね合わせながらその答えを出し、空間に落とし込んだ時に生まれた緩やかなスロープ空間には新たな可能性を感じます。本人も悩んでいた部分ではありますが、スロープ部分の外皮のつくり方をより追求することで、縁側のような用途を超えてさらに街とつながり合い、この住宅がまた新たな透明の意味を持つ存在になり得るように思います。
（松本加恵 非常勤講師）

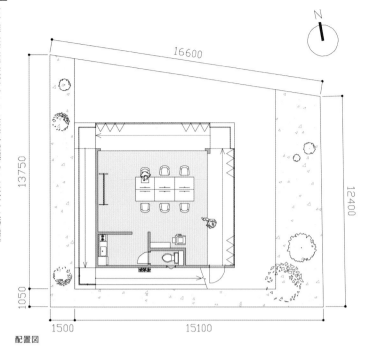

配置図

**住宅**（50代の両親＋大学生の子ども）

3階 「家族の時間」リビング、ダイニング、キッチン
2階 「プライベートの時間」両親・子どもの部屋、水回り

**オフィス**（両親＋従業員4〜5名）

1階 「仕事の時間」システム開発系のオフィス

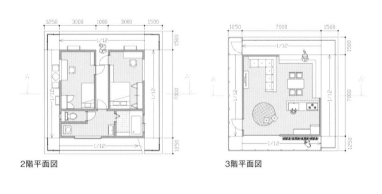

2階平面図　　　　　　　3階平面図

A-A'断面図

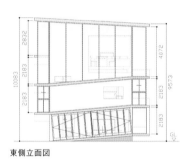

東側立面図

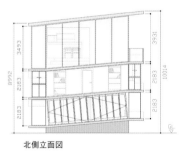

北側立面図

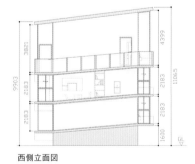

西側立面図

---

**審査員コメント**

「透明ないえ」という課題名の通りの透明な模型に少し不安を感じながら提案を見てみると、ぐるぐると回るスロープがとても緩やかなために、中途半端な高さ関係が内部に生まれています。使い勝手の定められない高低差を上手く空間に利用していて、柔らかく緩やかな変化に富む良い住環境ができそうだと思いました。一方で、スロープ空間がスロープでしかない点はもったいない。生活の場にもなり得る空間であれば、もっと面白い提案になったでしょう。（原田麻魚）

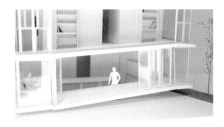

書類をスロープに置いて外を眺めながら考え事をする

スロープに腰掛けて打合せをする

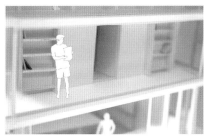

本棚からこれから読む本を探す

座椅子に座って選んだ本をゆったりと読む

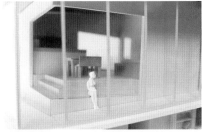

掃除機をかけ終えて腰掛け、テレビにふと目をやる

**課題**

女子美術大学 芸術学部 デザイン・工芸学科 環境デザイン専攻
3年生／環境デザインIDa課題／2020年度課題

# 透明ないえ

出題教員：式地香織、松本加恵

指導教員：式地香織、松本加恵

2020年度の「いえ」の授業は「透明ないえ」がテーマです。
どうして、「透明ないえ」なんだろう？「透明」って、どういうことなの？
もし、いえが透明だったら、何が起こる？何ができる？
「透明ないえ」というテーマの意味や可能性について、探求を始めましょう。

### 1、課題に取り組むための3つの視点

○「いえ」はハコではない
「いえ」について考えてみましょう。無意識のうちに、四角い箱や、雨や風、日光や虫、動物、他人から身を守るための壁や天井をイメージしていませんか。外と内の境界線を描くことから、設計が始まっていませんか。「いえ」はハコではありません。

○「いえ」は舞台
ハコの中で、決められた場所で決められたように過ごしたいと思いますか。なんだか、窮屈で不自由そうです。もっと自由に、自分や家族の「暮らし」を考えてみましょう。
自分や家族が、生き生きと楽しく活動したり、のびのびとリラックスして過ごしたりする風景を思い浮かべてみましょう。

○「いえ」は世界とつながっている
もし、「いえ」が透明だったら？庭や隣の家、道とのつながりから出会いが生まれます。それらと上手につながって、「いえ」での暮らしや、街の人たちとの関係を豊かにしましょう。

### 2、課題の役割

「透明ないえ」というテーマは、住宅や建築についての探求の入口にすぎません。「透明ないえ」をデザインするという目標に向かって、みなさん自身が課題の意味や可能性を発見することが大切です。

### 3、建築教育の意味

建築の面白さ、建築教育の意味について考えてみました。
いえや街を「つくる」ことを前提に、身の回りを観察したり、考えたりする時に見えてくる発見や、思考は、とても前向きで創造的です。
1から10まで、確実なステップを踏んでプロセス通りに進める学習とは違う、学びがそこにはあります。建築を通して、みなさんが、より主体的に取り組み、広い視野や深い思考を育み、学びとなるように、サポートするのが教員の役割だと考えています。教員もまた、主体的な学習者として、子どもたちとともに「透明ないえ」の課題が持つ意味や可能性を発見し続けるつもりです。

### 4、カリキュラムの構成

中間発表を挟んで前半の目的は、広い視野と深い思考を身に付けることです。「透明ないえ」への視野を広げるために、3つの視点を設定しました。課題に、多様な角度・尺度でアプローチするための手がかりになります。
1）いえはハコではない。
2）いえは舞台。
3）いえは世界とつながっている。
みなさんにとっては、3つのミッションと言えるかもしれません。当たり前だと思っていたこと、無意識だったことへの気づきを与えるヒントです。
前半はこの3つの視点を体験的に習得するために、スケッチや添景模型などに取り組みます。スキルとしてだけではなく、作業の目的や意味を考えながら、手を動かします。
後半は、みなさんがそれぞれの探求の成果を可視化するための時間です。図面を描く、模型をつくることの目的は、自分自身の設計を発展させることと、考えやアイデアを他者と共有することにあります。発表や意見交換を通して他の塾生の思考や表現を認め、尊重する知性も育みたいと考えています。

**作品PR** 今回の「透明ないえ」という課題に対して、「紙が上から落ちていく現象」に有と無の隙間を繰り返す連続した透明性を感じたため、そこに暮らしや時間のつながりを当てはめていった。1日を大きく「家族の時間」「プライベートの時間」「仕事の時間」と3つに分け積層させることでメリハリを与え、さらにその隙間を緩やかにスロープでつなげることでシーンの移り変わりが自然と心地良く感じる連続した透明性を持った住宅となった。また、スロープが暮らしと切り離され移動手段としてのみ使われるのではなく、シーンと一体になるよう心がけた。

# 多摩美術大学
## Tama Art University

美術学部 環境デザイン学科 建築デザインコース

1年生／デザイン1・課題NO.4／2019年度課題

## ≪風景の中の住空間≫
### ～くつろげる週末住宅～

**出題教員コメント** 自然豊かな棚田の残る多摩丘陵に、各自約1,000㎡の敷地を選定し、ある建築家の家族や友人のための週末住宅を設計する。これが、この「風景の中の住空間」という課題です。地域の自然と住環境の関わりを読み解き、インテリア・建築・ランドスケープ相互の関係性を見つけ、住まうことの基本を体得するということは大切なことです。ここでは、「場の設計・空間の設計」を通して、環境と共生する建築のあるべき姿・人の生活と環境の交わりを学ぶことを目標にしています。作者からはこのことに加え、景観との関わり、住宅を外から眺める人にとっても、自然風景の一部に溶け込む美しい住宅をアピールする意図が感じられます。（田淵 諭 教授）

# 園田 こ春
## Sonoda Koharu

2年（課題時は1年）

## 額縁の家

**設計趣旨** この週末住宅では人の生活を額縁で切り取る。森を背に悠然と佇むこの住宅は、額縁しか見えない軽やかなフォルムで正面から奥に空間がすっきりと抜けている。2つの大きな引き込み式の開口部は完全に開け放つことができ、施主の要望である「外のような中、中のような外」を実現する。夜には室内の暖かい光が漏れ、生活そのものが一つの絵のようになるだろう。

**指導教員コメント** 眼下に美しく広がる棚田、彼方に多摩ニュータウンを臨み、背後には多摩の自然を色濃く残した雑木林が広がる。作者は、この素晴らしい眺望の高台を敷地に選定しました。ここに設計された住宅は、水回りや寝室という機能空間を絵画のフレームに見立て、外部の景色や風が一体となったリビングをそこにはめ込んでいます。高台に設けられた、憩いの空間が構成されたこの住宅は、自然の美しさを愛でるという役割も担っています。美しくかつ独創的な構成と提案が高く評価されました。
（田淵 諭 教授）

2300

12600
8000

バルコニー

2300

収納

倉庫

1300

ロフト

リビング

8000
10600

倉庫

浴室

洗面所

トイレ

3000

収納

平面図

7000
11000

1300

1000

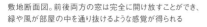

敷地断面図。前後両方の窓は完全に開け放すことができ、
緑や風が部屋の中を通り抜けるような感覚が得られる

**審査員コメント**　トンネル状の建築が美しく、形態によって風景をフレーミングすることがコンセプトになっています。1年生の課題でありながら、この完成度まで高めてくることに感心しました。欲を言えば、内容がわかりやす過ぎるので、もう少し奥深さがあると良い。僕は審査をする時、模型を3回くらいぐるぐると回って見るのですが、良い提案は2回目や3回目で発見があります。この提案はどちらかというと1回でわかってしまうので、意外性を建築に加えても良いのではと思いました。（古澤大輔）

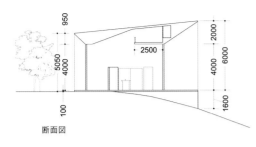

断面図

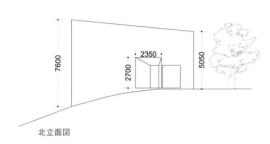

北立面図

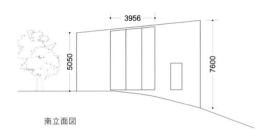

南立面図

多摩美術大学 美術学部 環境デザイン学科 建築デザインコース
1年生／デザイン1・課題NO.4／2019年度課題

## ≪風景の中の住空間≫
### 〜くつろげる週末住宅〜

出題教員：田淵 諭

指導教員：田淵 諭、松澤 穣、米谷ひろし、湯澤幸子、田嶋 豊、
　　　　　高橋靖一郎

多摩美の先生が、週末過ごすための小さな家とその周辺環境をデザインする。

場所は八王子市鑓水「絹の道資料館」近くの山村。細長い地形の中に、かつて水田としてつくられた美しい棚田や小川、山が広がり奥にはニュータウンが望める。この環境を積極的に楽しめるようなデザインをする。ランドスケープ、建築、インテリアまで、ひと続きの環境としてのあり方を考える。建築家の古暮和歌子先生に仮想のクライアントになっていただき、出される条件や希望を考慮して、住空間をデザインする。建築の床面積は120㎡以下とする。

**作品PR** 額縁の中の「絵」となるスペースはシームレスで開放的な空間にした。可動式のキッチンを除き、絵の中で視界を遮ってしまう風呂やトイレ、収納や階段は全て額縁の中に収め、バルコニーまでフラットにつながる空間を自由に楽しめる。ロフトでは施主の要望である「子どもの姿は見えないが足音は聞こえるような距離感」を実現したほか、1階とは反対に天井は1,400mmと非常に低く、隠れ家的な安心感が味わえる。2つの天窓はその閉塞感を解消する。前方から奥の森まで、住宅を通して空間がつながり、緑や風が部屋を通り抜け一体となる感覚も味わえる。木々のざわめきや季節の移ろいが楽しませてくれるだろう。

121

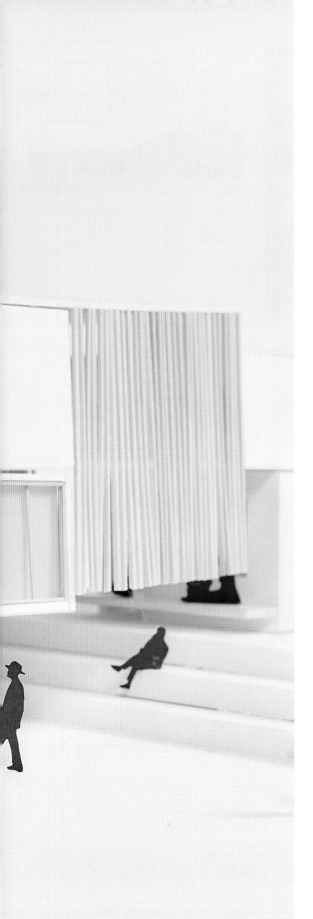

# 千葉大学
## Chiba University

工学部 総合工学科 都市環境システムコース

2年生／都市環境基礎演習・都市住宅課題
／2019年度課題

## MAD City House

**出題教員コメント** この演習は、設計の与条件をただ解くのではなく、課題となった都市エリアに自ら敷地を選定して、そこの居住者となることを想定し、企画立案から戸建て住宅を発想するところに特徴があります。特に養ってもらいたいのは、小さな住宅で展開するライフスタイルが都市の魅力の一つとなるようなハード・ソフトを提案する力、都市環境を構成する大小のモノのスケール感、住宅設計の基礎的な計画・設計技術です。（森永良丙 准教授）

# 大塚 仁弘
## Ohtsuka Masahiro

3年（課題時は2年）

## 広場を灯す

**設計趣旨** 松戸市内を流れる坂川に臨む閑散とした広場に住宅を提案する。川に張り出すこの家は、私の生活に澄んだ情景と川音を引き寄せ、地上には日陰をもたらす。広場の段差を利用した縁側に佇み、日没後は趣味のプロジェクションマッピングを川や障子に映して、人と語らいながら眺めて過ごす。住宅から滲む生活の灯りが、居場所を見つけづらかった広場を暖め少しずつ憩える空間へと変えていく。

**指導教員コメント** 出展作品は、東京のベッドタウンとして発展してきた松戸において、小さな住宅が地域に対してささやかながら良い影響をもたらそうとした計画が特徴的です。不特定の人々が憩う広場と個人の生活の器としての住宅を一体的に設計することは、ともすると相反する関係をはらみます。本作品は、広場へ提供された「灯り」の装置が独特なランドマークとなり、住宅としても成立するように全体がまとめられている点が評価され選ばれました。（森永良丙 准教授）

千葉大学 工学部 総合工学科 都市環境システムコース｜大塚 仁弘

A-A'断面図

春雨橋親水広場は、整備された芝生とウッドデッキで構成され、北側を坂川が流れている。地域の交流拠点として活用されることを目指してつくられたが、日中は地域住民が利用している様子が少し確認できたのみで、1日を通して閑散としている

配置図兼1階平面図

**審査員コメント** 提案のタイトルにあるように、住宅から滲む生活の灯りが「広場を灯す」のです。住宅がそこにある時、周囲にどのような影響を与えるかという問題へ前向きに取り組んでいます。灯すだけではなく、既存のウッドデッキによる段差を上手く使ってピロティがつくられている。そのピロティへ外部の人を引き込んだり、ルーバーを使って内部空間との関係を調整していたりと、一見すると大振りな提案に見えて、実は丁寧に設計されていると感じました。（伊藤 暁）

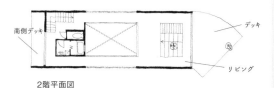

南側デッキ

デッキ

リビング

2階平面図

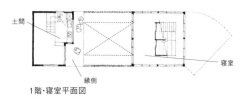

土間

寝室

縁側

1階・寝室平面図

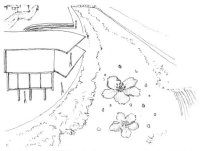

デッキから川に投影されたプロジェクションマッピングを眺める

障子に映されたプロジェクションマッピングを縁側から眺める
（ルーバーを一部省略）

課題

千葉大学 工学部 総合工学科 都市環境システムコース
2年生／都市環境基礎演習・都市住宅課題／ 2019年度課題

# MAD City House

**出題教員：峯田 建、船木幸子、森永良丙**

**指導教員：峯田 建、船木幸子、森永良丙**

もしも今、この街に自分自身が住むとしたら、どのような住まい方を思考するだろうか。都市に家を建てて住むということは、都市の機能を利用することでもあり、同時に都市に対して何らかの影響力を持つことでもある。そして、それらの「Give&Take」は街区の雰囲気に色濃く表れてくる。

今回の課題で対象とするサイトは「MAD City」。
そこに、この地ならではの住まい方を実現する「自分の住宅」を提案して欲しい。
まずは、その場や状況のポテンシャルを生かして育てる家や、その場の抱える問題の解決に一石を投じるような家をイメージしてみよう。
そして、自分の住宅が都市空間や「MAD City」のビジョンとどのような「Give&Take」をするのか、それにはどのような空間が必要なのか、それは自分や他者にとってどのくらい魅力的なことなのか、……等々を自問自答しながら住宅の姿を追求して欲しい。
住人や街のスケールに適し、MAD Cityの刺激となるような、魅力ある住空間を提案して欲しい。

**1、サイト**
○MAD City（マッドシティー）。千葉県松戸駅西側にある「マッドシティーギャラリー」を中心とする半径500mのエリア。
　※マッドシティーの定義とビジョン（https://madcity.jp/concept/）を各自参照のこと

**2、設計条件**
○敷地：エリア内で自由、ただし100㎡以内とする。
○住宅：新築一戸建て。建ぺい率、容積率、高さ制限、予算は問わない。敷地境界から500mmの範囲には建築物を計画しないこと（工作物はOK）。
○住人：自分（想定年齢自由、職業自由）、または自分を含む複数人居住。

**3、提案にあたって考慮する事項**
○現地でのリアルな情報収集を心がけること（自らの身体感覚やヒアリングを重視すること）
○提案は目的を達するための必要最小限の規模であること
○サイトの個性が反映された提案であること（ソフト、ハードともに）
○計画への自分の想い「何をどうしたいのか」が、他者へ伝わる表現とすること
○都市環境を構成する大小のモノの寸法・スケールに留意すること

**作品PR** 場所の特性を生活に取り入れつつ、周辺環境に対しても影響力のある住宅となることを目指した。指定エリア内で敷地を選んで提案する課題であったため、自分の住宅が都市空間（MAD City≒松戸市）とどのような「Give & Take」をするのか、常に気にしながら取り組んだ。自分の趣味であるプロジェクションマッピングは、なかなか空間として反映しづらかったため、どのように映したら自分にとっても広場を使う人にとっても魅力的なものとなるかを考え、最終的に2つの対比的な投影場所を持つ形の住宅を導いた。昼夜ともに場所と良いやり取りができる住宅になったのではないかと思う。

# 千葉工業大学
## Chiba Institute of Technology
### 創造工学部 建築学科

2年生／建築設計2・第2課題集合住宅／2019年度課題

## 集合住宅
### 多様な住戸の集合による居住環境の設計

**出題教員コメント** 千葉工業大学では、2年生後期の第二課題として、集合住宅を課しています。前期に戸建て住宅の課題を2回手掛けており、それを受けての集合住宅の課題では、住宅が集合したさらに複雑な要件を解くことを求めます。単に住宅が並ぶのではなく、住民のお互いの生活を互いに尊重しつつも、小さなコミュニティーを生み出すことが期待されています。また、近隣住民とも良好な関係を築き、周辺環境に寄与する提案とすることを促しています。（石原健也 教授）

# 石井 遥菜
## Ishii Haruna

3年（課題時は2年）

## 編んで広がる集合住宅

**設計趣旨** 7戸による小規模集合住宅には、多様な世帯の居住者が「顔が見える暮らし」を目指すオーナーに共感し居住する。交差し、編み込まれた各住戸間にできる空間は多様なコミュニティを生み出す。生活シーンの変化とともに関わる世帯も変化し、各住戸が対価になることで「環境」に住む感覚を与える。明快な空間作法によって生まれる死角には、それぞれのプライベートが存在する。

**指導教員コメント** 石井さんの集合住宅は、短冊状の細長い住居を直交するように配置し、その意図がすぐに了解できる、ユニークな提案です。一見とてもシステマティックな方法のため、無理が生じそうに思えますが、丁寧に設計がなされており問題が回避されています。床の高さを変え、適宜壁を設けることで、生活の中に変化が生まれ、他の住居ともさまざまな関係をつくっています。求める空間の質を実現するために、適切な構造計画が採用されています。（今村創平 教授）

住宅が交差している。他の住戸から視線が入り、プライベートが確保できない

天井を折り曲げ、視線を遮る。隣接しているが、プライベートが守られる

編み込む操作を繰り返すことで、生活の中でさまざまな住民と接する。住民の「顔が見える暮らし」が実現する

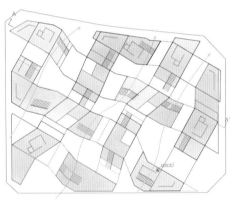

Unit - 1
Unit - 2
Unit - 3
Unit - 4
Unit - 5
Unit - 6
Unit - 7

1階平面図

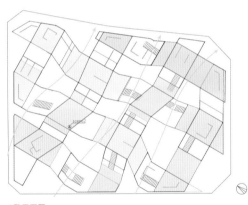

2階平面図

A-A'断面図

**審査員コメント** 板を布のように立体的に編み込んでゆき、そこに生まれた空間に集合住宅をプランニングするという、構造的な提案です。2年生ながら大胆なことに挑戦する姿勢が素晴らしく、可能性を感じました。ただ、編み込みによって板が交差する部分の空間がワンパターンな使い方にとどまっています。もっと内外の空間が複雑に絡むことができたのではないでしょうか。一つひとつ異なるくらい、場所に個性が出てくるともっと良くなると思います。（萩原 剛）

scene1

scene2

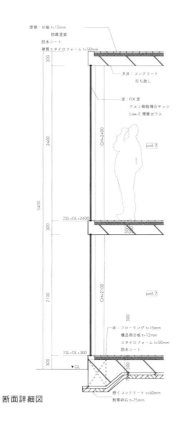

断面詳細図

# 集合住宅
## 多様な住戸の集合による居住環境の設計

出題教員：石原健也

指導教員：佐々木珠穂、武田清明、中川 純、村田龍馬、多田脩二、
　　　　　田島則行、石原健也、今村創平

標準家族のために画一的住戸が反復された集合住宅（マンション）ではなく、多様な家族それぞれにふさわしい住戸が用意され豊かな共有空間とともに「集まって住む楽しさ」のある集合住宅を設計してください。第1課題同様に、視覚的な魅力（美しさ）だけでなく、快適な光環境・温熱環境・音環境や触覚的な配慮も含んだ、五感に働きかける居住環境の提案を期待します。

### 1、設計条件
○敷地：千葉県習志野市津田沼奏の杜開発地内街区
○居住家族：オーナー夫妻の住戸を含む7戸による小規模集合住宅である。居住者リストに基づき、それぞれの生活像を想像して、ふさわしい住戸プランを計画・設計する。
○延床面積：700㎡以内で設計
○必要諸室：オーナーが運営する共用室を設ける。居住者だけでなく街に開かれた機能を設定する。
○構造：2～4階建てとする。RC造を基本とし、部分的に鉄骨造または木造は可（担当教員の指導による）。

**作品PR** 細長い住戸が編み込まれた集合住宅を提案する。7戸の住戸がお互いに編み込まれることにより、普通の住宅にはない、各住戸の広がりを得られた。互いの暮らしが伺い知れるが、プライバシーは適度に配置された壁によって守られる。他の住民の気配を感じ、顔が見える暮らしの中で、これまでの集合住宅では起こり得なかった交わりが生まれる。住戸とともにコミュニティも複雑に編み込まれていく。偶然生まれる小さなコミュニティは、住戸の広がりとともに大きなコミュニティへと発展し、集合住宅は一つの「村」になる。津田沼駅近くの開発中の住宅地に住む周辺住民を巻き込み、暮らしはより豊かになるだろう。

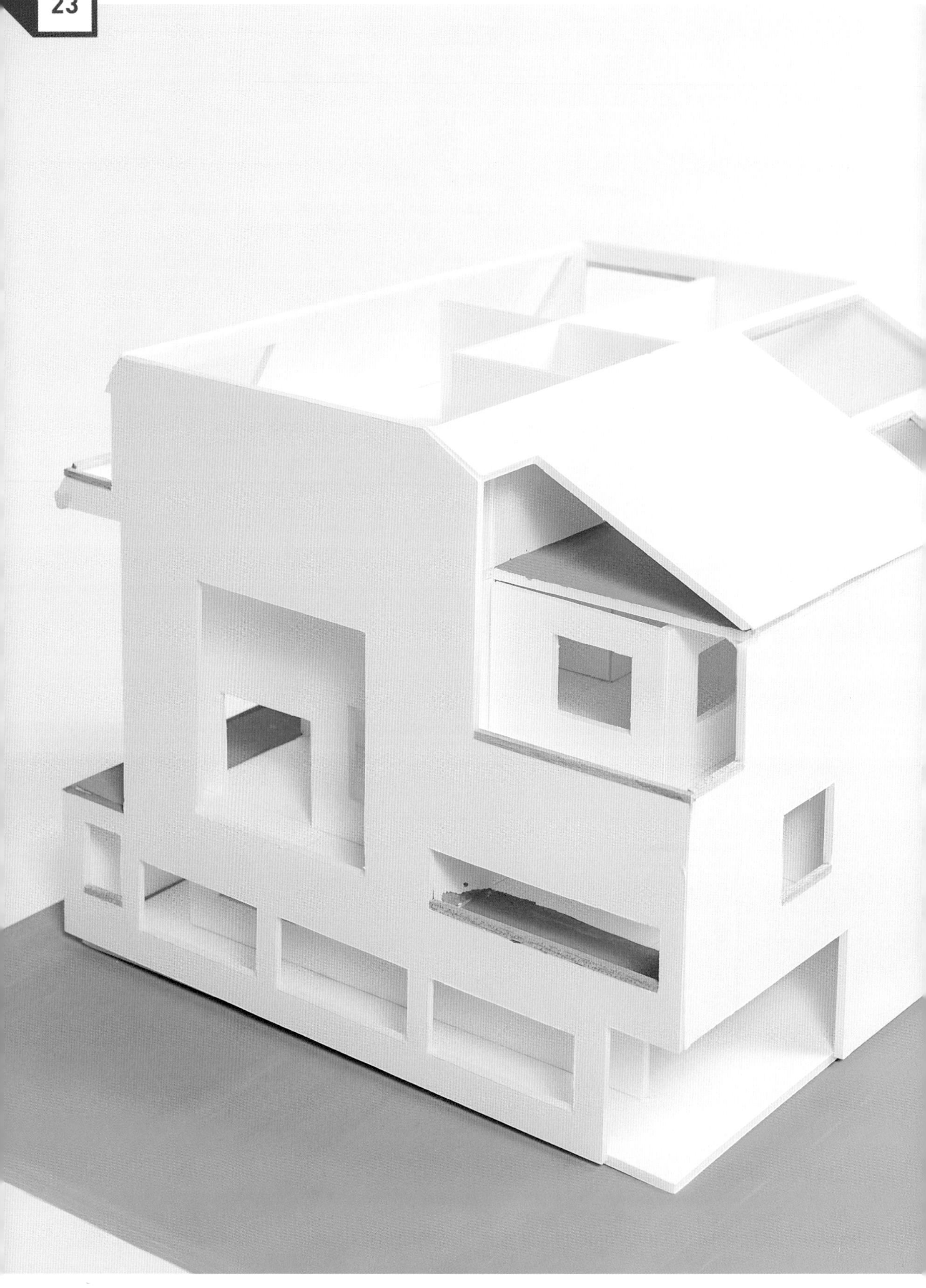

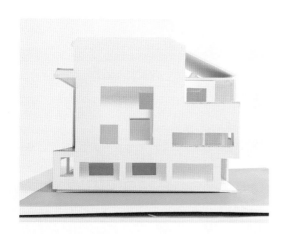

# 筑波大学
## University of Tsukuba
**芸術専門学群 デザイン専攻 建築デザイン領域**

3年生／建築デザイン演習1／2020年度課題

## 都心の住宅地に建つ
## コンドミニアム

**出題教員コメント** 滝さんは、はじめはマンション内のコミュニケーションをテーマにこの設計に取り組んでいました。途中から少しずつ流れが変わり、最後はうっちゃって窓の形ということにおさまりました。このあたりの形とコミュニケーションといったテーマはお互いに関係があり、設計をしていく上での醍醐味です。つまり、どちらが主であるとか従であるとか強いとか弱いとかいうものではないこと、時により変わっていくのが面白いのが本当に分かったのなら、出題者としてもありがたく考えます。（花里俊廣 教授）

# 滝 望
**Taki Nozomi**

3年（当年度課題）

## ゆるく繋がる集合住宅

**設計趣旨** 集合住宅の一人暮らしは、個人の時間はもちろん建物内でのコミュニケーションがあることによって、それを豊かなものにする。この集合住宅では住人がそれぞれに与えられた空間を楽しめるよう、各部屋の間取り・広さ・天井高・景観がそれぞれ変えてある。また各階にある窓に面したコモンスペースや中央の吹き抜け部分にある二重らせん状の階段によって住人同士の自然なコミュニケーションを促す仕組みとなっている。

**指導教員コメント** 一般的に、建築の教育は、医学教育などと比較すると歩留まりが悪いとされています。建築学科によっては、千に三つともいわれるほど、自立した建築家を生む確率は低いとされてきましたが、我々の少人数教育のやり方では千に三つということはありません。それぞれの学生の資質や能力に応じ、適切で必要な指導を心がけているだけですが、効果はてきめんです。こういった恵まれた少人数教育は、人手がかかるからなかなかできませんが、筑波大学建築デザイン領域の特徴であります。
（花里俊廣 教授）

筑波大学 芸術専門学群 デザイン専攻 建築デザイン領域｜滝 望

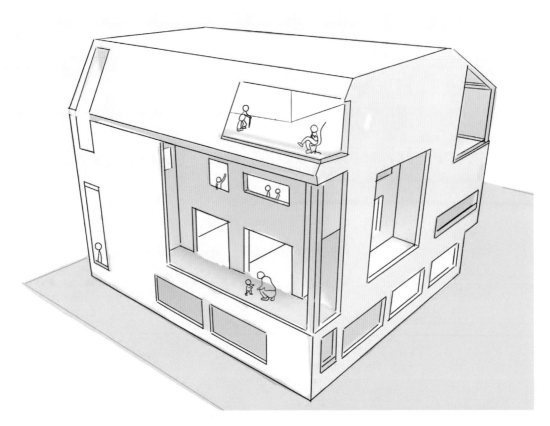

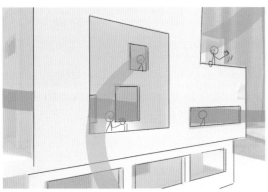

窓は大きさに変化をつけランダムに配置し、階をまたいで窓でつながりを持たせて、部屋同士・住人同士・街と住棟内外をつなぐとともに風通しを良くする

各階に庭を設け、住人同士の自然なコミュニケーションや個人のリフレッシュを促す

周辺環境は、駅やコンビニ、住宅に加えて美術館もあり休日に訪れる人も多いが、公園等は少ない。また周辺の道路は狭いものが多く、接道しているもののうち最も広いのは北側の道となっている

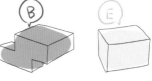

各部屋の形・メゾネットかどうかはさまざま。それぞれの部屋でしか味わえない空間がある

審査員コメント　周囲に建物が並んでいる都心の敷地へ、窓をテーマに設計している。この提案に限らず、窓を記号のように扱う設計があちこちで見受けられます。そういった設計手法もありだと思いますが、本来窓とはどのようなものか。風を通すのか、光を取り入れるのか、期待できる効果に応じて記号としての窓を分解して考えられているともっと面白くなります。開口部への自分なりの目的が持てると良いでしょう。（原田麻魚）

1〜4階の平面図中のA〜Gは、メゾネットが中心であり、それぞれが異なる平面であることを示す

1階平面図

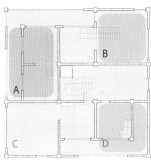

2階平面図

3階平面図

二重らせんの階段

4階平面図

**課 題**

筑波大学 芸術専門学群 デザイン専攻 建築デザイン領域
3年生／建築デザイン演習1／2020年度課題

# 都心の住宅地に建つコンドミニアム

出題教員：花里俊廣

指導教員：花里俊廣

与えられた敷地に集合住宅を設計しなさい。

**1、設計条件**

1）敷地は東京都港区西麻布の敷地である。一辺が約25mのほぼ正方形の平面をしており、東・南・北の3方向が接道している。現状、駐車場となっている部分と家が建っている部分よりなる仮想の敷地である。

2）このあたりの新築マンションの相場は500万円／坪くらいであり、70平米22坪のマンション住戸でも1億円を下らないので、利用のされ方を想像することは普通の感覚では難しいかもしれない。ただ、空間に関しては、無駄使いが許されないので、効率的な設計とすることが要求される。

3）現行法規の遵守を前提とする。この場所の建ぺい率は60%、容積率は160%である。敷地面積を625平米とすると1,000平米分が専有面積として建築可能であり、100平米ならば10戸計画でき、70平米ならば14戸程度計画できるということになる。

4）共用のサービスや施設を設けてもよいが、現実的なものとすること。

**作品PR** 都心に建つコンドミニアムの窓と庭をデザインすることで、住む人個人の暮らしとそれぞれのつながりを豊かにしようと考えた。各住戸は1〜3人の居住者を想定しており、形や広さはさまざまであるメゾネットの部屋や庭付きの部屋も設けている。広いベランダとつながる窓を設け、世帯視線による自然なコミュニケーションを促し、室内・ベランダ・窓の外の風通しを良くすることを図った。また、部屋の一部や共有スペースとして庭のように使える芝の空間をつくり、空に浮かぶ庭として、個人でゆったりと過ごす場にも交流の場にも利用できるようにして建物内での活動の幅を広げることも考えた。

# 東海大学
## Tokai University
### 工学部 建築学科

2年生／建築デザイン4・同演習第3課題／
2019年度課題

## 「動物とくらす家」
### ウチの生活とソトの生活が重なる家

**出題教員コメント** 人間2人以上と動物1匹以上が住む家を設計する課題です。人は家の中に住み、動物は外で暮らしています。人間と動物の生活の重なりを考えることはウチとソトの重なりを考えることであり、シェルターとして閉じた建築を開き、ソトへ広がる豊かな建築を考えることにつながります。また、スケールの異なる2つの世界を同時に考えることで寸法解像度の高い設計を身につけてもらうことを意図しています。（河内一泰 特任准教授）

🏠 古澤賞

# 渡邉 優太
## Watanabe Yuta

3年（課題時は2年）

## 人と犬と人の家

**設計趣旨** 現代のデジタル社会生活の中で見えない壁ができてしまった3人家族に新しい家族、犬＝人と暮らす家を設計する。敷地いっぱいに有機的に張り巡らされたヒダの壁により、外部が入り込んだり、内部が出たり、犬が自由に行き来できる空間へと変わっていく。そうして内と外がひっくり返り始め、窓はフレームとなり家族内の距離感だけではなく街の人とも打ち解ける空間、場所となる。

**指導教員コメント** この作品は、動物と暮らす家を考えるうえで飼う、飼われるの関係ではなく、異なる両者の暮らしを横断する建築の構成を目指しています。その場所が内部なのか外部なのか、境界となるのは壁なのか床なのか、用途があるのかないのか、決めきらないまま議論を重ね最終形に至るまで解釈の幅を広げながらつくられています。選定理由は、既存概念を安易に受け入れない姿勢と作品に、建築の可能性を追求する者として好感が持てたためです。（佐屋香織 非常勤講師）

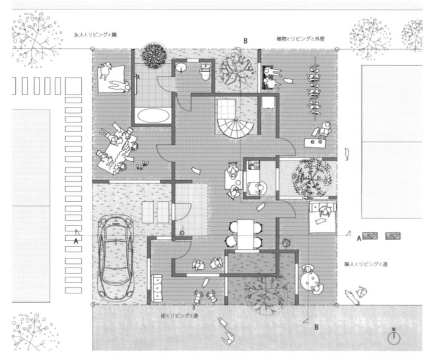

配置図兼1階平面図

友人とリビングと隣

植物とリビングと外壁

隣人とリビングと道

街とリビングと道

B A A B

N

領域を作る屋根

つながったプライベート床

内と外が一体化する有機的な壁

シェルターとしての建築

場所を与える庭、そこからできる場所

構成ダイアグラム

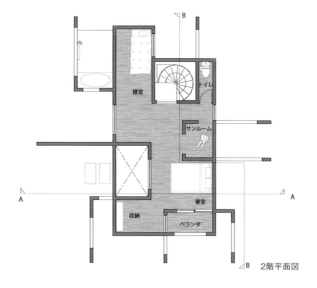

2階平面図

寝室

トイレ

サンルーム

寝室

収納

ベランダ

B A A B

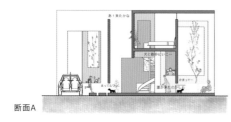

断面A

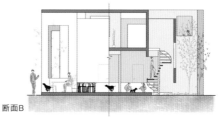

断面B

**審査員コメント** 壁の可能性を追求した提案です。模型を覗き込むと、臨場感のある風景が展開されていて、その中に入り込みたくなりました。図面も面白く、壁に囲まれたボックスが中央にあり、そこから空間を外部へ開放していくわけですが、ピクチャーウィンドウとしての壁を追加していくことで内と外が重なる。そして、逆説的に中央のボックスが透明感を増していき、覆われて箱になってしまった家への批判的な解法となっています。奥深い提案だと思いました。（古澤大輔）

いつのまにか密閉された人工物で覆われた箱の中に住むようになってきている家に対し、内と外が重なる、自然と住まう暮らし、3人＋1人（匹）の4つの居場所をつくる

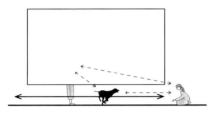

犬が自由に内と外を行き来できるよう、壁の下を貫きながら空間をつなげる。犬が人を感じ、犬から人を感じる

家族、友人、他人とのつながりを生み出す

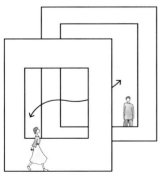

連続するフレームはピクチャーウィンドウとして風景を切り取りながら、適度な距離感とつながりをつくり出す

## 課題

東海大学 工学部 建築学科
2年生／建築デザイン4・同演習第3課題／ 2019年度課題

# 「動物とくらす家」
## ウチの生活とソトの生活が重なる家

出題教員：河内一泰

指導教員：佐屋香織

敷地は山梨県の住宅地です。東京近郊に比べて敷地が広めで周辺の建物も低密度です。住宅地ができた頃は日本の人口が増えている時代で家族は5人、車は2台という想定でした。現在は子どもが巣立ち、老夫婦だけの世帯や共働きの夫婦の世帯など2人程度の世帯も増えています。家を建てる予算も限られ、敷地の大きさに比べて小さな家を建てる状況が生まれています。近年の戸建住宅のリノベーションの実例においても、広すぎる内部空間を引き算して外部化しているケースも見られます。この課題ではその余った外部空間を生かし、豊かに生活するための家を考えてもらいます。

人間2人以上と動物1匹が住む家を設計してください。2人だけの生活でも動物と過ごす空間があれば楽しいでしょう。室内の広さは80㎡以下で最小限の広さとします。人間は室内で生活をしますが、動物は屋外で生活をします。犬や猫のように内外両方で生活する動物もいます。

一方で人間も庭で畑をしたり、ガレージで日曜大工をしたり、富士山を眺めるテラスで食事をしたりと外で生活することもあります。

本来、建築は雨風、寒さ暑さといった厳しい外部環境から人間の生活空間を確保するためのシェルターです。人間と動物の生活の重なりを考えることはウチとソトの重なりを考えることであり、シェルターとして閉じた建築を開き、ソトへ広がる豊かな建築を考えることでもあります。

動物は寸法や移動の仕方が人間と違います。人間のための建築と動物のための建築を考えることは寸法について考えることでもあります。

**1、敷地概要**
○所在：山梨県甲府市の住宅地
○敷地面積：144㎡

**2、建築条件**
○延床面積は室内で80㎡以下とする、半屋外は自由
○住宅地域
○建ぺい率：60%
○容積率：150%
○階数自由（2階建て以上、地下は半地下であれば可）
○最高高さ：10m
○構造は木造とし、900モジュールを基本とすること。
○住人は人間2人以上、動物1匹以上（各自設定のこと）。
○動物エリア、庭、駐車場1台、を含む敷地内のすべての外部を設計すること。

**作品PR** 日本建築が柱構造でいかに壁をつくるかという考えで発展した一方、西洋建築は壁構造でいかに窓をつくるかという考えのもと発展した。現代日本の住宅はいつのまにか利便性ばかりで、いかに窓をつくるかという西洋的なシェルターのような箱になっている。犬小屋が外にあったり中にあったりするように、犬は内外で自由に生活する。かつての日本家屋のような、境界が曖昧で自然に近い外部空間と共住することを豊かな暮らしと感じ、そのような住宅を現代の壁でつくった。現代の壁とは、人と人の距離感やつながり方、社会や地域と家、敷地境界、家族内でのコミュニケーション、見えない壁のことである。

課題出題教員
インタビュー

東海大学 工学部 建築学科
河内 一泰 特任准教授

課題名 「動物とくらす家」
ウチの生活とソトの生活が重なる家
2年生／建築デザイン4・同演習第3課題／ 2019年度課題

河内 一泰／ Kochi Kazuyasu
1973年千葉県生まれ。1998年東京藝術大学卒業、2000年東京藝術大学大学院修
士課程修了。2000年難波和彦＋界工作舎勤務、2003年河内建築設計事務所設立。
2008～18年芝浦工業大学・2008～10年京都精華大学・2010～15年日本大学・
2012～18年東海大学・2013～15年東京藝術大学・2016～18年武蔵野美術大
学・2017～18年千葉工業大学にて非常勤講師。2019年～東海大学特任准教授。

## 建築学部の設計カリキュラムの流れを教えてください。

「建築デザイン・同演習」1～6があり、1年生前期で1、後期で2を履修します。2年生で3と4、3年生で5と6、その後4年生で卒業研究・卒業設計という流れとなります。

建築デザイン1と2は設計に入る前の基礎的な学習となり、図面のトレースや基礎造形の課題で工作に近いです。それから、ヒューマンスケールの居場所を考えてもらうことから始めて、大学の敷地内のリサーチをやります。

2年生に進級すると、ようやく住宅課題に取り組み、その後に集合住宅の設計。それから都市のサーベイ、中規模の公共施設。そして再度、住宅課題を最後の3週間程度の短期課題としてやります。2年生最後の課題が建築デザイン4の第3課題となりますが、それを毎年住宅課題賞に出展しています。

3年生になると課題の規模はだんだん大きくなります。大規模ではないけれど4,000㎡くらいの低層建築と高層建築の2種類を建築デザイン5で取り組みます。3年後期は、翌年には4年生となって卒業設計が控えていることから、建築デザイン6はプレ卒制という形で、それぞれ自分で課題を決めて、短いリサーチとコンセプト的な範囲で構わないので設計をします。

他のいくつかの大学でも非常勤講師を務めましたが、本校の特徴としてサーベイの課題が多いというのがあります。課題時のサーベイは評価ポイントとして非常に重視しています。2年後期の建築デザイン4にも都市のサーベイを行います。敷地は毎年変わりますが、今年であれば下北沢の街を歩いて、街の特徴を自分で分析して、そこに最小限のデザインを加え都市の風景を変えるというものでした。つまり、敷地内の建築の設計に入る前に、もう少し大きなスケールでその敷地を見られるようにするということをやっています。

## 今回の出展課題「建築デザイン4」の第3課題について、どのようなことを意図しましたか？

2年生の最初にも住宅課題（建築デザイン3）を出していますが、それよりももう少し、特徴のある住宅を考えて欲しいというか、常識にとらわれないようなデザインをして欲しいということから、あえて条件を増やして「動物とくらす」という課題にしています。この課題は、私が学生の頃に、動物の家をつくる際には、動物と人間では寸法が大きく変わることなどを考えていた経験からつくりました。例えば1階から2階へ移動する時に、人間は階段で行き来しますが、犬は階段が苦手で、特に降りるのが苦手なのです。猫は階段を使わずに、一気に2階分は無理かもしれないけれど、間に1個足場があれば上り下りできます。これらの動線1つ取っても、居場所の寸法1つ取っても、さまざまな点から空間を検討しないといけない。また動物によっては明るさの好みなども違います。対象とする動物は学生が自由に選べるので、例えばフクロウを選ぶと、少し暗い場所を家の中につくることになりますし、寸法だけでなくいろいろな環境があって、自分が住むことと同時に他者というか他の世界があることも考えなくてはいけない。しかも、単純な問題を解くよりも、条件を複雑にしたほうが、学生たちの設計に対する想像力が上がって良くなるんです。

今回の出展者である渡邉優太さんの作品は犬を設定しました。断面的には、犬しか入れない天井の高さや、犬の回遊性はあるけれど人間は壁で仕切られているなど、2種類の動線が重なるような構成ですが、平面計画でいうと、ひだ状の大きな壁が特徴で

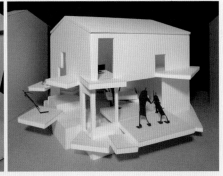

写真は「建築デザイン4・同演習第3課題」の優秀な作品。写真左は太田匠さんの作品。ワンルームをくびれさせることで人間の部屋を分節し、隙間に人は通れないが、猫が自由に行き来できるようにした。写真右は倉光汐里さんの作品で、スキップフロアが人と猫の居場所を内外につくる家

す。これは、どのように家が街に開いていくかというテーマにも絡んでいます。動物というのは基本的には外で暮らしていて、人間は内で暮らしている。それがミックスされるというのは、内側と外側をどのように交ぜていくかという問題を考えることになります。渡邉さんはその点が形式に現れていて良かったのだと思います。

### 「建築デザイン4」の課題について、今後の展望はありますか？

建築デザイン4の第3課題での小住宅という枠組みは、翌年に3年生となって大きな建築の設計を始める前に、もう一度きちんと寸法を抑えてもらうことが狙いとしてあります。要は、階段がしっかり設計できるところまで習得してもらうべく、第3課題で住宅をもう一度設計するということになっています。階段を設計したのはいいけれど、頭が引っ掛かって通れないという初歩的なミスが起きないように、短期トレーニングとして小住宅の課題を、最後の締めくくりに出しています。そのため、昨今のハウスメーカーなどがつくる「ペットと暮らす家」のように動物と仲良く暮らすことが狙いなのではなく、寸法の設計ができるようになることが目的です。建築の中に人間のスケールだけでなく、動物のスケールが含まれているという設定を通して、2つのスケールが同時に存在する世界を想像してもらうことを期待しています。例えば「東武ワールドスクウェア」という、世界の有名な建築物を1／25に縮小したテーマパークがありますが、その展示物の高速道路を走る車が時速100kmだとしても、僕らから1／25の世界を見るとすごく遅く見える。つまり、スケールが異なる世界は時間の進み方も異なるのです。実際に我々が見ている遊歩道の部分と、模型の

建物の世界は全く別次元で、違うスケールの世界の中に吸収されたらどうしようと少し恐怖を感じる時があります（笑）。このように小さなスケールの世界が同時にあることを考えていくと建築の寸法への想像力が広がるのではないかと考えています。

普通の家に暮らしていても、昆虫やペットがいます。人間は「人が住むための住宅」という1つの価値観で設計をして空間をつくっているので、自分とは違う世界があることにあまり気付かないのですが、もしそれを取り出して建築に反映できると、もっとリアルというか、いろいろな世界が同時に存在しているという設計になっていくだろうし、空間としても多層的になると思います。家の中だけで完結してしまい、街や外の自然と隔絶してしまうような閉じた家よりも、外と関わることでもっと豊かに暮らし、さまざまなものを取り込んでいく生活が良いのではないかと思います。

### 設計教育の中で、住宅課題をどのように位置づけられていますか？

東海大学というよりも、僕個人の考えかもしれませんが、椅子をデザインできれば住宅がデザインできて、住宅がデザインできれば公共施設も設計できるというくらい、小さいものの中にはいろいろと考えられることが詰まっています。住宅は特にそれに適しており、自分に近い身体スケールの空間に対して寸法をきちんと抑えながら、全体の動線計画や構造までをきちんと展開していかなければならない。そういう意味では、大きな公共建築の設計と同じといえば同じなのですが、小さなスケールのことまできちんと考えられるという意味では、住宅課題はすごく良い題材だと思います。

# 東京大学
## The University of Tokyo
### 工学部 建築学科

3年生／建築設計製図第四・集合住宅課題
／ 2020年度課題

## 多摩NT
## 豊ヶ丘・貝取団地一部再生計画

**出題教員コメント** 多摩ニュータウンの課題の一つは、南北に波打つひだ状の地形の尾根筋を削って宅盤形成してできた団地群と、谷筋の幹線道路の間に、鬱蒼と生い茂る斜面緑地が横たわり、両者を分断していることです。本課題では、こうした課題を一般論として解くための提案を期待していましたが、本提案は両者をつなぐための自然な形での新しい動線の挿入を斜面緑地上に形成し、そこに団地に新たに必要とされる機能を重ねているところに特徴があります。（大月敏雄 教授）

**🏠 伊藤賞**

# 藤堂 真也
### Todo Masaya

3年（当年度課題）

## 豊ヶ丘団地再生計画
### 生活を繋げる

**設計趣旨** 地形により団地内外の分断が生じている多摩NTの団地の再生計画。住棟とバス通りの間の大きな高低差をつなぐエスカレーター棟や、住棟の足回りの空間、さらにはそれらに連続する住棟の各フロアからの張り出しデッキなどにより、都市・団地のスケールから各フロア・住居のスケールまで、さまざまな視点で人々の生活をつなぎ、「集まって住む」ことのポテンシャルを引き出すことを考える。

**指導教員コメント** 既存の住棟から大きく床スラブを増設し、レベルの異なる床スラブを一方向にずらしながら配置するというダイナミックかつ単純な空間形成原理を用いて、団地のはるか下を走る地域の主要動線である幹線道路から、住宅団地の最上階レベルまでの高低差を、一つの連続した空間体験として提供しています。斜面緑地と住棟外部では求められる空間性能に違いが出ますが、スラブのずらし方や広さの確保の仕方などの点において、巧みに処理されています。（大月敏雄 教授）

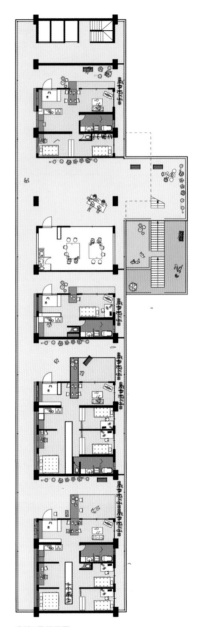

東棟9階平面図

伊藤賞 ― 東京大学 工学部 建築学科 ― 藤堂 真也

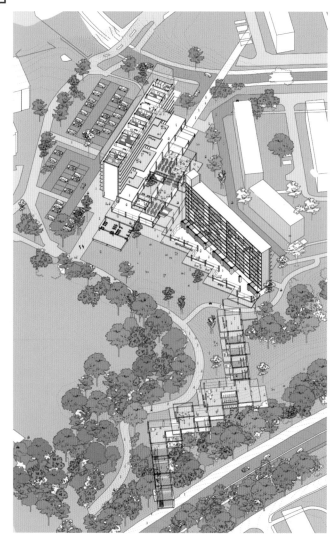

最も街の中心部に近い北西端に位置するRC造11階建ての2住棟が再生計画の対象となる

テーブルやキッチンカウンターを戸外に張り出すことで、そこは生活の表出の場となる

住戸を間引くことで全ての住戸に専用の庭を設ける。住戸の間引き方・部屋の再構成の仕方により多様な住戸形態を設計する

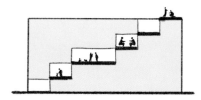

各階スラブに張り出しのデッキを設け、それらを地形的に連続させる

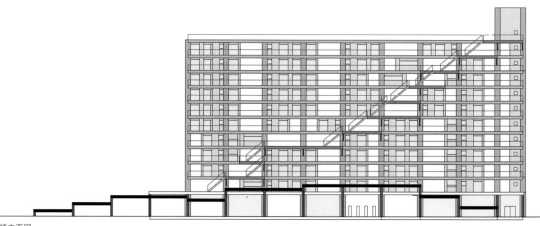

東棟立面図

**審査員コメント**

住環境の密度を下げていくという課題は、これからの社会において避けられないと思います。この提案では、住居を間引くだけでなく、デッキによって外部空間を上手く取り込んでいる。内部と外部の混在は、妹島和世さんの「岐阜県営住宅ハイタウン北方南ブロック」でも課題としてありましたが、彼の解法はそれをさらに推し進めたものだと感じます。上下の分断が激しい敷地を、平面的な造形操作でつなぎ、敷地や周辺環境を含めた提案としてまとめられていることも素晴らしいです。（伊藤 暁）

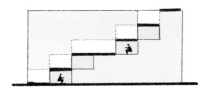

各フロアの共用空間である張り出しスラブに隣接する位置に、貸しキッチンや貸しオフィスなどの機能施設を設置する

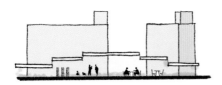

縦動線と水平動線が屈折する住棟間のエリアに人々が集まり滞留できるような施設を設ける

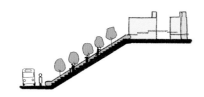

西側斜面下のバス停と住棟との間の高低差をエスカレーター棟を挿入することで解消する

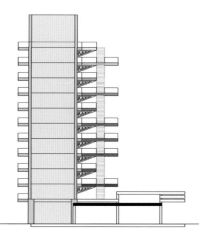

東京大学 工学部 建築学科
3年生／建築設計製図第四・集合住宅課題／ 2020年度課題

# 多摩NT 豊ヶ丘・貝取団地一部再生計画

出題教員：大月敏雄

指導教員：大月敏雄、松田雄二、佐藤 淳、李ヨングン、金野千恵、武井 誠、原田麻魚、松島潤平

1955年に出発した日本住宅公団は、日本の大都市圏の中堅所得層に、団地タイプの分譲・賃貸の集合住宅を供給し続け、現在も、UR 都市機構としてその役割を果たしつつある。

最初期の公団住宅は、都市の近郊外に4階までの中層集合住宅3タイプ（テラスハウス、階段室型中層、スターハウスなどのポイント住宅）を混ぜて、敷地にレイアウトすることが主流であったが、1960年より、強まる住宅需要を背景に、次第に高層高密度の住宅供給を強いられ、5階建ての階段室型集合住宅が定番となっていった。一方で、1966年から多摩ニュータウンの開発事業が始まり、こうした遠郊外部でも高層集合住宅を中心とした集合住宅団地が建設されるようになった。

1970年代後半に供給された豊ヶ丘団地(1976～80年)及び貝取団地(1976～78年)の両団地は、板状中層棟と高層のポイント棟をミックスさせながら、開発された丘陵地帯上部のスカイラインを新たに創造しようとした、多摩ニュータウンにおける典型的な大団地で、その中で現在もURが賃貸住宅として管理する住宅は、豊ヶ丘団地では5階建4棟、8階建6棟、11階建8棟の合計897戸、貝取団地では5階建15棟、合計434戸となっている。両団地は南北に走る幹線道路の東西に配置され、それぞれ賃貸住宅用地、分譲住宅用地と、商業業務施設がミックスした配置計画となっている。

本課題では、豊ヶ丘団地と貝取団地の中から、隣接する2住棟を選定し、それらの住棟を建替えたりリノベーションしたり、さらに住棟間の外部環境を改善することによって、少子高齢化に伴って進行しつつある当該団地内外の再生に寄与するモデル的な団地再生計画を提案して欲しい。

**1、計画条件**
○計画敷地は、両団地内の賃貸住宅エリアとする。
○対象とする隣接した住棟を2棟選ぶこととするが、既存の住棟を利用してリノベーションしてもいいし、全面建て替えでも良い。ただし、当該住棟周辺の外部環境の改善も試みること。また、2棟の選定理由を地域計画的観点から合理的に説明できるようにしておくこと。また、2棟の選び方は計画者に任せられるが、その計画意図も説明できるようにしておくこと。
○合理的な理由があれば、2棟を超えて対象住棟を選定することもできるし、選定しないその他の住棟には「現在の居住者が引っ越さないでよい程度」の改変を加えることができるものとする。
○選定した住棟については、2棟中の戸数の半数以上の住戸数を、2棟中に確保することを、計画上の条件とする。なお、1世帯の家族構成は、単身世帯から子育て世帯、片親世帯、高齢世帯、3世帯同居まで、さまざまに設定してよいが、現実味のある世帯構成員の提案が望まれる。特に、この団地や周辺地域にとって、今後望まれる世帯以上が、どういう人々から構成されるかを説明して欲しい。
○再生される住棟の形式は、戸建て、長屋建て、共同住宅の、いずれでも、その混合でも良い。
○集合の形式は、ワンルームでも、シェアハウスでも、グループリビングでも、その混合でも良い。
○住宅以外に、集会施設や店舗、その他、この団地や地域にとって貢献できると思われる機能を挿入することを必須とする。
○この計画が30年後、どのような住宅となっているのかの説明も必須とする。
○その他、駐車場、駐輪場、ゴミ集積場、を適量、忘れずに配置する。

※東京大学の課題出題教員インタビューは本書バックナンバー「JUTAKUKADAI07」P.272を参照（大月敏雄「百草団地職員住宅改築計画」）

**作品PR** 再生計画の対象は11階建ての高層住棟2棟である。これらは同一の部屋割りを持つフロアをコピー＆ペーストしたかのように積層し、エレベーターがそれらを接続する建築である。このような集合住宅においては、他階の住民との関係は、近隣階であるかないかに関わらず一様に希薄なものとなり、自分たちのフロアと地上レベルの間のみの関係がパラレルワールドのように互いに無関係に階層分だけ並立しているのではないだろうか。各階スラブに張り出しデッキを取り付け、地形的に連続させることで、フロア同士の高さ方向の関係を顕在化させ、同一フロアの中だけに収まらない住民間の関わりを生むことを考える。

# 東京家政学院大学
## Tokyo Kasei Gakuin University
### 現代生活学部 生活デザイン学科

3年生／建築デザイン演習A・第1課題／2020年度課題

## テラスハウス
### 集まって住むことの魅力をスタディする

**出題教員コメント** 3年生になって初めての課題です。今後、集合住宅・幼稚園・美術館と複雑になっていく課題に向けて、2年生の戸建て住宅課題からイメージしやすいテラスハウス（長屋住宅）を設定しました。住民それぞれのライフスタイルを尊重しながら、「集まって住む」ことで、戸建て住宅からより発展させて、住宅相互間の環境を含めた、魅力ある住宅群を計画することがテーマです。
（前鶴謙二 非常勤講師）

# 伊野 文乃
## Ino Ayano
3年（当年度課題）

## テラスハウス＋

**設計趣旨** 一度外部空間に出て入る小さい部屋が、テラスにあると面白いのではと考え設計した。家族によってその離れ的な部屋の使い方はさまざまであり、日常空間から離れ、家族との会話や一人になりたい時、趣味の時間をそこで楽しむのも良いだろう。また、1階の中庭からウッドデッキのある2階の中庭、さらに離れのある3階へとつながり、閉鎖的になりがちな縦長の内部空間に開放感をつくり出した。

**指導教員コメント** 茶室風の小さな離れを屋上に雁行状に配置し、中庭と相まって、内外部が入り組んだ、明るく変化に富んだ空間がつくられています。離れへは一旦外部を通って回り込む、奥行きのあるアプローチです。立面には離れの小さなボリュームと片流れの形を出し、離れの丸窓や居間におけるグリッド窓のパターンを住居ごとに変えています。棟割りで単調になりがちなテラスハウスに、新たなデザインの可能性を見出した点が高く評価されました。
（原口秀昭 教授）

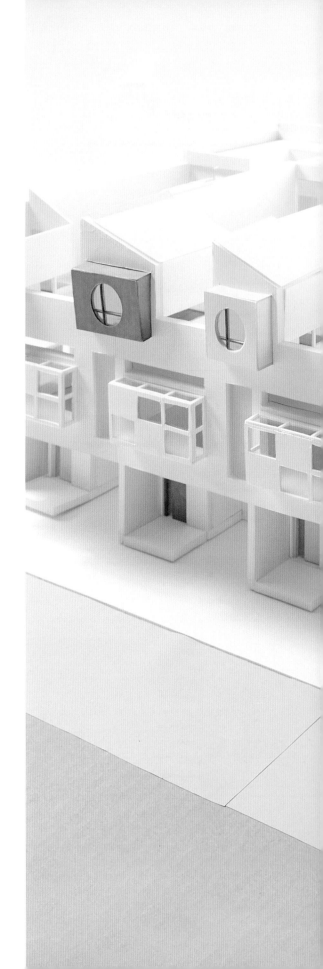

東京家政学院大学 現代生活学部 生活デザイン学科 ｜ 伊野 文乃

1階の中庭からウッドデッキの
ある2階の中庭、さらに離れの
ある3階へとつながり、閉鎖的
になりがちな縦長の内部空間
に開放感を生み出した

小さい豊かな空間

入り込んだ
外部空間

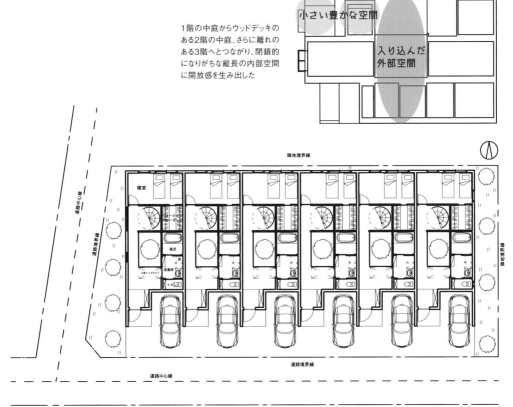

敷地図兼1階平面図

レヴィ＝ストロースの「ブリコラージュ」という概念は建築を変えました。久しぶりに80年代を思い起こさせる提案でした。色彩や単純な図形を寄せ集めて、ある偶発性を建築にもう一度もたらそうとしているのだと思います。しかもその寄せ集めは意識的に行われている。最上階は茶室をテーマにしているようですが、例えば、茶室のボキャブラリーを全体に適用した集合住宅や、茶室的なブリコラージュを徹底すると、もっと面白くなるかもしれません。（萩原 剛）

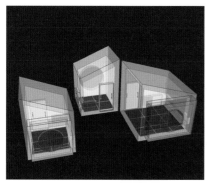

離れのような、茶室をイメージした小さい豊かな空間

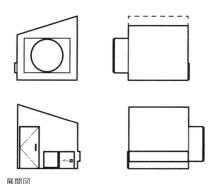

展開図

3階平面図

2階平面図

東京家政学院大学 現代生活学部 生活デザイン学科
3年生／建築デザイン演習A・第1課題／2020年度課題

# テラスハウス
## 集まって住むことの魅力をスタディする

出題教員：前鶴謙二

指導教員：原口秀昭

本課題は住宅地に建つテラスハウス(法的名称：長屋住宅)の設計である。それぞれのライフスタイルを尊重しながら、「集まって住む」ことで、独立住宅とは異なる魅力を持つ集合住宅を計画する。

テラスハウスの定義
1、テラスハウスは、境界壁を共有する複数の戸建て住宅が連続している形式の低層集合住宅である。
2、各住戸にはそれぞれアクセスを設け、区画された専用庭を設ける。
3、各住戸は接地しており、共有できるのは界壁のみであり床を共有した重層長屋は対象外とする。

**1、敷地条件**
○敷地：東京都目黒区五本木
　　　　南と西側に幅員4mの接道、北と東側に戸建て住宅が隣接する、東西に長い敷地。
○敷地面積：562.92㎡
○地域地区：第1種低層住居専用地域・準防火地域
○建ぺい率：70%(60%＋角地緩和10%、建設可能建築面積は394.04㎡)
○容積率：150%(建設可能床面積は844.38㎡以内)
○その他：第1種高度地区

**2、計画条件**
○計画戸数：6戸計画し、各住戸の面積は80～120㎡程度とする
○構造：鉄筋コンクリート造・壁式構造
○階数：地上3階建て以下、地下を設ける場合は地下1階までとする
○駐車場：各住戸に1台確保する
　※地下を設ける場合および駐車場の容積対象面積については緩和規定あり。計画案によって上記設計条件にそぐわない場合は、指導教官との協議により条件変更可。

**作品PR** 一度、外部空間に出て入る小さい部屋をテラスに設けることで、何か新しい暮らしの提案ができるのではないか。その離れのような小さい部屋は茶室を基に設計した。というのも、中学、高校と茶道部に所属していたこともあり、茶室という空間は身近な存在だったため、「茶室」と「離れのような空間」を現代の住宅に取り入れてみると面白いのではないかと思ったのがきっかけである。そして、その空間の使い方は家族によってさまざまであり、使用者によってさまざまな豊かな空間に変化する。また、閉鎖的になりがちな縦長住宅の中心部には、坪庭のような入り込んだ外部空間を設けることで、開放感を生み出した。

# 東京藝術大学
## Tokyo University of the Arts

### 美術学部 建築科

2年生／住宅2・第3課題／2019年度課題

## 住宅Ⅱ

**出題教員コメント**　人が住む、ということを、自分の身体的・精神的実感から、設計を通して深く考えて欲しい。とはいえ、私たちは自分の経験や体験から得た先入観から、そうそう簡単には自由になれない。だから、毎週、異なる課題を出して1週間で案をまとめてもらうことの連続によって、自分の常識や感覚を疑うところまで突き抜けてもらうようにしています。（青木 淳 教授）

🏠 **植田賞**

## 堀之内 ゆみ
### Horinouchi Yumi

3年（課題時は2年）

## 木道の家

**設計趣旨**　尾瀬ヶ原、広大な湿原に「行き」と「帰り」の二本の木道がずっと、ずっと遠くまで続いている。夏になると登山者たちが通り抜けられるその木道を、少しだけ拡張し生活の道として使ってみる。登山者に紛れるように木道に住む人、その食卓には既存木道から誘われた登山者たちがつくかもしれない。この住宅はどこまでも広がる湿原であると同時に長く狭い道幅でのみ過ごす住宅でもある。

**指導教員コメント**　住宅課題で学生に求めていることは、どういうところで、どういうふうに生活するのが幸せか、徹底的に自分に問いかけること。結果、思いがけない「かたち」の家にたどり着く。この案はそれにもっとも真摯に向かい合った案です。しかも、それが出題者の想定外の提案であったこと。それを狙ってではなく、真摯に向き合う中でできたことがとても大切です。
（青木 淳 教授）

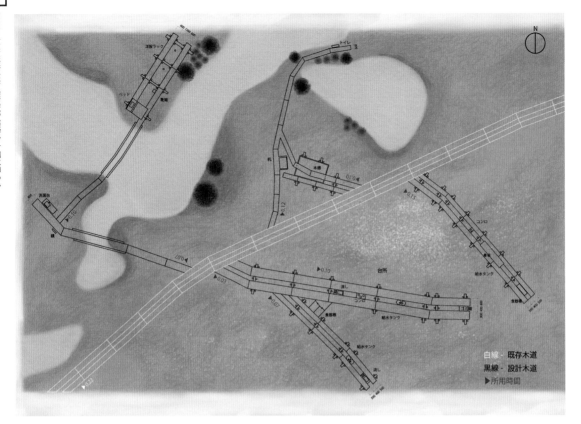

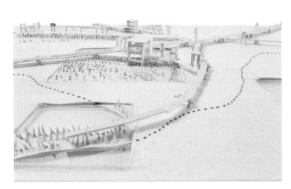 

**白線 - 既存木道**
**黒線 - 設計木道**
**▶所用時間**

植田賞｜東京藝術大学 美術学部 建築科｜堀之内 ゆみ

**審査員コメント** 尾瀬に夢見る住宅です。私は山が好きで、夏になるといろいろな山に登っています。あの場所で満天の星を見る生活ができたら、提案にあるように木道の上で草木をGLラインと捉えて過ごすことができたら、どんなに素晴らしいか と思いを馳せました。一方で、木道はなぜあるのでしょう? ここは登山客が頻繁に歩きますから、自然環境を保護するためです。尾瀬に住宅を建てることが自然にどれほどのインパクトを与えるのか、という点にも訴求した提案であるとなお良かったです。(原田麻魚)

既存の木道から新しく道を伸ばして設計する。その時新しい木道同士はなるべく接続させず、既存木道を住宅の動線の一部としても使う。既存木道を共有することで住人と登山客の動線が交差する場ができる。各機能の配置も既存木道との関係で決めた。例えばあまり人目につかせたくない機能（ベッド、トイレ、着替えなど）は池塘（池沼）の周りの低木や樹高の高いシダ植物が生い茂る場所に入れ込む。反対に、食卓や調理場は既存木道に近い場所に、直交に配する。遠くからは面で目立つように置かれ、近づいていくと一点透視的に道に誘われる。家具は木道の隙間に挟み込むように配置していく。

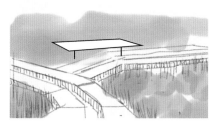

遠景

近景

敷地は尾瀬国立公園。周囲を2,000m級の山に囲まれた盆地状の高層湿原。160haもの広さの湿原に高山植物が多く生息する。まだ雪の残る初夏5月から初雪の降る10月までの短い夏の間をミズバショウ、ワタスゲ、ニッコウキスゲなどが時期を変え開花する

**課題**

東京藝術大学 美術学部 建築科
2年生／住宅2・第3課題／ 2019年度課題

# 住宅Ⅱ

出題教員：青木 淳、増田信吾、大坪克亘

指導教員：青木 淳

本課題では、住宅を設計する。住宅を設計するということは、人が「住む／棲まう」空間ということについて、「建築的」に思考・構想することである。

1、「建築的」という言葉の意味は広い。その1つの意味は、図面を描き／読むことと、模型をつくり／読むことによってしか不可能な思考の世界を立ち上げること。図面や模型は、頭の中の、あるいは体験した空間を、ただ記録したり伝達したりするメディアではない。
このことは、文字の読み／書きの場合と似ている。人は、放っておいて、自然に、文字の読み／書きの技術を身につけることはない。義務教育の9年もかけて、人工的に練習をすることではじめて、人はそれを習得する。習得すると、それまで見えていなかった思考の世界が立ち上がる。

2、空間を構想することにおいて、図面を描き／読むことと、模型をつくり／読むことが、ごく自然にできるようになっていることが大切である。そのため、本課題では、短いサイクルで、この技術を運用する練習を行なう。具体的には、一週間ごとの、別々の課題に取り組んでもらう。

3、エスキスは講評会形式とする。各回講評会では、図面と模型（そのスケールは各回、指定する）の両方を用いて、プレゼンテーションしなければならない。講評会はパスできない。評価は、最終講評会だけでなく、各回における参画の程度から総合的に行なう。

4、各講評会の終わりに、新しい課題を与える。案は、毎週、ご破算にして、一から再構成し直すことが期待される。

5、各回の終わりにショートレクチャーまたは見学会を行う。

**作品PR** この住宅は尾瀬での短い夏のある日を過ごしに訪れるサマーハウスである。まず、できるだけ目線を下げて模型を覗き込み、草と木道の関係を確かめて欲しい。木道は曲がると、途端に草の中に隠れてしまう。この視覚の変化を設計にも利用した。例えば洗面台と台所は既存木道から曲がった先に設置されているため、草に埋もれ関係性を感じづらいが、どちらかにいる時には同一軸上にいるため木道が2つをつなぐ。置かれている家具たちは雨にさらされる。テーブルは使うたびにテーブルクロスをかける。本棚だけは屋根があるが、遠くから見ると1つの大きな本棚が置かれているように見えるのだ。

# 東京電機大学
## Tokyo Denki University

### 未来科学部 建築学科

2年生／建築設計製図 IV・第1課題
／2019年度課題

## 集合住宅の設計

**出題教員コメント**　この課題では、3人一組で、敷地分割の計画をし、それぞれの課題敷地に集合住宅を設計します。また、グループワーク課題として、コモンスペースのランドスケープデザインを提案します。それぞれ、住民同士の交流や地域とのつながり、自然、住商の混在などそれぞれのテーマを設定しています。平行して展開している座学科目での学びと連動して、意匠面でのオリジナリティやコミュニティ形成、構造的な挑戦、省エネルギーなどへの興味・関心が盛り込まれるようになる時期でもあり、履修者それぞれの個性が尊重され、またグループワークによる個性の磨き合いや調和が、新たな価値観を創り出すことを期待しています。（山田あすか 教授）

## 山内 峻平
### Yamauchi Shunpei

3年（課題時は2年）

## 家の前に広がる縁

**設計趣旨**　北青山の地に集合住宅を設計する。ブランドショップが立ち並ぶ大通りや商店街に囲まれた敷地では、この地に残されたほんの少しの「子どもが安心して遊べる空間」で子どもが鬼ごっこなどをして遊んでいる。このような敷地条件から南側に位置するランドスケープ、階段状に配置した住戸、性質差を生かした2つのオープンスペースが混ざり合う、この地にあった集合住宅を設計する。

**指導教員コメント**　上階にセットバックしていく形状で、アプローチの共用空間と各住戸の玄関先の前庭を兼ねるニワが階段状に連なります。各階平面の差異を生かし、一人暮らし用、小規模世帯用フラット、中規模世帯用メゾネットの3住戸タイプが計画されています。多世代での暮らしや、世帯構成の変化に伴う住宅内住替えなどのライフスタイルとライフステージへの対応を根底に置きつつ、「軒先の縁側」でのコミュニティ形成や子どもの遊ぶ場所が暮らしに一体化し、あたり前となる風景をつくろうとしています。（山田あすか 教授）

ボリュームの
建築は暮らし
が箱の中に
隠れてしまう

階段状の空間には多くの人が訪れる

軒先・縁側スペースにより暮らしが外に出てくる

従来の集合住宅 → 本案の集合住宅

集合住宅計画敷地。敷地面積約 1610 ㎡。
グループ設計の敷地の最も奥に位置しており、ここに訪れる人はほとんど南側から来る場所であり北側の道はあまり人が通ることがない。

グループ設計計画敷地。

本課題では 3 人で計画敷地内に 3 つの集合住宅とそれに伴ったランドスケープの提案を行う。今回の設計では一番奥側の敷地を選択したため、目の前にグループ設計のランドスケープが広がっている。

北青山 3 丁目アパート。

グループ設計計画敷地の前に位置するアパート。数年の工事により建替えられ現在は 1 階にランドスケープや保育所を持つ開けた空間が特徴的である。

商店街

青山通り

表参道通り

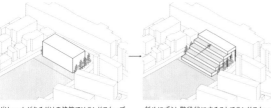

ボリュームがあるだけの建築ではランドスケープとつながらない

斜めにずらし階段状にすることでランドスケープの延長となる

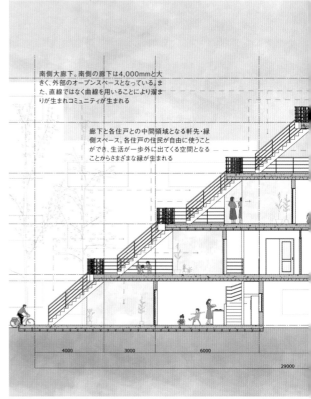

南側大廊下。南側の廊下は 4,000mm と大きく、外部のオープンスペースとなっている。また、直線ではなく曲線を用いることにより溜まりが生まれコミュニティが生まれる

廊下と各住戸との中間領域となる軒先・縁側スペース。各住戸の住民が自由に使うことができ、生活が一歩外に出てくる空間となることからさまざまな縁が生まれる

4000　3000　6000

29000

断面図

---

フロアごとに斜めにずらし階段状とすることで、バルコニーが上下階で連続していく提案です。できあがった建築は壮大さを感じさせる外観で、建築の全体性が生活の領域をサポートしている力強い模型です。しかしプランを見ると、住戸計画に新規性がなく、もっと住居の概念を更新してくれるような提案が欲しいと思いました。また、断面図を見ると奥行きが深いようなので、奥が暗くなってしまう。この点をどう解決するか。最上階から続く吹き抜けなどが必要だったのではないでしょうか。（古澤大輔）

中間領域となる軒先・縁側スペース。住民の生活が一歩外に出て来ることにより暮らしが可視化され、コミュニケーションのきっかけとなる

2階北側に位置するシェアキッチン。知人との料理パーティーや料理教室などにも活用され、建物内のみならず周囲の街と関わりをつくる

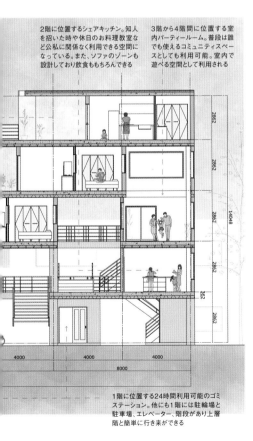

2階に位置するシェアキッチン。知人を招いた時や休日のお料理教室など公私に関係なく利用できる空間になっている。また、ソファのゾーンも設計しており飲食ももちろんできる

3階から4階間に位置する室内パーティールーム。普段でも使えるコミュニティスペースとしても利用可能。室内で遊べる空間として利用される

1階に位置する24時間利用可能なゴミステーション。他にも1階には駐輪場と駐車場、エレベーター、階段があり上層階と簡単に行き来ができる

## 課題

東京電機大学 未来科学部 建築学科
2年生／建築設計製図Ⅳ・第1課題／ 2019年度課題

# 集合住宅の設計

出題教員：山田あすか

指導教員：山田あすか

東京都内の敷地に30戸程度の集合住宅を設計する。都市環境の中で、人々が【ともに住まう】ためにどのような空間がふさわしいか、また必要とされる機能や性能は何か。周辺環境との関係を捉えながら、「住居」と「住居の集合」をデザインし、快適で魅力ある住空間を提案して欲しい。

### 1、敷地条件
〇所在地：東京都港区北青山 都営青山北町アパート(集合住宅団地)の一角
〇個人敷地面積：約1,600㎡(＋10%程度まで)
〇敷地形状：敷地周辺の高低差は各自現地目測による
〇用途地域等：第1種住居地域とする(実際は第1種中高層住居専用地域)、高度地区指定なし(実際は22m第2種高度地区)
〇建ぺい率：60%とする
〇容積率：最大200%とする(実際は300%)
〇日影規制：なしとするが、グループ内では互いに配慮すること。
〇スタジオ内で3人ずつのグループに別れる。
〇グループごとに話し合い、グループ敷地をコモンスペース(共有庭)と3つの個人敷地に分割して設計する。コモンスペースはどの個人敷地にも接するように、グループ敷地を分割すること。また、個人敷地は原則として周囲の道路からの直接の出入りが可能であるように計画すること。不可能である場合、コモンスペースを通過する必要性をなるべく低くする。また、他者の敷地を通ってアプローチすることはできない。
〇コモンスペースはグループで設計する。

### 2、設計条件
〇規模：延床面積(住戸面積)2,000㎡程度、住戸数30戸程度(±10%)。住戸タイプ(面積、室数等)は3種類以上を原則とする。廊下等の共用部分は延床面積に含まない。
〇構造：鉄筋コンクリート造
〇階数：3階以上。原則として地階は設けない。
〇駐車場：各個人敷地に5台(うち1台以上は身障者用)
〇駐輪場：住戸数の2倍以上の台数を確保。個人敷地内に限らず、グループ敷地内に設ければ良いものとするが、利便性に配慮すること。
〇共有施設：居住者のコミュニティ形成に寄与するスペース。設置場所は屋内外を問わない。また内容は適宜提案して良いが、各個人敷地内に少なくとも一部が配置されていること。
〇設備等：エレベーターを1基以上、適切な数設ける。エレベーターのサイズは住戸配置等により選択して良い。ただし小型の場合はトランク付とし大きな荷の搬送が必要に応じて可能となるよう配慮すること。
適切な大きさのゴミ置き場、設備機械室を設ける。これら設備には、ゴミ収集車・資源収集車の周回やメンテナンスが付帯的に発生することに留意する。
〇その他法規制は遵守する。
〇グループごとにエスキスを受け、敷地全体としての整合性がとれるよう努力すること(最終的にはスタジオ担当の教員の判断にゆだねる)。
〇スタジオ内の他のグループのエスキスも聞き、参考とすること。

### 3、外構計画・ランドスケープデザイン
〇グループでテーマを設定し、グループワークでコモンスペースの設計を行う。各人の集合住宅へのアクセス等に留意し、整合を図ること。
〇敷地内の外構は、コモンスペースのデザインに対応させて、各人で設計する。
〇「居住者のコミュニティ形成に寄与するスペース(屋内外を問わない)」との関係に留意し、整合を図ること。
〇半層分以上掘り込む・盛るなど、過分な地形の変更を伴わないデザインとすること。デッキの設置等はかまわない。
〇コモンスペースのランドスケープデザインのテーマ設定にあたっては、対象(だれが)、機能(なにをする)、そのための具体的な環境構成要素(なにによって)などフェーズの異なるデザイン提案が重層的に必要になることに留意されたい。

※東京電機大学の課題出題教員インタビューは本書バックナンバー「JUTAKUKADAI05」P.250を参照(山田あすか・呉鴻逸・荻原雅史「集合住宅の設計」)

**作品PR** 本作品は敷地条件から子どもが安心して遊べる空間を持つ集合住宅を考え設計した。住戸を斜めにずらして配置することにより2種類の特性の異なる共用空間を生みだし、南側では外部、北側では内部の共用空間となる。また、住戸を「箱」の中だけに詰め込まず各住戸にかつての街並の軒先や縁側のような空間を持たせ、共用空間と馴染むように設計を行った。家の中だけで生活するのではなく、生活を少しだけ外に出した暮らし。訪れた知人、住んでいる住民、遊びに来た子どもたちなどに建築を通してさまざまな「縁」が生まれるような集合住宅を提案する。

# 東京都市大学
## Tokyo City University
建築都市デザイン学部 建築学科

2年生／設計2／2019年度課題

## 真のグリーンアパートメントを目指して

**出題教員コメント**　世界に蔓延する高気密高断熱一辺倒の評価基準に対する反論。定量化できる部分だけを切り取る手法は、決して良い結果を産まないどころか、地球温暖化を促進する危険も孕んでいます。
（手塚貴晴 教授）

## 片岡 空良
Kataoka Sora

3年（課題時は2年）

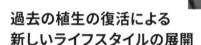

### 過去の植生の復活による新しいライフスタイルの展開

**設計趣旨**　過去の代官山は雑木林で囲まれており、自然の中で自然の力を借りて生活していた。しかし、現在の代官山は自然から離れている。そこで過去の植生のクヌギとコナラの雑木林を復活させ、雑木林との関係を持つ新しいライフスタイルが展開される集合住宅を提案する。それにより、住人だけでなく代官山全体の自然への意識が変化していく。

**指導教員コメント**　雑木林を復活させるということになっています。なるほど、雑木林を囲み込むように楽しげなバルコニーが突き出しています。しかし要点はそこにはない。煙突である。雑木林がそう簡単に薪になるわけではないが、キッチンがあって食欲をそそる煙をくゆらせるようです。考えてみれば人が自然と共生する時には必ず調理が介在します。人は自然をそのまま食せるほど速くはないからです。学内の評価が高かったことは言うまでもありません。
（手塚貴晴 教授）

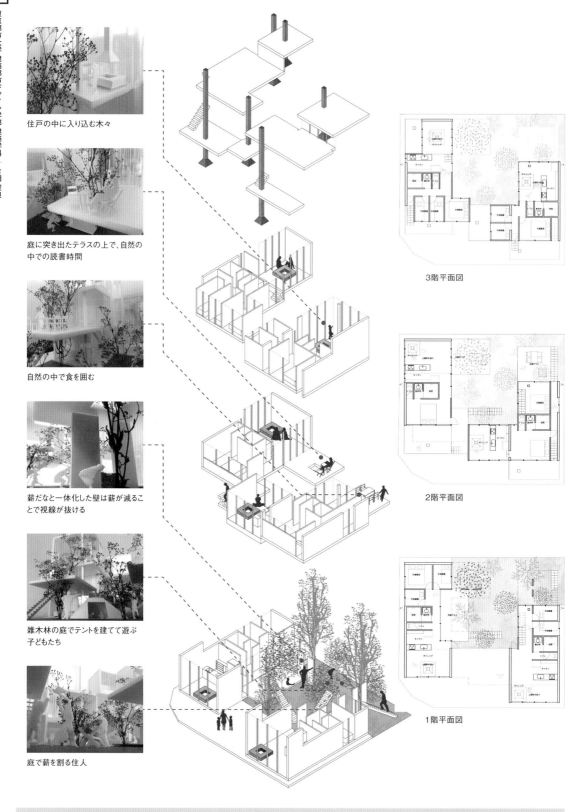

住戸の中に入り込む木々

庭に突き出たテラスの上で、自然の中での読書時間

自然の中で食を囲む

薪だなと一体化した壁は薪が減ることで視線が抜ける

雑木林の庭でテントを建てて遊ぶ子どもたち

庭で薪を割る住人

3階平面図

2階平面図

1階平面図

| 審査員コメント | 開口が大きくとられた、ダイナミックな造形の住宅です。2年生でこれだけの造形を提案してくるとは、高い能力を感じます。また、広葉樹を植えて、家の中に薪ストーブを置いて、そしてその煙突が屋根の上に出ているという特徴的 | な風景をつくり出しています。この場所に必要なものについてのメッセージがわかりやすく形に表れていて、コミュニケーション能力の高い提案だと思いました。ただ、薪ストーブ用の薪を代官山で確保するのは大変そうです。（伊藤 暁） |

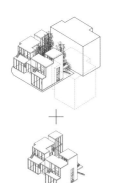
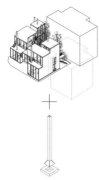

敷地に雑木林を復活させ、雑木林を囲むように6住戸を配置する

各住戸に煙突を設け自然と距離を縮める

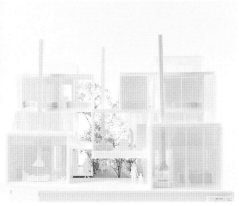

課題

東京都市大学 建築都市デザイン学部 建築学科
2年生／設計2／2019年度課題

# 真のグリーンアパートメントを目指して

**出題教員：手塚貴晴**

**指導教員：手塚貴晴、栗田祥弘**

グリーンビルディングという言葉が使われるようになって久しい。さまざまな定義が存在するが、簡潔にまとめれば環境負荷が少ない建築ということになる。日本政府の示すCASBEEと言われる指針も存在する。しかしながらその指針によって示される建築の方向が本当に環境に優しいのかということには疑問が残っている。人間の生活は実に複雑であり、熱効率の良い建物に住んでいるといって、環境負荷が低いとは限らない。巷のグリーンビルディングの基準は如何に冷暖房照明の負荷を下げるかということに主眼が置かれているが、冷暖房や照明を使わない生活というものは想定されていないからである。指針をつくる時は数値目標が必要とされる。そうでなければ基準はつくれない。一方現実社会は定量化できない部分でほとんどが成り立っている。人は冷蔵庫の中の卵のようにじっと同じところにとどまっているわけではないからである。例を挙げる。車の環境負荷というものについて語る時、トヨタのハイブリッド車は実に優秀な実例となる。その一方でトヨタプリウスに乗っているドライバーが環境に優しい人間であるのか？ 実はそうではない。如何にトヨタが優秀な技術を駆使しようとも、運転免許証を持たず自転車で動き回るおばちゃんには敵わないのだ。車に乗るということを前提にすれば、ハイブリッドは現代社会にとって優秀な回答であるが、その前提を外した時さらに優れた回答はいくらでも存在しているのだ。例えば海の家はグリーンビルディングではない。断熱もなければ気密性もない。同様に桂離宮もグリーンビルディングではない。しかし同時にいかなる現代のグリーンビルディングよりも環境負荷は少ない。冷暖房効率は悪いが、そもそも冷暖房そのものが存在しない。鍵はライフスタイルにある。日本人はわざわざ夏の最も暑い時期に50度の砂浜へと繰り出す。冬の最も寒い時期にマイナス20度のスキーゲレンデへと夜行バスに乗る。人の快適性は必ずしも温度や湿度ではないからである。空調のよく効いたオフィス空間で夏休みを過ごしたいと思う人はまずいない。そこには快適なライフスタイルがないからである。夏休みになると人はわざわざ東京よりさらに暑い南の島に出かける。人はライフスタイルを求めて、存在意義を求めて動き回る。この課題は高気密高断熱やエネルギーのリサイクルを否定するものではない。この課題が求めるのはその先である。たくさんの木を植えてもらいたい。少なくとも大きな木を一本。その一本に付随して、それに相応しい植生をコンパニオンプランツの概念に従って植えてもらいたい。コンパニオンプランツとは、植物が互いに助け合う共生関係のことである。まず主となる一本を選ぶことがこの課題にあたっては肝要である。木は付属物ではなく、木がある故の建築の存在を模索してもらいたい。

敷地に入れる住戸は計6戸とする。4人家族が住める住戸が4戸。子どものいないカップルが住める住戸を2戸である。高さ制限は10mとする。駐車場は必要ない。

**作品PR** 代官山に真のグリーンアパートメントを建築するという課題に対してどのような種類の木を埋めるべきなのかを考えた際に、現在の住宅や商業施設で埋め尽くされた代官山の過去の姿は雑木林で溢れた場所であることをリサーチから発見した。

# 東京都立大学
## Tokyo Metropolitan University
### 都市環境学部 建築学科

3年生／建築デザインⅠ／2020年度課題

## 名作から考える

**出題教員コメント** この課題は「名作から考える」として、古今の名作と言われる住宅建築を1点選び、写真や図面を読み込み、分析し、そのエッセンスを自らの提案に取り込みながら設計を進めていくというものです。名作住宅が持つさまざまな建築的な魅力を理解するとともに、郊外住宅地における核家族のための住まいという一般的なプログラムに適応させていく過程を通じて、より柔軟な思考を養っていくことを期待しています。（小泉雅生 教授）

## 高吉 海斗
### Takayoshi Kaito

3年（当年度課題）

## House L

**設計趣旨** フィッシャー邸およびその設計手法を分析し、空間の捉え方やしつらえを読み解くことから始めた。そこで抽出した「壁の為す形態と機能の関係性」をコンセプトとなる構成因子とし設計に取り組んだ。当住宅は空間に名前を定義せず、空間を構成する壁に機能としての名前をつけている。壁を介して街・自然・建築が緩やかにつながり、曖昧な境界の中に緑・陽・家族の居場所をつくる。

**指導教員コメント** 名作住宅を参照し、そこから得た仮説をもとに設計する住宅課題です。ルイス・カーンのフィッシャー邸を彼なりに分解して、角度の振られた壁の操作によって空間に魅力がつくられていることを抽出し、それをL字の壁が林立する風景に置き換えました。壁のレイアウトが人同士や人と街の距離をコントロールできることに気づき、その可能性を広げることに愚直に挑みながら、少ないパラメータのデザインにまとめた鮮やかさが高く評価されました。（富永大毅 非常勤講師）

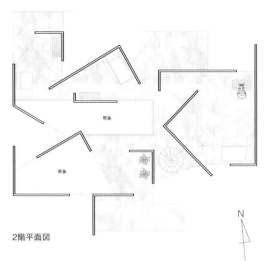

2階平面図

N

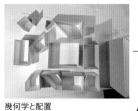

幾何学と配置

→

領域の細分化

境界のスタディ

→

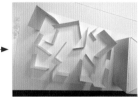

エッセンスの統合

居場所を緩やかにつなぐ

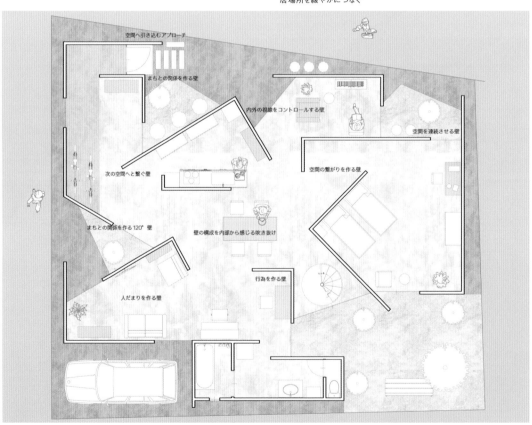

1階平面図

審査員コメント ルイス・カーンのフィッシャー邸を分析し、45度に傾けられた空間配置を分解・展開するというのは素晴らしいアイデアです。低層部が石造で上階が木造という組合せも意識されています。しかし、素材を変えてみるとか、開口部のとり方であるとか、もっと他にも分析すべき点があったのではないでしょうか。プランは興味深いのですが、模型を見るともう少し深い考察が欲しいと思いました。(萩原 剛)

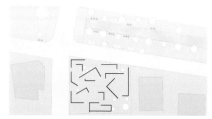

世田谷の閑静な住宅街の角地。緑の小道と関係をつくる壁

**課題**

東京都立大学 都市環境学部 建築学科
3年生／建築デザインⅠ／2020年度課題

# 名作から考える

**出題教員：富永大毅、小泉雅生、伊藤喜彦**

**指導教員：富永大毅、小泉雅生、伊藤喜彦**

建築は、新築であっても、実はゼロからつくるものではありません。構造や工法や環境は、先人が培った知恵を積み重ねて今の技術が成立しています。これは、技術に限ったことではありません。人が過ごす空間づくりにおいて、構成・形・寸法・素材・肌理などの空間を決定するあらゆる要素の扱いについても、私たちは先人たちの取り組みを参照し、学び、改変し、自分たちの設計に取り入れてゆきます。建築とは、先人たちがつくり上げた歴史に私たち一人一人が接木をするような営みとも言えます。

今回の課題は、こうした視点から設計を試みます。まず行うことは、名作住宅の読み込みです。図面や写真をできる限り多く集め、その作品から学ぶべきことを探してください。作家本人や批評家などによるテキストはなるべく無視してください。写真や図面をじっくり読み込むことによって見えてくる、その作品における自分が思うエッセンスを見つけてください。大きな構成についてでも、細かな素材の扱いについてでも、推察される設計の手順や手癖のようなものでもなんでも構いません。あるいはそうしたエッセンスをどう統合しているのか、ということこそが、最大の学びになるかもしれません。最初のエスキスの前には各自が観察したことを自分の言葉で発表してもらいます。

設計は、そのうえで行います。敷地や家族設定など、参照作品とは異なる要素ばかりなので、直接アイデアを盗むことはできません。真似ではない、ということです。学んだことを、今回の計画ならではのものに転換し、みなさんの設計として落とし込んでください。結果としては、たくさんの学びを得ながらも、一見全く違うものに進化することも多いと思います。

**1、リサーチ**
各々が取り組みたい住宅を選ぶこと。人数の調整はしなくて良い。写真だけでなく、図面を分析する。PPT数枚に、観察した内容を記載し、自分なりの仮説を発表する。図面そのものは雑誌などの拡大コピーでも良いが、注目した点がわかるように色を塗った家具や人を書き加えたりといった工夫を行うこと。配置や構成だけではなく、寸法や面積やディティールなどでも良い。
＜名作10選＞
○坂本一成「HOUSE F」　○ル・コルビュジエ「ショーダン邸」　○アドルフ・ロース「ミュラー邸」　○レム・コールハース「ダラヴァ邸」　○アトリエ・ワン「ハウス&アトリエ・ワン」　○内藤廣「住居No.1 共生住居(自邸)」　○ルイス・バラガン「ルイス・バラガン邸」　○ジェフリー・バワ「No.11自邸」　○林雅子・林昌二「私たちの家」　○ルイス・カーン「フィッシャー邸」

**2、設計条件**
○家族想定：4人家族、趣味や仕事などは適宜想定して良い。
○計画条件：駐車場を1台分設ける。面積に対する制限はないが、敷地や周辺環境を生かしきった設計を心がけること。
○住宅を地域に開く、現代の家族の在り方を問う、テレワークを採り入れるなど、各自テーマを設定しても良い。

**作品PR** 当住宅はフィッシャー邸から読み解き仮説を立てることから始めた。ルイス・カーンの引く線は、「厳格な幾何学と緻密な配置」「形態と機能の関係性」「外部と内部をつなぐ境界」の3点に名作である所以があると考えた。これらを設計のエッセンスとし、スタディを繰り返した。過程は自らの探究・解釈を明示したものであるため着目して欲しい。アウトプットはL字壁としているが、これは先述した3つのエッセンスを統合する構成因子である。壁が空間の関係性を定めるこの家は、諸室を定義するのではなく、壁に機能としての名前をつけた。設計の全体像、新たなプロトタイプの模索の過程も含め見て欲しい。

# 東京理科大学
## Tokyo University of Science
### 工学部 建築学科

---

2年生／設計製図1・第2課題／ 2020年度課題

## 根津に住む

---

**出題教員コメント** 木造住宅地である根津はその歴史、文化、ヒューマンスケールの魅力を残しながら、近年は街に開いた新しい住宅や店舗、スペースも生まれてきています。このエリアの中に特徴の異なる3つの敷地を設定し、学生が1つを選択して住宅をつくる課題です。街に対する関わりの持ち方、周囲の街並みや歴史性への配慮、光や風の取り入れ方、核家族にとらわれない多世代の複数人が住む新しい根津の住まいを考えてもらう課題です。
（熊谷亮平 准教授）

# 近藤 亜紗
## Kondo Asa
2年（当年度課題）

## 内と外

**設計趣旨** 古くからの住民も多く昔ながらのコミュニケーションが残る根津で、近隣住民が多く行き交う角地に建つ多世帯住宅。建物は中央吹き抜けでつながれた3つの棟で構成され、棟の隙間からは光、風、人の視線が通る。各世代の街との関わり方を考えると同時に、根津のコミュニティに住人を誘い出し、時には家の中にコミュニティを引き込む、内と外をつなげる住宅を提案する。

**指導教員コメント** 古いつながりが色濃く残る下町で提案された多世帯住宅です。各々の個の領域間の空隙が光・風・風景を呼び込み、3世代を結ぶボイドがフリースペースを介して街につながります。個・共同体・街の内と外、という入れ子のような異なるストラクチャーが反転し、新しい出会いや引力を生み出しています。個であることの快適性を求める先に、新しい共存とつながりの形が生まれていることが、これからの時代の個・共同体・街のあり方に対する空間的な一つの解として興味深く、またそのメビウス的な複雑性が魅力的な作品だと思います。
（池田雪絵 非常勤講師）

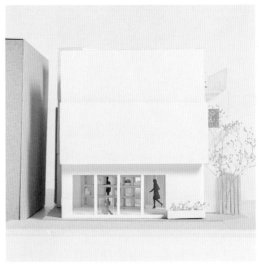

東京理科大学 工学部 建築学科｜近藤 亜紗

線で分割
　交差する線

形を取り出す

分解して離す
　外と内をつなぐ抜けが生まれる

家族構成は夫婦（父・母）、子ども2人（小学生）、下宿生（大学生・親族）。敷地は根津の大通りから一つ外れた角地。「不忍通りふれあい館」（図書館・公民館を兼ねる地域コミュニティセンター）や「あんぱちや」（古くからある日用雑貨店）と向かい合い、近隣住民が多く行き交う。

中央階段室と北側居室は、両面から使える本棚を置くことで大きなひとつのスペースとなる。子供の遊び場や祖父の談笑の場など自由な使い方。家の中にコミュニティを引き込む

外と家の内側をつなぐ隙間。光・風・視線の通り道となる。角地の道路に面する西側窓は、植栽が外からの視線を遮る

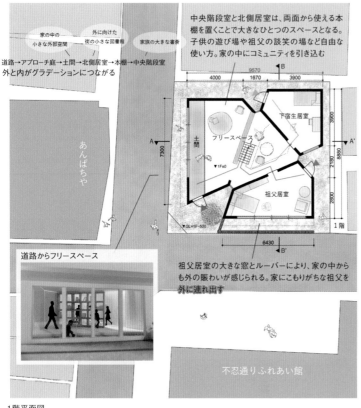

家の中の小さな外部空間

外に向けた街の小さな図書館

家族の大きな書斎

道路→アプローチ庭→土間→北側居室→本棚→中央階段室
外と内がグラデーションにつながる

1階平面図

道路からフリースペース

祖父居室の大きな窓とルーバーにより、家の中からも外の賑わいが感じられる。家にこもりがちな祖父を外に連れ出す

2階平面図

開口は道路・隣地面を避け、溝の部分に集める

A-A'断面図

南北断面図

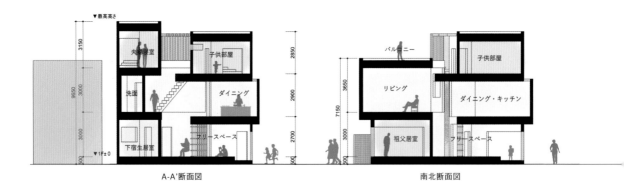

**審査員コメント**

一つのボリュームでつくってしまいがちな住宅を分解し、ずらして光を中に取り入れたらどうなるか、という気づきから始まった、形態操作による計画です。中央に生まれた空間は三角形ということで、住宅では扱いが難しいですが、ここが環境的なバッファになるなど、階段と光以外にも使い倒すことができたらもっと面白いと思います。また、縦に長いスリットから取り入れられる光や風による劇的な空間の変化を生かすポジティブさがあると良いです。（原田麻魚）

ダイニングキッチンはトップライトを採用。中央吹き抜け上の
トップライトは、ルーバーの隙間から家の中心に光を取り込
む

中央の階段ボイドと2階が共有部分。動線により家族が家
の中心に集まる

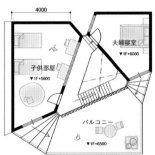

3階平面図

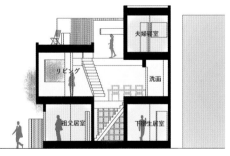

B-B'断面図

東京理科大学 工学部 建築学科
2年生／設計製図1・第2課題／2020年度課題

# 根津に住む

出題教員：池田雪絵、石橋敦之、伊藤孝仁、船木幸子、峯田 建、
　　　　　熊谷亮平

指導教員：池田雪絵

根津の一角に、街との関わりが生まれる住空間を提案する。多様な価値観
やライフスタイルが存在する現代において、住むことの楽しさを生み出す空
間であることが望まれる。

### 1、計画要件
○対象エリア内に3箇所の候補地を挙げる。各自1つを選択し設計対象敷地とする。
○地上10m、地下2mまでを建築可能範囲とする。
○隣地境界線から500mm以上後退した範囲を建築可能とする。
○住人は多世代で3人以上とし、そのうちの誰かが根津の地域と日常的に関わるものと
　する。
○光と風の取り入れ方を工夫した空間とする。

※東京理科大学 工学部 建築学科の課題出題教員インタビューは本書バックナンバー
「JUTAKUKADAI06」P.240を参照（熊谷亮平「根津に住む」）

**作品PR** 古いコミュニティが残る根津の街で、住民と街がつなが
る多世代住宅を設計した。地域施設と古くからある雑貨屋に向
かい合うこの敷地で、1階のフリースペースは訪れた子どもの遊
び場や大人の談笑の場となり、家の中に街のコミュニティを取り
込む。また3つの棟の細い隙間は家と道の視線をつなげ、風・
光が通り抜ける。入口は世帯ごとで、中央の吹き抜け階段室で
世帯間が合流する。2階は全世帯共有であり、動線により家族
が家の中心に集まる。居室は家族間の適切な距離を保つよう、
それぞれの部屋に壁1枚を配置し、生活時間帯の異なる家族がス
トレスなく適切な距離感のもと、ともに暮らす住宅を目指した。

# 東京理科大学
## Tokyo University of Science
理工学部 建築学科

2年生／設計製図1・第2課題／2020年度課題

### 私が将来住まう住宅

**出題教員コメント** コロナ禍の影響もあり、今年の課題は学生それぞれに対して最も身近な存在である「自宅」の図面をまず作成し、さらにその「自宅」に隣接する敷地に将来の自分が住むための住宅を新たに設計するものとしました。自宅は実家の場合もあれば賃貸アパートや寮の場合などさまざまであり、その周辺環境の様子もまた多様です。つまり彼らは大学生として、それぞれ異なる環境で日々暮らしているわけですが、そうした住環境の中にどうすれば豊かな文脈が築けるかが、設計に対する評価軸になりました。（岩岡竜夫 教授）

## 太田 尚輝
Ohta Naoki

2年（当年度課題）

## 光のチューブ

**設計趣旨** 現在住まう場所の周辺に敷地を設定し、将来の住宅を設計するこの課題では、土地の特徴を最大限生かし、より豊かに住まうことを考えた。これは光のチューブという操作の提案である。これが光と人の通り道となり、室内に光を供給し、じめじめする北側に光を落とす。太陽の動きを敏感に感じ取り、季節や気分によって居方を変えることで豊かに暮らす。

**指導教員コメント** この作品は、北側が擁壁で一層分低くなっている特殊な敷地を選び、その擁壁を一部壊して上下の2つの道路に接道させることで、街との新たなつながりを築いています。建築内部には光と通風を取り入れる「チューブ」のような空間をつくり、階段や廊下でありながら、外部と緩くつながるバッファゾーンとしています。街並み、採光とプライバシーなどに配慮しながらも、敷地の特性を生かして魅力的な空間をつくりあげており、大変完成度の高い作品です。（森 清敏 非常勤講師）

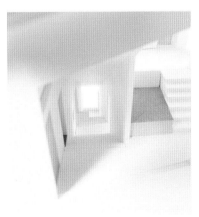

東京理科大学 理工学部 建築学科 ｜ 太田 尚輝

チューブには、一般的な廊下や階段よりも大きな幅、緩やかな勾配を与えた。これにより、余裕を持った動線となり、使用性を高める。また、この広い共有空間は人の居場所となる。太陽光の動きや季節、気分に合わせてチューブでの振る舞いを変えることによって、住宅内での体験をより豊かにする

2階平面図

1階平面図

地階1階平面図

それぞれのチューブの向く方角に変化を持たせることにより、チューブに太陽光が入る時間に違いが生まれ、住宅の中心部で太陽光の変化や時間の経過を感じ取る。平面図上の緑の箇所は朝、黄は昼、赤は夕方の時間帯に使われるチューブとなる

朝 ——————————— 夕

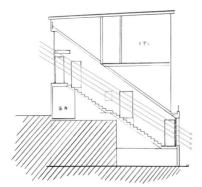

太陽光を室内に引き込むことで、部屋内に光を供給し、内部を暖める。また、暗い北側に光を通す(冬至)

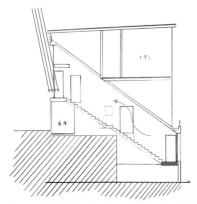

日射の当たる部分と当たらない部分の温度差により、風が生じ快適に暮らす(夏至)

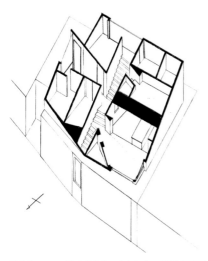

階段状のチューブを南北方向に向けることで、階段を下る時に北側の緑を自然に望むことができる

**課題**

東京理科大学 理工学部 建築学科
2年生／設計製図1・第2課題／2020年度課題

# 私が将来住まう住宅

**出題教員：岩岡竜夫**

**指導教員：森 清敏**

自分が近い将来に住みたい「一戸建て」の住宅を自分自身で設計する。自分の将来の姿、あるいは未来の社会環境についてはそれぞれ未確定ではあるが、各自が自由に仮説を立てて、その仮説に基づく自分自身(あるいは自身の家族)のための居住空間を、具体的な住宅地の中に建てる。
敷地は、(第1課題で図面化した)自分が現在住んでいる住宅に近接する地域内とする。各自が設計する住宅の立地状況、空間構成、外観形状などについて、図面(周辺環境図、配置図、各階平面図、立面図、断面図など)を作成し、さらに住宅全体を示すアクソメ、パース、模型などを製作する。
毎回のエスキスは、各自が事前に作成した図面等を通して行われる。

※東京理科大学 理工学部 建築学科の課題出題教員インタビューは本書バックナンバー「JUTAKUKADAI05」P.252を参照(垣野義典「『週末住宅＝もうひとつのイエ』を設計する」)

**作品PR** これは「光のチューブ」という操作の提案である。高低差があり、擁壁で隔てられた南北をチューブによってつなぎ、北側に光を通し、北側の緑を望む。また、チューブを異なる方角から刺すことによって、それに光が差す時間に違いが生まれ、住宅内部で太陽の動き・時間の経過を感じ取る。自然を感じ、それとの付き合い方を気分によって変えることで、暮らしが豊かになるのではないか。光のチューブとは、自然を感じ豊かに暮らすための装置であり、それ自体が居場所となる魅力的な空間である。

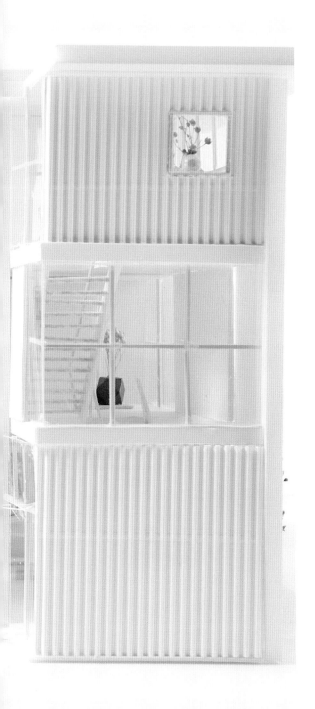

# 東洋大学
## Toyo University
### 理工学部 建築学科

2年生／建築設計製図II・課題3／2019年度課題

## 不純な住宅

**出題教員コメント** 血縁だが親密とは言えない人たちが暮らす住宅の設計です。世帯が小さくなり、少子高齢化が進み、男女とも働く時代に核家族のみで生活を営むことが現実的でしょうか？ さまざまな外部サービスを利用する以外に生活を成り立たせる方法はないでしょうか？ 明治以降の近代化（純化）により日本の住宅水準は上がりましたが、近年の社会変化に対応できているでしょうか？ これらの疑問に応える社会的かつ私的な場としての住宅を考える課題です。（篠崎正彦 准教授）

# 猪瀬 愛可
## Inose Manaka

3年（課題時は2年）

## 旅するよりどころ

**設計趣旨** 生活リズムや年齢性別も異なる6人家族の住宅。自室と社会の往復で1日を終えるのではなく、新たな「よりどころ」をつくり出し、その瞬間に誰と・どこで・どのように過ごすかを自由に選択できる住宅を提案する。壁やスキップフロア、建具などを用いて適度な距離感を保つと同時に、自身のアイデンティティによって空間を分節することで価値観の共有とともに社会への広がりをもたらす。

**指導教員コメント** 多趣味で生活リズムが異なる6人家族の間に会話を生み出すため、個室とパブリックスペースを緩く区切り、そこから溢れ出したモノや活動をコミュニケーションの拠り所とした設計です。敷地に対して90度と45度に振られた単純な壁柱、腰掛け程度のわずかな床段差、そして背板のない棚によって、外観からは想像できない複雑な内部空間をつくり、多くの居場所の選択肢を生み出すことに成功しています。（岡本和彦 准教授）

東洋大学 理工学部 建築学科 — 猪瀬 愛可

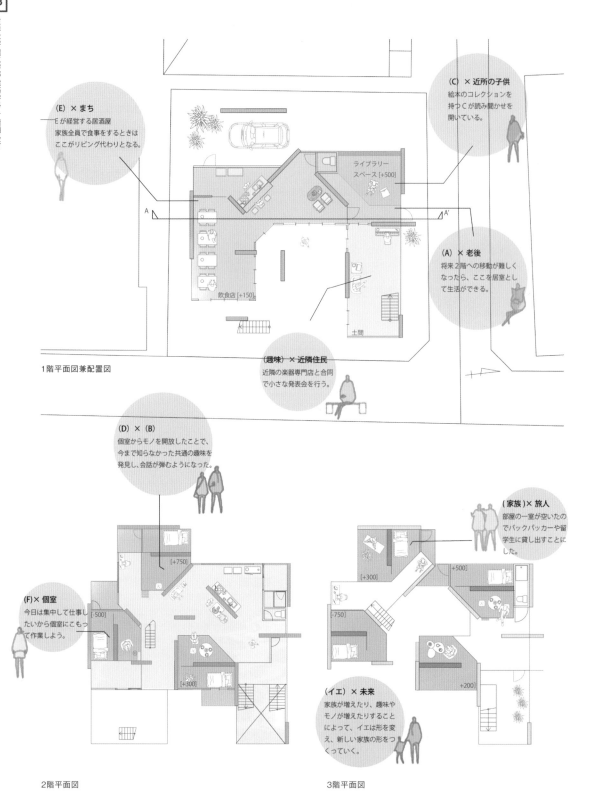

(E) × まち
E が経営する居酒屋
家族全員で食事をするときは
ここがリビング代わりとなる。

(C) × 近所の子供
絵本のコレクションを
持つ C が読み聞かせを
開いている。

ライブラリー
スペース [+500]

(A) × 老後
将来2階への移動が難しく
なったら、ここを居室とし
て生活ができる。

飲食店 [+150]

土間

1階平面図兼配置図

(趣味) × 近隣住民
近隣の楽器専門店と合同
で小さな発表会を行う。

(D) × (B)
個室からモノを開放したことで、
今まで知らなかった共通の趣味を
発見し、会話が弾むようになった。

(家族) × 旅人
部屋の一室が空いたの
でバックパッカーや留
学生に貸し出すことに
した。

(F) × 個室
今日は集中して仕事し
たいから個室にこもっ
て作業しよう。

[+750]
[-500]
[+300]

[+300]
[-750]
[+500]
[+200]

(イエ) × 未来
家族が増えたり、趣味や
モノが増えたりすること
によって、イエは形を変
え、新しい家族の形をつ
くっていく。

2階平面図

3階平面図

審査員
コメント

「不純な住宅」という課題名が興味深いです。この課題が示す、不純さとは何か考えさせられました。提案としては、プランニングが上手いと思いました。正方形に45度のグリッドを絡めて内部を展開、拠り所となる空間を生み出している。微妙な断面のレベル差を活用した空間分節や住人同士のコミュニケーションも、とても効果的です。残念なのは、内部空間の表現です。パースや断面が弱い印象です。もっと内部のイメージを見てみたいと思いました。（萩原 剛）

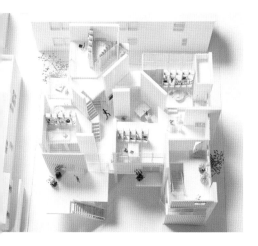

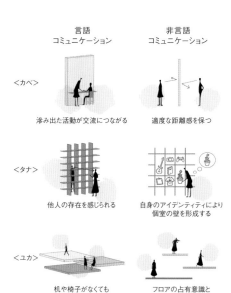

言語
コミュニケーション　　非言語
コミュニケーション

〈カベ〉

滲み出た活動が交流につながる　　適度な距離感を保つ

〈タナ〉

他人の存在を感じられる　　自身のアイデンティティにより個室の壁を形成する

〈ユカ〉

机や椅子がなくても会話がしやすい高低差　　フロアの占有意識と緩やかな空間分節

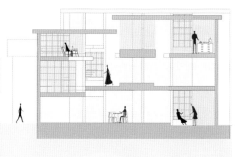

レベル差が生じることで無意識にフロアに対して占有意識を感じさせる。腰掛けくらいの高さのレベルに調節したり、天井高を変えたりすることによって好きな場所を選べる

---

東洋大学 理工学部 建築学科
2年生／建築設計製図II・課題3／2019年度課題

# 不純な住宅

**出題教員：篠崎正彦**

**指導教員：岡本和彦**

社会の変化を反映して建築のあり方も変化する。住宅についても核家族のための専用住宅としてだけでなく、多様な要求を満たすことが必要な住宅が求められるようになっている。本課題では、以下に示す、やや風変わりな「家族」が生活する場としての住宅を設計する。

本文で挙げた以外の詳細は各自で設定し、対応する建築的なプログラムとそれに基づく建築の形を提案することを要求する。生活の具体的な場面を想定しながら設計を進めていくことを期待する。また、前課題でも取り上げた構造や環境についても十分に配慮すること。

## 1、居住者およびその要求

亡くなったA の父から相続した土地（現況は駐車場）を売却や分割をせずに、相続した人たちおよびその血縁である以下の6人が住みながら活用することとなった。記載されていない各居住者の関係性については適宜想定すること。

A：男性(73)無職
B：Aの息子(43)会社員(理系専門職)
C：Bの妻(41)会社員(介護職)
D：BとCの娘(16)高校生
E：Aの娘(41)和食料理人
F：Aの孫娘(24)会社員(営業職、父はAの長男だが既に死亡)

※各居住者からは以下の要求が出ている。矛盾するものもあるが、全て叶えるようにする。表中の記号の意味は次の通り。

○：実現したいと強く思う、△：できれば実現したい、無印：希望なし。

| | A | B | C | D | E | F |
|---|---|---|---|---|---|---|
| 居住者が集まる | ○ | △ | △ | | △ | |
| 仕事・趣味のための自分専用の場所 | | ○ | ○ | ○ | ○<br>(自分の店を開く) | ○ |
| コレクションの展示または収納 | ○<br>(リトグラフ、全紙大30枚) | | ○<br>(子供向け絵本、300冊) | | △<br>(食器、和食膳40脚など) | △<br>(楽器、ギター10本) |
| 一人でくつろぐ | ○ | ○ | ○ | ○ | ○ | ○ |
| 思いっきり音を出したい | | | | ○ | | ○ |
| 家事を楽に | △ | △ | ○ | | ○ | |
| 老後の介護 | ○ | | | | | |
| 四季の変化を楽しむ | ○ | △ | △ | | ○ | |
| 家庭菜園 | ○ | | | △ | ○ | |
| 近隣とのつきあい | △ | | | | △ | |
| 友人を連れてくる | | | | ○ | | ○ |
| 住み続けたい | ○ | | ○ | | ○ | |
| 車・自転車 | 普通自動車1台、自転車3台(いずれも居住者全体で共用) | | | | | |

日常生活に必要な機能は備えること。各自が必要だと考える機能を付け加えても良い。延べ床面積は300㎡を上限の目安とするが、各自の設定により異なっても良い。

## 2、敷地

○駅前の商業地が閑静な住宅地に変化する所にある。周辺のコンテクストに配慮すること。
○面積：323.79㎡、第1種低層住居専用地域
○最高高さ：10m
○建ぺい率：60%(角地緩和により70%)
○容積率：150%
○構造・階数：自由
※その他にも多くの法的規制があるが本課題では考慮しないこととする。

---

**作品PR** この住宅は、自ら自分の居場所を選び、つながりたい人を見つけ、自己を開示していく。このストーリーが占有空間をつくる壁にもなり、共有空間に一人ひとりの拠り所をつくる壁にもなる。現代の個室は社会から拒絶された「個」の空間であり、さまざまな個人の活動を受け入れられる許容範囲の広さが、逆に、共有するという選択肢を狭めている。よって、自身が「個」として何を重要視するかを、空間を隔てる直接的な要素とすることで、社会に対する個人の領域を新たに定義する。共有することを暮らしの選択肢に組み込むことで、個人が社会に属する「個」に対して距離感を選んで関われる提案となっている。

# 東洋大学
## Toyo University

**ライフデザイン学部 人間環境デザイン学科**

---

2年生／人間環境デザイン基礎演習III ／ 2020年度課題

## 独立住宅（3世代1世帯）の
## 設計

**出題教員コメント** 本課題は、デザインを総合的に学ぶことを到達目標として、3つの小課題で構成しています。第1課題で住宅のキッチンをデザインし、第2課題で住宅を設計し、第3課題でその住宅の30年後を想定して、社会状況や家族構成の変化を踏まえた改修を行います。この一連の課題を通して、プロダクトから建築、さらに地域を視野に入れたデザインを学びます。併せて、時間軸を取り込んだ設計を行うことを意図しています。（仲 綾子 准教授）

# 稲葉 渉
## Inaba Wataru

2年（当年度課題）

## 住み続ける家
### 住宅設計とまちへと開く改修

**設計趣旨** 住宅を設計した後にその住宅の30年後を考え、改修するという課題。改修するにあたって減築を行ったが、住宅という愛着のある建築の減築がただ「実」を「虚」へとしてしまうもので良いのだろうか。本提案では一部を「半実体」として減築することで、かつてそこにあった空間の記憶を感じる場へと変容させつつも、住人が新たな体験を発見できるような過去と今をつなぐ住宅を計画した。

**指導教員コメント** 本作品は第2課題（住宅の設計）で、3つのRC壁を拠点に、住まい手がそれぞれの居場所を主張できる空間を構成している点で卓越していました。さらに第3課題（30年後を想定した改修）で、「住まい手が感じるこの家らしさ」の部分を残すという方針のもと、3つの壁と1階の床のかたちを残し、結果、かつての床が庭のテラスとなったことも相まって「空間はないけれども感じられる」構成としている点が高く評価されました。（仲 綾子 准教授）

東洋大学 ライフデザイン学部 人間環境デザイン学科 ｜ 稲葉 渉

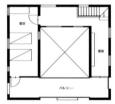

かつては直接行き来ができなかった西側と東側の棟をグレーチングのブリッジでつなぎ、2階に吹き抜けのある回廊型の平面へとプランを変更するとともに、眺望を確保することで住宅や街の新たな気づきを発見できる場所とした

中央の建物を減築し中庭を計画した。ただ建物を壊すのではなく、かつての空間をなぞることで、過去の記憶を思い起こさせる外部空間とした。また、東側の壁にプロジェクターを投影して住人の趣味である映画鑑賞を楽しむことなどができる

南面の壁をオフセットし、その間を外部化することで、以前はキッチンだった場所に壁に挟まれた隙間の中のテラスを設計した

2階平面図

1階平面図

A-A'断面図

B-B'断面図

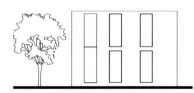

東側立面図

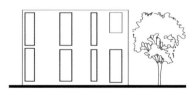

西側立面図

審査員コメント　最初の3世帯住宅の設計が、住人の生活習慣や居心地に合わせて3つのレイヤーで空間を分節するという、非常に明快なストーリーを描いています。それが功を奏し、レイヤーだけの骨格が、時が経っても形として残っている。欲を言えば、30年後に残したもの・壊れたもの・減築したものが図面上に表現されていると、説得力が増すように思いました。最初に設計された住宅の空間が、30年後は何に置き換わったのかがわかりやすく示されると良いですね。（萩原 剛）

かつての空間を感じられるような改修を行うにあたり、3つの壁の中央の壁にパンチングメタルを使用した。半実体的な要素を解体された壁に持たせ、「そこにはあるが、どこか消えて行きそうな感覚」を住人に抱かせるためである。また、内側の生活感を外に染み出させるとともに、住人の意識を外部に向けさせ、住宅だけでなく閉じた家に長く住んでいた住人を街へ開かせるきっかけとなる

## 第2課題の作品概要

高齢者、30代の夫婦、成長期の2人の子どもの3世帯のための住宅。住人の生活習慣がそれぞれ異なるため、お互いが自分たちの居場所を主張できるような空間が必要だと感じた。また、住人の生活において一人でいる時と、複数でいる時の空間を「一人の空間」と「集まる空間」に分類し、行為ごとに住人の居心地が最適化されるように計画した。敷地は整備された街区の住宅街の中にあり、住宅が密集しているため、南面は閉じて道路からの視線と強い直射日光を防ぐ。主な採光は3つの直方体をつなぐ間の空間を大きな光庭として、室内に柔らかい光を取り入れる。

1階平面図　　2階平面図

## 課題

東洋大学 ライフデザイン学部 人間環境デザイン学科
2年生／人間環境デザイン基礎演習III ／ 2020年度課題

# 独立住宅(3世代1世帯)の設計

出題教員：内田祥士、柏樹 良、仲 綾子

指導教員：内田祥士、柏樹 良、仲 綾子、小林進一、高橋直子、
　　　　　井上晃良、窪川勝哉、佐々木龍郎、船木幸子

本課題は以下の3つの小課題で構成されている。

●第1課題：キッチンのデザイン
一般家庭にある食器、カトラリー、調理器具の総量調査、調理家電、キッチン用設備機器の考察を踏まえ、4人家族のためのキッチンのデザインを行う。

●第2課題：独立住宅(3世代1世帯)の設計
平野歩氏(仮称。世帯主)は、昨年他界した父親の生命保険と、相続の過程の折に手放した実家の売却益を糧に、敷地を購入し、新しい我が家の建設を計画しています。歩氏のお母様は、実家の売却を余儀なくされた時点で、すでに住む家を失って歩夫妻と同居しています。一方、五月(仮称。施主の妻)さんの御両親は御健勝で、娘夫婦の家の新築を補助してくれることになっています。五月さんの御両親は、新しい家に特段の要求は持っていないとのことですが、歩氏は、五月さんの御両親の申し出に感謝しつつも、その額の大きさに、お母様ともども驚いている様子です。
したがって、家族構成は、平野夫妻に歩氏のお母様、それに小学校3年生と小学校1年生の男の子の5人からなる3世代1世帯の家族ということになります。平野夫妻が購入した土地は、練馬区東大泉にある現在駐車場になっている宅地で、選定基準は、都内23区内の典型的な戸建住宅地で、駅から徒歩10分程度、近くに公園があるところで、注文住宅が多く多少個性的な設計でも目立たないということなので、設計に際して、街並みや景観を重視しなければならない土地柄ではありません。敷地はこの住宅地の一角にある南北約15m・東西約10mの面積150m²程の土地で、前面道路(建築基準法第42条第1項第5号道路)は敷地の南側にあります。

●第3課題：「5人の閉じた家」から「2人の開いた家」へ
自宅を新築してから30年。歩は66歳、五月は64歳になった。当時小学校3年生と小学校1年生だった息子たちは、それぞれ39歳と36歳になり、郊外に自分たちの家庭を築いている。歩の母は、3年前に亡くなった。今、この家に住むのは歩と五月の2人である。使われなくなったスペースは、子どもたちが盆暮れ正月に孫を連れてくるので、しばらくそのままにしていたが、2人きりの生活はあまりにさみしい。そこで、今後の相談をするため、歩と五月は、30年前に自宅を設計した建築家である「あなた」と打合せを行った。打合せした結果、以下の3パターンを設定した。これらのうち、自分が最も関心があるものを選び、その内容に基づき改修案を提案すること。なお、3パターン以外にオリジナルの提案をしても良い。

1)地域に住んでいる人の溜まり場(コミュニティカフェ、放課後の学童など)
2)2人の趣味を生かしたスペース(料理、書斎、映画、音楽、模型など)
3)他人を受け入れる空間(Airbnb、ゲストハウスなど)

作品PR　この課題はまず3世帯住宅を設計してから、その住宅の30年後を考えて改修を行うというものである。私は改修にあたって減築をした。減築は世帯の縮小が進む日本において、今後とても重要になっていく手法だと思うが、どのように減築するか、跡地に何を設けるかによっては暴力的なものにもなってしまう。そこで、減築のあり方などを自分なりに表現したのが今回の住宅である。本作品では、住人がかつてそこにあった生活を「はっきりとは見えないけれどぼんやりとした記憶として感じられる」空間を目指したため、減築がもたらす更新と新しい空間の創出の力を最大限生かした「住み続ける住宅」となっている。

課題出題教員インタビュー

東洋大学 ライフデザイン学部 人間環境デザイン学科

# 仲 綾子 准教授

**課題名** 独立住宅（3世代1世帯）の設計

2年生／人間環境デザイン基礎演習Ⅲ／2020年度課題

仲 綾子／Naka Ayako
1993年京都大学卒業。1993～1997年環境デザイン研究所、2002年東京工業大学大学院修了 博士（工学）取得、2002～2006年仲建築研究所、2006～2009年厚生労働省、2009年～仲建築研究所、2014年～東洋大学准教授。

**人間環境デザイン学科の設計カリキュラムを教えてください。**

本学科は、プロダクトからまちづくりまで、ユニバーサルデザインを中心に幅広くデザインを学ぶことをコンセプトとしています。3年生以降、空間デザインコース、プロダクトデザインコース、生活環境デザインコースの3コースに分かれ、専門性を身に付けていきます。その前段階である1、2年生で必修としている科目が「人間環境デザイン基礎演習」です。Ⅰ～Ⅲまであり、1年生で履修するⅠとⅡは設計やデザインの技法、表現方法を習得することを目的としています。それを経て、初めて本格的に建築の設計に取り組むのが、2年生の春学期で履修する人間環境デザイン基礎演習Ⅲです。この科目は全15週、3つの課題で構成されています。最初の5週で住宅の設計、次の5週でプロダクトの課題としてその住宅に置く照明器具のデザイン、最後の5週でその住宅の30年後を設計するというものです。ただ、今回出展した稲葉渉さんの年度はコロナ禍のため全てオンライン授業となり、当時の状況下でどのようにこの科目へ取り組むか、教員も学生も大変苦労しました。教員側は、特にプロダクトの課題をどうするか悩みました。通常は、原寸大のものをつくることを目的に、学生へ実際に電球を配って照明器具のデザインをしてもらうのですが、オンラインではそれができない。そこで、今回は特別にキッチンのデザインを課題としたのです。自分の家のキッチンにある食器やフライパンのサイズを調べるなど身の回りのもののスケール感がわかり、結果的に良い課題になったと思います。2年生の秋学期では基礎演習から「総合演習」へと名前が変わり、3年次以降どのコースへ進むのか学生が見通しを持てるよう、各コースの色を出した課題をそれぞれ出しています。例えば2020年度は、空間デザインコースが「美術館の設計」、プロダクトデザインコースが「アイロンのデザイン」、生活環境デザインコースが「マイコンを使った高機能万歩計」を出題しました。

**今回の出展課題はどのような課題ですか？**

「『5人の閉じた家』から『2人の開いた家』へ」は、人間環境デザイン基礎演習Ⅲの第3課題で、30年後という時間軸を取り入れていることが特徴の1つです。出題のきっかけとして、生活環境デザインコースで行われていた車いすのワークショップがありました。学生が車いすに乗ってみて、他の人とすれ違うためには通路の幅はどの程度必要なのか、何気なく図面に描いた段差によってどのような苦労が発生してしまうのかを体感するのです。このワークショップでの経験を設計にも生かして欲しいと思うのですが、いきなり「車いすで暮らしやすい設計」と言っても学生はピンとこないかもしれない。そこで、設計課題へ時間軸を取り入れ、住人が年齢を重ねて車いすを使うようになるという具体的な状況を提示しました。改修パターンは、例に挙げたものでも、自分で考えたものでも構いませんが、詳細なストーリーを書き出してもらいます。これをビジュアライゼーション（視覚化）と呼んでいて、図面を単なる線の集合体にせず、人が建物内で活動しているシーンや、建物の中を風が通り抜ける

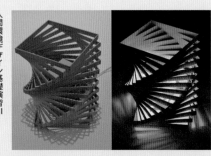

人間環境デザイン基礎演習Ⅲ
「照明」提出作品

シーンなどとつなげて考えることを目指しています。

　また、自分が一度描いた図面に対して手を加えようとすると、「どうして自分はこんな線を引いたのだろう?」と思うような、その線があるために改修がしづらい状況にぶつかることもあるでしょう。この経験によって、学生は1本の線に責任を持つようになります。実務では、その1本の線を変えるとなると、費用もかかるし施主の許可も必要となります。実際に建築を建てる意識で取り組むことができて、学生にとって気付きが多いようです。

　もう1つ、改修の際に減築を推奨し、減築で生まれた外部空間のデザインに取り組んでもらう点もこの課題の特徴です。社会が縮小していくなかでは、建築を新しくどんどんつくればいいというわけではなく、減築と、そこから生まれる新しい価値を考えていくことも建築家の仕事として大切です。2021年度からランドスケープデザイナーをゲストに招いて、より専門的な指導を目指しています。

　基礎デザイン演習Ⅲではこのほかにも、プロダクトデザイナーやインテリアスタイリストなど、3コースからさまざまなバックグラウンドを持った教員が集まり、指導にあたっています。社会に出たら、異なる分野の方と関わりながら仕事をする必要がありますから、自分の専門外となる分野の知識があると役立つでしょう。ですから、どのコースに進むとしても、一度は建築の設計をして、さまざまな立場の評価を聞くことのできる機会を設けているのです。もしデザインをする仕事に就かなかったとしても、例えば自分の子どもが通う保育園を選ぶ時に、施設の利便性だけではなく環境にも目を向けてみたり、プロダクトを買う時は単に安いからという理由だけではなく、自分の生活を豊かにするようなものを意識して手に取ったりと、「良き利用者」の目線を持ってくれたらと思います。

**学生への指導方針や講評の仕方について
教えてください。**

　住宅課題賞へ出展しているこの課題については、過去に出展した学生にSA(スチューデント・アシスタント)として参加してもらうことがあります。2021年度は、2019年の住宅課題賞で植田賞をいただいた日向野秋穂さんがSAで、自身の作品について語ってもらいました。学生にとって身近なモデルですから、大変参考になったようです。話を聞きたい学生が群がっ

SAとして日向野さん(写真左)が教員と鼎談

ていました(笑)。住宅課題賞を通じて、先輩から後輩へ経験が引き継がれていく流れができあがってきています。

　講評の仕方は、担当する教員によって変わりますが、私が担当する際は、優秀作品のほか、教員の個人賞も設けています。さまざまなバックグラウンドを持った教員が指導にあたるとお話ししましたが、異なる視点があって、いろいろな評価の仕方があるのだと学生に伝えたいからです。

　大学での課題提出から住宅課題賞までは少し時間があるので、出展する学生はブラッシュアップをして臨んでいます。稲葉くんもまた、私のもとへ質問に来ましたが、「どんどん変えてよい」とだけ伝え、自由に取り組んでもらいました。減築し、骨格だけを残した中央の棟の扱いにとても悩んでいたようです。結果として素材を変えるという手法を用いましたが、テラスを入れ込みながら改修前の3つのボリュームが持っていた表情を残していて、よく考えたなと感心しました。

**教員による「デザイン会議」について教えてください。**

　年に一度のデザイン会議を、本学科ではとても大切にしています。常勤、非常勤を含め、演習科目に携わる教員全員が参加し、各学年でどのような演習を行っているのかを共有しながら、「1年生のうちにやっておくべきこと」などの意見を出し合って、学年を縦断したカリキュラムを追求しています。1〜2年前から、モノだけではなくコトのデザインにも力を入れていこうと、ものづくり以外に調査・分析も重視した内容を取り入れているところです。キッチンをデザインする課題で、食器などを計測したことがその1つですね。東洋大学には建築学科もありますから、人間環境デザイン学科ならではのデザイン教育とは何かを考えた時に、プロダクト、まちづくり、ユニバーサルデザインというキーワードに、コトのデザインを加えて視野を広げていきたいと思っています。

# 日本大学
## Nihon University
### 芸術学部 デザイン学科

## 私の舎

**出題教員コメント** 所沢キャンパス近くの日時計公園に隣接した宅地を出題しました。まず実際に敷地を体感し周辺環境を五感で感じながら住宅のイメージをふくらませて欲しかった。モニターの世界から学生を飛び出させるためです。マニュアルでも手順でもない思考に触れながら、空間の身体性と創造性を実感させること。ドキドキ、ワクワクしながら空間をデザインする「楽しさ」をともに共有する課題でもあります。（熊谷廣己 教授）

## 浅見 駿弥
### Asami Shunya
3年（課題時は2年）

## 時を刻む家

**設計趣旨** 日時計の公園がある「時の広場」に住宅を考えるうえで、太陽と人の生活時間は深く関連付いていることに注目した。3階建ての住宅はフロアごとに役割を持たせ、役割に合った角度に建物をずらすことで、必要な時間帯に太陽光が差し込むよう計算して考えた。また、真南に位置する離れた壁は、建物全体への日時計としての役割があり、時間の経過とともに陰と陽をつくり出す。

**指導教員コメント** 敷地の内側だけを意識するのではなく、鳥瞰的に環境を捉え太陽の動きを住空間に応答させています。浅見くんなりの光、空間、生活を総合化する建築的初源であったようです。
目の前の成果を求めるのではなく、生活者としての思考を体現させること。彫刻的な形態を追うことではなく、居住者の生活の密度を高めることを学んだようです。コロナ禍の中で、一見逆境に思える状況を生かし、今後も誠実でダイナミックな建築的思考を手に入れて欲しいです。「伸び伸びと、そして　大胆に！自由に！」（熊谷廣己 教授）

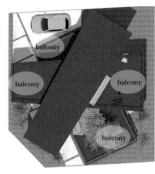

▲

中間領域としてバルコニーを4方向に設けた。各建物の角度に合わせてバルコニーの角度を変えており、日の当たり方や景色がそれぞれ異なる。バルコニー同士は視線でつながることができる

◀ 鉄筋コンクリート構造、埼玉県所沢市、敷地面積243.5㎡、建築面積145.43㎡、延べ床面積194.56㎡、容積率79.90%、建ぺい率56.44%

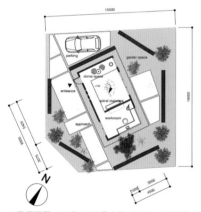

1階平面図。2・3階は壁を最小限に押さえ、建物自体を長方形ではなく台形にすることで空間に角度がつき、遠近法を利用した奥行きのあるような空間となる

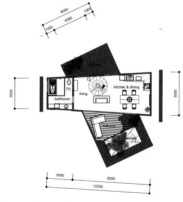

2階平面図

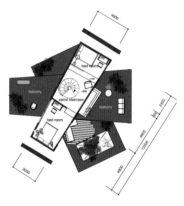

3階平面図

1階のワークスペースは植栽を介してプライバシーを確保。自然を多くして開放感を得られる作業スペースを設けている

2階のリビング＆ダイニング。壁で仕切らず、影の落ち方で空間を仕切るようにデザインした

3階ベッドルーム1

**審査員コメント**　建築のかたちに気を取られがちですが、プランニングも良くできています。近くの公園にある日時計に着目した点が面白い。日の移り変わりによる光の入り方の変化をシミュレートしている点が有効ですが、そこから一歩進み、自分が生み出した造形に外側からの視点を持てるとより良いでしょう。例えば、動線空間を内側だけで処理するのではなく、外側とつなげてみる。外部の視点が加わると、都市的な問題にも立ち向かえる提案になると思います。（原田麻魚）

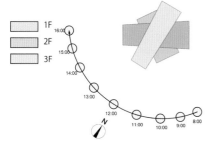

太陽の動き方。リビングは一番長く滞在するため、影になる時間が長いところに設計し、逆にダイニングは午前中に日が当たるように設計している

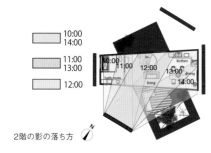

2階の影の落ち方

南東断面図

北東断面図

3階ベッドルーム2

## 課題

日本大学 芸術学部 デザイン学科
2年生／AD2年課題／2019年度課題

# 私の舎

出題教員：熊谷廣己

指導教員：熊谷廣己

建築を何から学ぶか？
建築初年の演習を受けた私への課題でもありました

旧前川邸で、空間と図面の関係を感じることから始めてみました
いつでも空間は図面を超えています
しかし、忘れてはならないのは空間も図面によってつくられる現実です
イメージの全てを図面に託す建築家の初源を考えさせられます

まったくハードな原寸攻めの住吉の長屋
教えるほうもハードでした（今年は立面をショートカットしました）
実際の安藤忠雄氏の図面での作図―価値があったと思います
意外に飄々としている君たちに助けられました
4年生の中には、京都研修で住吉の長屋詣をした学生もいたようです
建築と図面の関係性を学んでくれたようです

学生時代、建築家・前川國男のディスク廻りの空間に感動した
机の上に、「否定のための哲学」とかいう本が置いてあって――ドキドキしたのを覚えている
私と建築家との出会いでした
このコックピットみたいな空間で、前川は闘っているのだと実感した
この豊かな空間があるから、前川の建築があるのだとも感じた
闘いの後は、この空間で好きな音楽を静かに聴きながら羽を休めていたようだ
真の創造を果たす者には、このような空間が必要だと思う

前期のまとめとして、空間を思考するプログラムを創造的に体感して欲しい
ゼロベースから構想し、イメージを展開し、空間スタディ、図面化までの過程を学びます

大きさは求めない
目新しさや奇抜な形態も求めない
流行りものは腐敗する
あるがままの君自身の唯一無二の空間を探求して欲しい

建築とは教えられることだけでなく、自ら学んでいくことに本質がある
創造する喜びを感じながら、楽しんでください
後回しにせず、今、ここで、この瞬間に創造すること

### 1、設計条件
〇住まい内に光に応答する空間を創造すること
〇自分自身のアトリエを設け、身体に呼応する空間を捉えること

1）敷地は日時計広場を囲む宅地（必ず現地確認のこと）
2）規模は自由としますが、できるだけ小規模とします
3）構造は木造、RC造、混構造など自由

**作品PR** 「時」をテーマに、住人の動線と太陽の動きによってできる光と影を結び付けることに着眼点を置いた。フロアごとに角度をずらすことで、フロアにおける生活動線に合わせた採光を取り入れられる。光を取り入れるのが難しい1階に+αの要素として、ワークスペースを設け、光が入らない落ち着いた空間をつくる。2階には住民が生活するうえで最も集まるリビング＆ダイニングを設け、南側に角度をずらしてより多くの採光を取り入れた。また、離れにある南側の外壁に日が当たって室内に影が落ち、日時計のような、時間とともに変化する空間を設計。3階は寝室を設け、東側にずらすことで朝、室内全体に日が入り込む。

# 日本大学
## Nihon University
### 生産工学部 建築工学科 建築総合コース

3年生／建築設計V・第2課題／2020年度課題

## 集住体のデザイン
### 街に開く集住体——神楽坂の集合住宅

**出題教員コメント** 集住体のデザイン＝集まり住む暮らしのデザインとしてその価値を創造し、都市に暮らす人の多様な志向、ライフスタイル・サイクルに呼応し得るヒトの暮らしとマチの持続性を紡ぐ集住体を考えます。神楽坂駅前に位置し、周辺には多様な機能が建ち並ぶ、ゆるやかな高低差のある敷地です。時間の流れの中で培われてきた神楽坂としての個性と調和する「街に開く」集住体＝「住み開き」の暮らし、ヒト×活動×空間×時間が相互に浸透し合う、ともに住む暮らしのかたちの提案を求めています。
（北野幸樹 教授）

# 福屋 亮平
## Fukuya Ryohei

3年（当年度課題）

## 開くことで見えること

**設計趣旨** 趣味は人生を豊かにするために必要な要素である。そして、子どもから大人まですべての人が何らかの趣味を持っている。しかし、それらは共有されず自己で完結され発信されることは少ない。そこで、各住戸に展示室を設け住民は好きな時に自分の好きな趣味を少しだけ開く。趣味は住民同士だけでなく、街に開かれ新たな出会いや可能性を生む。そんな「趣味開き」ができる集合住宅の提案である。

**指導教員コメント** 神楽坂の路地空間に着目し、他者とともに自己表現し街に開く「表路地」、住まいとしてのたたずまいを持つ「裏路地」に整理し、路地相互を広場を介して交差させ周辺環境との新しい関わり方を問いかけています。街に暮らす、街と暮らす……その暮らし続ける意味を神楽坂の時間性・場所性と「趣味開き」による人と人、人と街の関係性を重ね合わせ、その相互浸透関係を集住体として具現化し、人・暮らし・街の持続性を示した意欲的な作品です。（山田祥裕 非常勤講師）

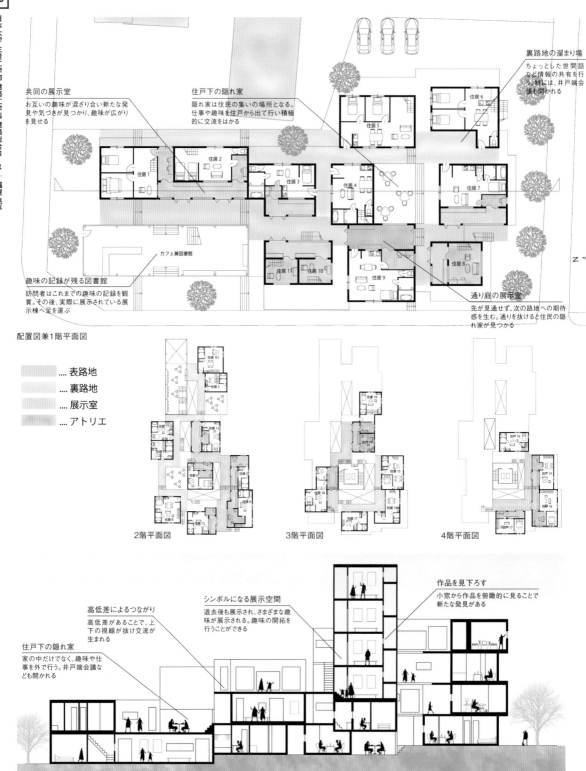

共同の展示室
お互いの趣味が混ざり合い新たな発見や気づきが見つかり、趣味が広がりを見せる

住戸下の隠れ家
隠れ家は住民の集いの場所となる。仕事や趣味を住戸から出て行い積極的に交流をはかる

裏路地の溜まり場
ちょっとした世間話など情報の共有を行う時には、井戸端会議も開かれる

趣味の記録が残る図書館
訪問者はこれまでの趣味の記録を観賞。その後、実際に展示されている展示棟へ足を運ぶ

カフェ兼図書館

通り庭の展示室
先が見通せず、次の路地への期待感を生む。通りを抜けると住民の隠れ家が見つかる

配置図兼1階平面図

..... 表路地
..... 裏路地
..... 展示室
..... アトリエ

2階平面図　　3階平面図　　4階平面図

高低差によるつながり
高低差があることで、上下の視線が抜け交流が生まれる

シンボルになる展示空間
退去後も展示され、さまざまな趣味が展示される。趣味の開拓を行うことができる

作品を見下ろす
小窓から作品を俯瞰的に見ることで新たな発見がある

住戸下の隠れ家
家の中だけでなく、趣味や仕事を外で行う。井戸端会議なども開かれる

西側断面図

**審査員コメント**　2種類の性格の異なる共用部を用いて全体を構成しており、代官山ヒルサイドテラスのようにさまざまなシークエンスが展開しています。ただ、違和感が2点あり、1点目はボリューム表現。キューブ状の住戸はボツ窓が並んでいるだけなので、キューブの表現にもう少し工夫が欲しい。2点目は中央にある展示塔。この提案のシンボルということですが、ギャラリースペースに階段が巻きついているだけに見えてしまう。象徴的なタワーが単なる象徴にならない仕掛けがあると良かったです。（古澤大輔）

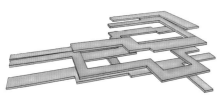

▨▨▨▨▨......表路地：訪問者が通る路地
▨▨▨▨▨......裏路地：主に住民が使う路地

集合住宅の路地は、展示室が立ち並ぶ路地（表路地）と玄関が立ち並ぶ路地（裏路地）がある。2つの路地は交互に重なり、訪問者と住民の交流を生む

壁で個人の居場所をつくる

開閉式の建具で展示室に招き入れる。リビングから覗き窓で展示室の様子を伺う

アトリエと展示室はカーテンで緩やかにつなぐ。展示室の声がアトリエに伝わる

趣味の記録を閲覧

住戸下の隠れ家

シンボルになる展示棟

裏路地から表路地を覗く

**課題**

日本大学 生産工学部 建築工学科 建築総合コース
3年生／建築設計V・第2課題／2020年度課題

# 集住体のデザイン
## 街に開く集住体── 神楽坂の集合住宅

出題教員：北野幸樹

指導教員：山田祥裕

─都市は常にその大半を住居によって特徴づけられている。住居は都市を構成する基本的要素である。（『都市の建築』アルド・ロッシ）─その集合体である集合住宅は都市の構成要素として最も重要な役割を担っていると言っても過言ではありません。そこで、集まって住むということの意味をよく考えてみてください。東日本大震災の後、地域のコミュニティや人とのつながりの大切さが見直されています。また個人の時間や家族、友人との豊かな時間を持つことと、仕事を充実させることが反目しない生活スタイルを求める人が増えてきているのではないでしょうか。加えて、少子高齢化や核家族化が著しく進行し、高齢者・単身者の増加、子育てへの不安、孤独死などが社会問題となり、従来の集合住宅の空間形式では対応できていない課題も多くあります。そのようななか、リノベーション物件を中心に、シェアハウス、シェアオフィス、小規模多機能空間などの家族や会社の単位ではない集住のあり方や空間の使い方も社会化されつつあります。そのような時代の変化、人々の多様化、社会的問題点などについて考慮しながら、これからの集合住宅としてどうあるべきか提案をしてください。

今回の敷地は神楽坂の駅前にある、もと新潮社の倉庫があった場所です。現在は隈研吾氏により「la kagu」という商業施設にリノベーションされています。敷地と道路の高低差を巧みに利用して自然と人の流れが施設へとつながる動線をつくり出しています。話題性も伴い、このあたりが活性化して来たと言ってもよいでしょう。そこで、今回の課題では「街に開く」集合住宅を設計してもらいたいのです。街に開くとは一様ではなく、商業施設の設置のみならず、居住者による「住み開き」ということを提案しても良いでしょう。住まうことの楽しさは建物の内部空間からのみ得られるのではなく、外部空間や周辺環境と関わりを持つことで生まれます。この敷地の特徴を最大限に生かした、魅力的な提案を期待します。

**1、敷地条件**
○敷地：新宿区矢来町
○敷地面積：約1500㎡
○用途地域：商業地域、建ぺい率80%、容積率500%
○近隣商業地域：建ぺい率80%、容積率400%
○その他：北西側道路との高低差、約3m

**2、計画内容**
○延床面積：1,000〜1,500㎡（提案内容による）
○階数：地上2階建以上
○住戸数：20戸程度（提案内容による）
○単身者、夫婦、夫婦＋子供1程度の家族を想定するが、集合のあり方によって想定すること。
○住戸規模：30〜90㎡程度（提案内容による。上記家族サイズや集合のあり方にふさわしい規模であること）
○駐車場：3台（居住者用）
○駐輪場：世帯分
○共用部分：エントランスホール、廊下、階段、エレベータ等、必要に応じ適宜設置。集合の在り方によって提案をすること。
○その他：提案内容により、店舗、事務所等、適宜設置。なお、独立した戸建住宅の集合体は不可とする。

**作品PR** 街に開く集合住宅にするため住戸の配置や動線から交流が生まれるよう工夫した。その際に神楽坂の特徴である路地空間に目を向けた。路地空間は大きく2つに分けられ、店が立ち並ぶ賑わいのある路地（表路地）と住宅が並ぶ閑静な路地（裏路地）があると感じ、2つを集合住宅に落とし込み交流が生まれる動線を考えた。展示空間が向かい合う路地を表路地、住宅の顔である玄関が立ち並ぶ路地を裏路地と定義した。表路地は訪問者を迎え入れることで活気のある空間となり、裏路地は住民同士の交流を生む閑静な空間とした。2つの路地を積み重ね生活空間と展示空間を上下でつなぎ、住民と訪問者の交流が生まれる。

# 日本大学
## Nihon University

生産工学部 建築工学科 建築デザインコース

2年生／建築設計演習Ⅰ・設計課題1／ 2019年度課題

## 8mキューブの空間

**出題教員コメント** デザインコースのオリジナル名物課題です。10年以上続きますが全く飽きません。詳細は2018年の本誌274、5ページに譲ります。5mや6mのキューブという課題はよく聞きますが、8mであることに意味があります。もちろん難しさは比べようがないはずです。学生に求めるのは建築がそれゆえに成立するところの秩序の発見です。単なる造形演習ではなく、現代の社会や建築に対する異議申し立てのような課題だと思っています。
（篠崎健一 准教授）

# 髙橋 和音
Takahashi Kazune

3年（課題時は2年）

## Inside Out

8m×8m×8mの立方体の中に「筒」という秩序で小住宅を設計する。長い筒、短い筒、太い筒、細い筒を組合せることで「内」と「外」がひっくり返ったような空間をつくる。

**指導教員コメント** 指導を通じて彼とは空間のクオリティーを共有してきたつもりですが、うたかたの夢だったかと指導を反省してもいます。8mの外殻や観念にとらわれ、彼のドローイングや模型は作品の本質から離れているようです。キューブとチューブという同質の空間が、ただ組み合わされる関係性の中に、幾つもの次元の異なる空間を生起させるという、柔らかさやわけのわからない空間の魅力が分断されてしまっているようで、仲裁を申したてたくなります。
（篠崎健一 准教授）

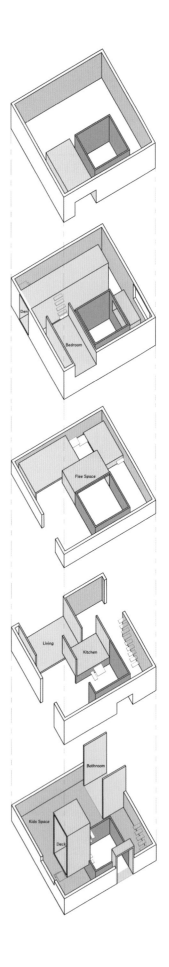

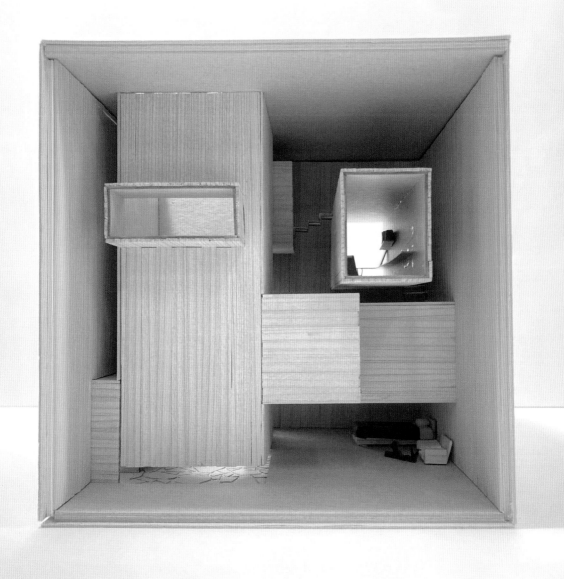

## ダイアグラム

1、3m×3m×8mの筒から4方向に外側に筒を差し込む

2、8m×8m×8mの筒から4方向に内側に筒を差し込む

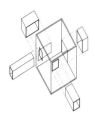

3、1を2に差し込む

4、筒を組み合わせることで、内側と外側がひっくり返ったような空間を生み出す

## ダイアグラムによって生まれる空間

a.「外の外」となる空間

b.「外の内」となる空間

c.「内の外」となる空間

d.「内の内」となる空間

## 平面図

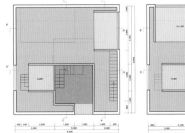

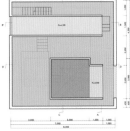
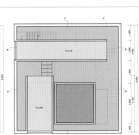

FL+1,000　　FL+2,000　　FL+5,000　　FL+6,000

## 断面図

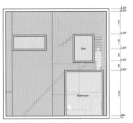

A-A´ Section　　B-B´ Section　　C-C´ Section　　D-D´ Section

光庭から差し込む光を感じるデッキ　明るさと暗さの両方が見えるリビングルーム　重なり合う筒の隙間で落ち着く空間　筒の壁に映る光のグラデーション

**審査員コメント** 住宅の設計というより、造形演習の意味合いが強い課題だと思いました。その場合、空間構成のダイアグラムや造形言語からスタディが始まることが多いと思いますが、ダイアグラムをつくるだけで満足せず、ダイアグラムをどのように空間にしていくかというスタディがとても重要です。その点、本案は丁寧につくられている。ダイアグラムはキューブの中に筒を入れる単純なものですが、複雑な空間を生み出しています。スケール問題に対してもしっかりスタディがされ、完成度を高めています。（伊藤 暁）

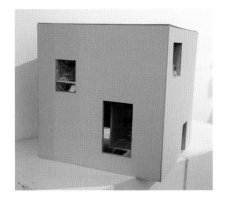

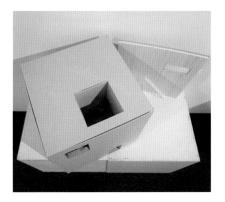

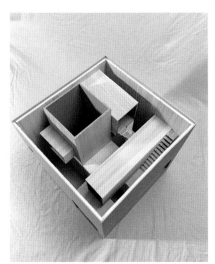

日本大学 生産工学部 建築工学科 建築デザインコース
2年生／建築設計演習Ⅰ・設計課題1／2019年度課題

# 8mキューブの空間

**出題教員：田邊 曜、篠崎健一、泉 幸甫**

**指導教員：田邊 曜、篠崎健一**

設計課題1では全9週にわたり、毎週毎週、課題を出します。通常課題出題後5〜6週の中間指導を経て、課題提出といったケースが多いのですが、この課題では建築の基本であるスケールや光、身体寸法、プロポーションなどなど、建築設計の基本的メソッドについて毎週課題を出します。
最終的には住宅の設計として課題を提出してもらいますが、最終的な成果物の提出に至る過程がこの授業では重要です。ですから、毎週要求された課題をきっちりとやり、少しずつ建築のメソッドを身につけてください。

**1、今週の課題**
8m×8m×8mのキューブの中に抽象的空間のモデルを5個つくる。
その空間を構成するための手法
○立体を挿入する
○面（壁）を挿入する
○線（柱）を挿入する
○穴（窓、ドア）をあける
○段差（水平方向に、垂直方向に）を付ける、吹き抜けを付ける、回遊する……
　　空間の中で行き来できるように開口や階段を設ける
　　模型の素材：水平方向（床）は1cm、垂直方向（壁）は5mmのスチレンボード

※日本大学 生産工学部 建築工学科 建築デザインコースの課題出題教員インタビューは本書バックナンバー「JUTAKUKADAI07」P.274を参照（泉幸甫・篠崎健一「8mCUBE−8m立方の、ある一つの秩序を持った住宅空間を設計する」）

**作品PR** さまざまなパターンの秩序でスタディを重ねていき、最終的に4方向に筒を入れ込み、組み合わせるという単純な秩序で空間を構成した。筒の長さや大きさに対比をつけることで、そこで感じる感覚が時間によって変化することや、内部だが、外部空間のような開放感があることなど、空間を体験する人が「内」と「外」の境界の曖昧さを実感することができる。また、外壁が連続して内部に入り込んでいくことで、より「内」と「外」の関係を中和させている。1つの秩序で8mキューブの空間内にさまざまな居場所をつくり出している。

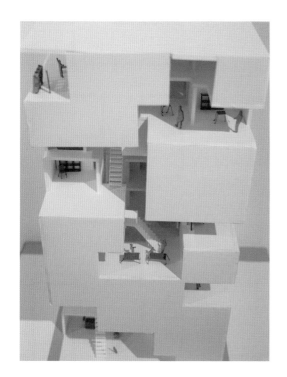

# 日本大学
## Nihon University
### 生産工学部 建築工学科 居住空間デザインコース

3年生／建築設計Ⅵ（居住）・集住デザイン演習／
2019年度課題

## 都市の集合住宅＋α

**出題教員コメント** 都心の新宿御苑の周囲には、低層住宅地や中層・高層住宅、オフィス併用、簡易宿泊宿密集地、JRや地下鉄に近い商業地域など多様な地域が接しています。加えて御苑側も鬱蒼とした森や小川や散策路といった多様な場所があり、それらと住み使う人たちとの関係を考えて集住をデザインする課題です。現地調査、地域の特徴、住民の集まり方、要求されるユニットなどを調べ段階的に形にしていきます。
（山中祐一郎 非常勤講師、渡邉 康 教授）

# 厚澤くるみ
## Atsuzawa Kurumi
4年（課題時は3年）

## 学ぶ、見守る

**設計趣旨** 新宿には子どもたちの学びの場がなく、待機児童が問題としてある。新宿御苑というのどかで伸び伸びと育つことができる場所に大人たちの仕事場と子どもたちの学ぶ場がある集合住宅を提案する。子どもたちは大人たちが仕事をしているかっこいい姿を見て将来の夢を考えるようになり、大人たちはキッチンや仕事場から子どもたちを見守り、時には自分の仕事をたくさんの人に知ってもらう機会を得ることができる。

**指導教員コメント** オフィスと住居をホラクラシーに配置し、ポーラスな形態の内側に生じる空洞にはパブリック（遊び・学びの場）をあて、子育てや職住近接という身近な課題を解決しようという提案。積み上げられた空洞が導く空間体験が、生活や仕事の環境として豊かさを創る可能性を推したいです。（山中祐一郎 非常勤講師）

日本大学 生産工学部 建築工学科 居住空間デザインコース｜厚澤 くるみ

6階平面図

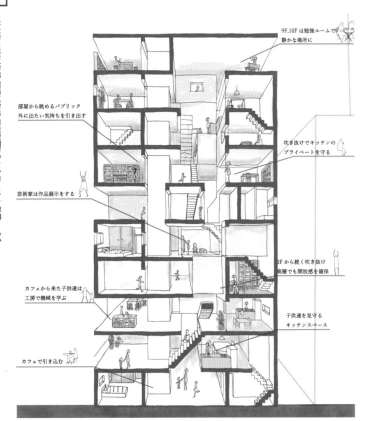

9F,10F は勉強ルームで静かな場所に

部屋から眺めるパブリック 外に出たい気持ちを引き出す

吹き抜けでキッチンのプライベートを守る

芸術家は作品展示をする

3F から続く吹き抜け 高層でも開放感を確保

カフェから来た子供達は工房で機械を学ぶ

子供達を見守るキッチンスペース

カフェで引き込む

オフィスとパブリックスペースを行き来可能にし、さらにキッチンから子どもを見守ることができる形となっている

5階平面図

パブリックから見た集合住宅　　キッチンから見た集合住宅

4階平面図

1階平面図　　　　　　　　2階平面図　　　　　　　　3階平面図

審査員コメント　インドのムンバイにある、チャールズ・コレア設計の集合住宅「カンチャンジャンガ・アパートメンツ」を彷彿とさせる造形が素晴らしい。さらに、ボイドが螺旋状に展開していく点が個性を生み出しています。ボイドの部分だけ取り出して、1/30くらいの模型で改めてスタディしてみると、空間の内外の繊細な関係を発見できるのではないでしょうか。壁と壁が点で接しているディテールは、ポルトガルやスペインの建築には意外とよく見られるのですが、そこへ自然に到達している点も良い。（萩原 剛）

10階平面図

9階平面図

8階平面図

7階平面図

**課題**

日本大学 生産工学部 建築工学科 居住空間デザインコース
3年生／建築設計Ⅵ（居住）・集住デザイン演習／2019年度課題

# 都市の集合住宅＋α

出題教員：山中祐一郎、渡邉康、中川エリカ

指導教員：山中祐一郎、中川エリカ

集まって住むことについて複数の観点から考える。
集まって住むための建築環境を計画するにあたって必要な要素を理解し、提案する。

**1、敷地**
新宿御苑に面した周辺から選定する。

**2、規模**
居住者数：30〜50人を想定。

**作品PR** 全ての階にパブリックを設けたが、下の階は賑やかに、上の階になるにつれて静かに仕事や勉強ができるよう考えた。住む人や仕事内容を事前に考えて設計をしたため、全ての住居が違う形になっている。キッチンや仕事場以外の部屋はプライバシーを確保しつつ、子どもたちの集まるパブリックを眺めることができる。子どもたちも仕事場を眺めることができ、大人たちはそれに応える形で仕事をすることができ、子どもも大人もともに成長できる空間をつくった。エレベーターだけではたどり着けないパブリックもあるので、階段を登り降りし、迷路のように楽しみながらいろいろな仕事場を学ぶことができる。

# 日本大学
## Nihon University
理工学部 建築学科

3年生／建築設計IV／2020年度課題

## 代官山コンプレックス

**出題教員コメント** 本課題では、設計の必修科目最後の課題として、半期をかけて複合建築の設計を行います。これまで取り組んできたさまざまなビルディングタイプでの学びを統合し、複数の機能が複合・積層された建築について、ゾーニング、動線計画、プランニング、構造計画などを調整・デザインし、1つの建築として設計をまとめ上げ、成果物を制作することの修得を目的としています。（佐藤光彦 教授）

**🏠 原田賞**

# 伊藤 茉奈
### Ito Mana

3年（当年度課題）

## 重なる3つの世界

**設計趣旨** 佇んだり寄り道してみたり、代官山の散策性を踏襲した高い自由度を有する人工地盤を積層させ、機能が異なる3つの世界をつくり出す。境界でありながら境界ではない二面性を持つこの人工地盤は、地盤を介する地下住宅や、欠けた地盤からの視線や音のつながりなど、区分されながらも人工地盤が存在することによる多様性と適度な距離感を保っている。

**指導教員コメント** 2層の人工地盤により、代官山のまちなみのスケールや空間性を引き継ぎながら、新たな生活の場となりうる環境を提案しています。1層目は旧山手通りから自然に引き込まれるような、回遊性のある分棟の商業施設であり、3層目は低層の集合住宅となっています。最も提案性があるのは、2枚の人工地盤に挟まれた2層目で、SIのシステムを導入しつつ、これからの都市生活の実験場のような提案がなされており、意欲的で完成度の高い設計です。（佐藤光彦 教授）

原田賞｜日本大学 理工学部 建築学科｜伊藤 茉奈

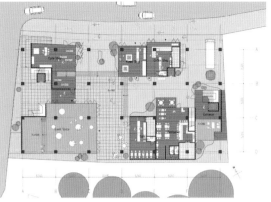

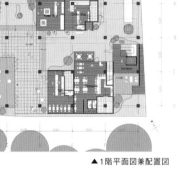

▲1階平面図兼配置図

▲3階平面図

## 商業計画

槇文彦による「ヒルサイドテラス」踏襲を行い（みち空間、中庭、旧山手通り側の角度、テナント・ギャラリー、オープンスペースの位置、通り抜け・周遊性・回帰性、地階・地上レベルに店舗）、旧山手通りを中心に代官山がつくり上げてきた街並みの秩序を守る

▲2階平面図

## 住戸計画 01

代官山の街並みを踏襲しながら、これからの変化にも対応していくことで、その都度最適な空間をつくり出すことができる。スケルトン・インフィルを用いることで地盤との関係性を意識しながら生活スタイルに応じてカスタムでき、住民の変化や四季の変化でファサードは変化していく

▲4階平面図

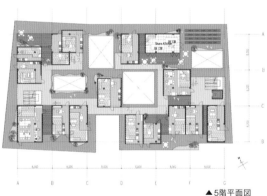

▲5階平面図

## 住戸計画 02

集まることで生まれる小さなコミュニティを育めるよう、住戸は開放的なガラス扉とし、土間空間でのアクティビティが伺える。地盤での表出が生まれることで独自のファサードができ、コミュニティを生むきっかけとなる。3層目の地盤は居住者同士のコミュニティ促進のための地盤である

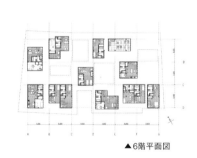

▲6階平面図

RC造、地上6階地下1階。建築面積1,073㎡、建ぺい率69.7%、延床面積3,912㎡

| 審査員コメント | 断面で見ると、メガストラクチャーに細かく弱いストラクチャーが絡んでおり、このような考えはプロトタイプ化するかもしれないと思いました。ダブルスラブによる設備関係の処理も良く考えています。生活に必要なインフラを人工的な | ラーメングリッド、内部はサブ的な構造とすることで、生活スタイルに応じて変化していく、「住み込んでいく」ことが考えられている。都市部に住む際の土地問題にも踏み込める可能性を感じました。模型も非常に美しく、隅々まで良く考えられています。（原田麻魚） |

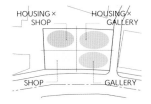

HOUSING × SHOP　　HOUSING × GALLERY

SHOP　　　　　GALLERY

敷地周辺のリサーチから、敷地を4つにゾーニングする

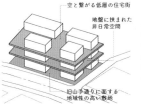

空と繋がる低層の住宅街

地盤に挟まれた非日常空間

旧山手通りに面する地域性の高い敷地

人工地盤によって横方向にもつながりを持たせる。それぞれが特徴を持ち、3つの異なった世界が誕生する

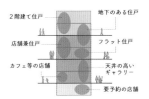

2階建て住戸　　　地下のある住戸

店舗兼住戸　　　フラット住戸

カフェ等の店舗　　天井の高いギャラリー

要予約の店舗

地盤を介すことによって使い方の幅が広がる

建物の周囲にエキスパンドメタルのパネルを設け、景観を整える。また道路からの視線を遮ると同時に風通しも確保する

**課題**

日本大学 理工学部 建築学科
3年生／建築設計IV／2020年度課題

# 代官山コンプレックス

出題教員：今村雅樹、今村水紀、永曽琢夫、木島千嘉、小泉雅生、
佐藤光彦、篠崎弘之、武富恭美、塚田修大、野島秀仁、
馬場兼伸、廣部剛司、古澤大輔、寶神尚史、水野吉樹、
山中新太郎

指導教員：佐藤光彦

集合住宅と商業施設の複合施設を設計する。
設計対象敷地のある代官山は、1967年から30年以上にわたって建設されてきた「ヒルサイドテラス」（槇文彦）により、住居と商業が混在する新たな都市文化の場として、街の性格が形成されてきた。
優れた先例から学びつつ、豊かな都市生活の舞台となる複合建築を設計することを目的とする。またこれまでの課題で扱ってこなかった「集合住宅」部分の設計についても重視する。
リサーチ／計画と設計／詳細設計とプレゼンテーション、の3段階のフェーズそれぞれで提出・評価を行う。

### 1、敷地条件
○東京都渋谷区猿楽町・目黒区青葉台
○敷地面積：1,540㎡
○用途地域：第二種中高層住居専用地域
○建ぺい率：70%（60%＋角地緩和10%）
○基準容積率：300%
○準防火地域、第三種高度地区
○最高高さ：20m
○延床面積：床面積を容積率250%以上確保すること（共用部は面積に含めるが、駐車場は含めない）
○構造・階数：自由
○用途：集合住宅、店舗（展示やイベントなどを開催できる100人程度が集まれるスペースも計画する）
○住戸数：20〜30戸（3タイプ以上）
○住戸面積：70〜100㎡（1LDK から3LDKまで）
○住戸総面積：2,000㎡以上（共用部は含めない）
○駐車場台数：6台程度（搬入車両用と身障者専用を含む）

※日本大学 理工学部 建築学科の課題出題教員インタビューは本書バックナンバー「JUTAKUKADAI08」P.194を参照（佐藤光彦「代官山コンプレックス」）

**作品PR**　人工地盤により生み出される3つの世界と多様な空間からなる集合住宅を提案する。東京都代官山の一角を計画敷地としており、敷地北側の旧山手通りはヒルサイドテラスを筆頭に代官山の街づくりにおける秩序が形づくられてきた。代官山では「散策」を目的に足を運ぶ人が多いのではないだろうか。流行りのカフェに行ってみたり、住宅街をあてどなく歩いてみたり……。そこで私は、今の代官山らしさを踏襲しながら、人工地盤により建物全体の散策性を高めることを試みた。性格が異なる3つの世界で各々の居場所を見つけ、代官山の散策文化を味わえる、そんなコンプレックスを提案する。

# 日本大学
## Nihon University
理工学部 海洋建築工学科

2年生／デザイン演習II・第2課題／2019年度課題

## 地域とつながる 都市型集合住宅

**出題教員コメント** 海洋建築工学科では、水辺を敷地とした設計課題に取り組んでいます。近年の集合住宅は、単に居住のみの機能で形成されているのではなく、地域へと開かれた在り方について求められています。また、社会として「共有」の在り方に関心が大きくなってきています。そこで、住宅で暮らす人々同士、さらには地域住民や来訪者とのコミュニティを生むような、公共性を帯びた、これからの集合住宅の在り方の提案を求めました。
（桔川卓也 非常勤講師）

# 川内 俊太朗
## Kawauchi Shuntaro
3年（課題時は2年）

## 公園を望む働き人の家

**設計趣旨** クリエイターのために設計されたこの住宅は、彼らの創作スペースと一体のシェアオフィスから構成されている。シェアオフィスを設置することで外部から来る人間との交流が促され、新たなアイデアやビジネスが生まれる。1階に店舗としても利用できるフリースペースを設けることで、新たなアイデアやビジネスを地域に発信し、地域そのものを盛り上げていけるのではないかと考えた。

**指導教員コメント** 職住が密接につながり、場の重なりを適度な距離感を持って構成することで内外がゆるやかに連続し、地域との接点となる場の魅力を思考しながらこの街に相応しい生活の場所を見出そうとする熱意ある提案を評価しました。（小野和幸 非常勤講師）

日本大学 理工学部 海洋建築工学科 ― 川内 俊太朗

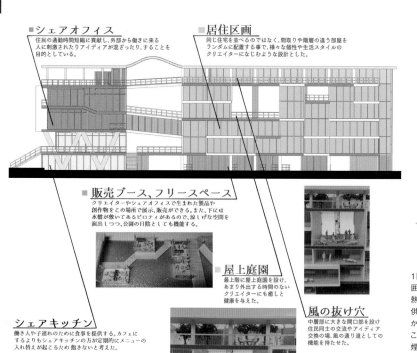

**■シェアオフィス**
住民の通勤時間短縮に貢献し、外部から働きに来る人に刺激されたりアイディアが混ざったり、することを目的としている。

**■居住区画**
同じ住宅を並べるのではなく、間取りや階層の違う部屋をランダムに配置する事で、様々な個性や生活スタイルのクリエイターになじむような設計とした。

**■販売ブース、フリースペース**
クリエイターやシェアオフィスで生まれた製品や創作物をこの場所で展示、販売ができる。また、下には水盤が敷いてあるピロティがあるので、涼しげな空間を演出しつつ、公園の日陰としても機能する。

**■屋上庭園**
最上階に屋上庭園を設け、あまり外出する時間のないクリエイターにも癒しと健康を与える。

**シェアキッチン**
働き人や子連れのために食事を提供する。カフェにするよりもシェアキッチンの方が定期的にメニューの入れ替えが起こるため飽きないと考えた。

**風の抜け穴**
中層部に大きな開口部を設け住民同士の交流やアイディア交換の場、風の通り道としての機能を持たせた。

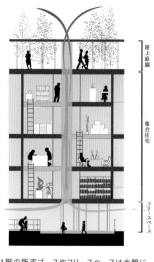

1階の販売ブースやフリースペースは水盤に囲まれている。公園から吹く風が水盤の気化熱で冷やされ、各部屋に適したシャフトにより供給され、クリエイターのパソコンなどの機器から放出される温められた空気を外に逃がすことができる。温められた空気は屋上庭園の煙突から上層に流されるため、理想的な空気の循環を生む。シャフトはガラス製のため、孤独になりがちなクリエイターでも隣の光を感じたり、部屋の中に光を取り込んだりすることができる

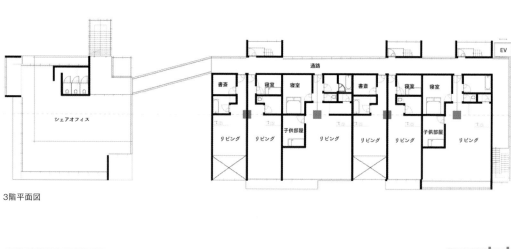

3階平面図

1階平面図

シェアオフィスに　　　集合住宅に住む
集まる周辺住民　　　　クリエイター

新たなアイデアや製品。シェアオフィスには周辺から多くの
人が集まる。ここに住むクリエイターはシェアオフィスを利用
し、今まで関わることのなかった業種や方向性の人と一緒に
仕事をすることで、新たな発想や創作ができるのではないか
と考えた。新たな創造を発信する場所として、1階のフリース
ペースの中に販売や展示ができるブースを設けている

敷地は東京メトロ東西線、門前仲町駅から徒歩5分の
牡丹町公園の一部で古石場川親水公園に面してい
る。このエリアは荒川堤防決壊時に3m以下の浸水が
予想されるため、1階部分にピロティを持たせたフリー
スペースを計画し、2階以上に住宅を配置する

**課題**

日本大学 理工学部 海洋建築工学科
2年生／デザイン演習Ⅱ・第2課題／2019年度課題

# 地域とつながる都市型集合住宅

出題教員：新田知生、桔川卓也

指導教員：小野和幸

本課題は、古石場川親水公園沿いの敷地に、都市との関係性を配慮して集合住宅を計画するものである。敷地は門前仲町駅から徒歩2、3分程の住宅エリアに位置する。門前仲町は、深川不動尊や富岡八幡宮の門前町として古くから賑わいある街として発展をしてきたエリアである。さらに広域の視点でみると、北側の清澄白河エリアは、アートギャラリーや話題のコーヒーショップに人々が集まり、新たな文化圏が形成されつつあり、下町のストリート文化が形成されている。ライフスタイルの変化により、集合住宅は「街へ開かれていくスタイル」へと変わりつつあり、住人と地域の人々の交流の場としても活用され始めている。本設計課題において、下町情緒ある都心の住宅エリアにおいて、そこで暮らす人々と地域の人々が自然と交流できるような魅力的な都市型の集合住宅の提案を求める。

計画に当たっては、特に以下のことに配慮すること。
1) 第1課題「街のアートミュージアム」のパブリックスペースと本計画のつながりに配慮すること。
2) 住戸と親水公園との関係性、共用部と親水公園との関係性をそれぞれ考慮すること。
3) 各住戸のターゲットは、ファミリー層、単身者など自由に想定して良いものとするが、住まい手のイメージを具体的に想定し、ライフスタイルに合わせた住戸計画を行うこと。
4) 接地階の提案として、居住者間の交流や、居住者と地域の人々が自然と交流できるような公共空間（カフェやコワーキングスペースなど）を計画すること。
5) 住戸の提案として、これからの住まいにおける「共有のあり方」を提案すること。

**1、計画敷地及び周辺条件**
○計画地面積：2,108㎡　○住所：東京都江東区牡丹町
○準工業地域、建ぺい率60%、容積率300%、防火地域
○電気・ガス・上下水道などは整備されている。また、地盤は良好である。
○現存する敷地内の建物は、更地として計画する。

**2、計画建物設計条件**
○鉄筋コンクリート造（一部鉄骨可）、地上3階建て以上5階建て程度までの中層集合住宅とする。　○総戸数は20戸以上、1戸の床面積は50〜75㎡程度とするが、入居者の設定によって適切な床面積と間取りの提案は可である。　○住戸形式はフラットタイプ（1層住戸）のほか、メゾネットタイプ（2層住戸）、トリプレットタイプ（3層住戸）等、立体的な住戸形式としても良い。（住戸内に吹抜けなどを設けることも可）　○接地階の提案として、居住者間の交流や、居住者と地域の人々が自然と交流できるような公共空間（カフェやコワーキングスペースなど）を計画することで、入居者同士の交流や、広く地域に開放できる利用方法を提案すること。面積に関しては、提案する機能に応じて適宜計画すること。第1課題「街のアートミュージアム」のパブリックスペースや親水公園との一体的な利用に配慮することが望ましい。　○共用エントランスには、メールコーナー（集合郵便受け、宅配ロッカー）を設ける。　○共用部として、管理員室・ゴミ保管庫・ポンプ室などを設ける(それぞれ、10㎡程度とする)。　○バリアフリーに配慮し、エレベーターを必ず設置する。　○延床面積を算定すること。外気に有効に開放され、屋内的用途に供しないピロティ・バルコニー・吹きさらしの共用廊下・屋外階段などは延床面積に算入しなくて良い。

**作品PR**　この集合住宅には、海洋建築工学科らしい要素を組み込みたいと考え、1階を水盤の上に配置した。公園とつながったパブリックスペースや、煙突効果として住宅内から熱気を放出する役割がある。計画としては、クリエイターを対象とした住宅になっており、さまざまな規模や家族構成に柔軟に対応するために大きさの異なる部屋が準備されている。また、彼らの創作意欲向上のために集合住宅にさまざまな機能を持たせた。クリエイター自身の成長や地域の活性化を願って設計したので、ぜひ自分がクリエイターになったつもりでこの住宅を観察してみて欲しい。

# 日本工業大学
## Nippon Institute of Technology

**建築学部 建築学科 建築コース**

1年生／建築設計Ⅰ／2019年度課題

## 宮代町の小さな家

**出題教員コメント** 埼玉県宮代町は、東京まで電車で30分程の通勤圏でありながら、農業を大事にしている街です。この土地に魅せられて、都心から移住を決めた4人家族が、畑つきの小さな戸建住宅を建てる課題としました。地域住民とのほど良い交流スペースがテーマとなります。この建て主の幸せな暮らしを実現する小さくとも楽しい家を空間化してもらいたいと考えました。（吉村英孝 准教授）

# 梅田 茜
## Umeda Akane

2年（課題時は1年）

## 夜半のはなあかりの家

**設計趣旨** 敷地には、大きな桜の木があり、周りが開けているので家のどこにいても自然を感じられる住宅を提案した。台所を1階の中心に配置することで、春は桜の木の下でお花見をしたり、夏は畑で育てた野菜を食べたり、秋は紅葉や月を見たり、冬は雪や星を見たり、季節ごとの自然を感じることができる。好きな所で好きな景色を見ながら自然を感じる、心の豊かさを育てることができる住宅である。

**指導教員コメント** 郊外における住宅の可能性と軸組模型などを通してどのように建築化するかが求められる課題です。梅田さんは次々と出てくる問題に挑み続け、建築に向き合い続けた姿が印象的でした。その結果できた計画は、未熟な部分はあるものの全ての場所に人間の営みが感じられる活き活きとした住宅になりました。一見、派手な計画なように見えるが実は繊細につくられており、つくることに向き合ったからこその強さも併せ持つ住宅です。
（三家大地 非常勤講師）

2階から屋根を見上げる

◀ 敷地案内図

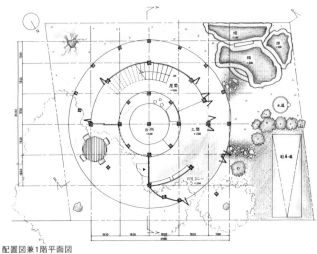

配置図兼1階平面図

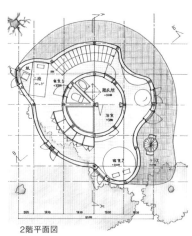

2階平面図

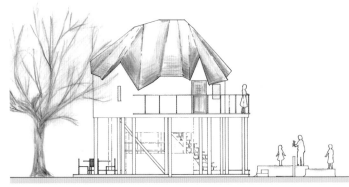

北西立面図

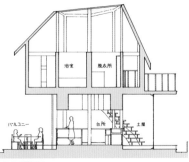

B-B'断面図

審査員コメント

非常に自由な造形で、のびのびと制作しています。審査の時、1年生ならではの自由さがあると思って見ていたら、隣に軸組模型が展示されていて驚きました。自由な造形を、どのように現実に建ち上がらせるかを考えている姿勢が素晴らしいです。単純に形遊びをするのではなく、建築に近づけようとしている。これは彫刻ではなく建築であるという強い意志を、軸組模型とのセットから感じました。（伊藤 暁）

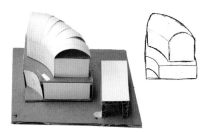

桜と接する面積を増やすため、1/4円から3/4円にした

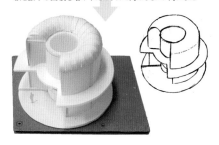

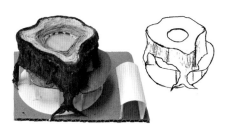

抽象化

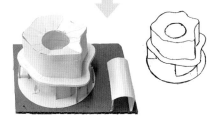

形を整えて屋根の形を有機的に

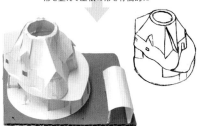

日本工業大学 建築学部 建築学科 建築コース
1年生／建築設計Ⅰ／2019年度課題

# 宮代町の小さな家

出題教員：吉村英孝、西本真一、佐々木誠、安野 彰、工藤良子、
　　　　　倉林貴彦、小林佐絵子、比護結子、平林政道、三家大地

指導教員：佐々木誠、比護結子、三家大地

宮代町は、東京都心まで1時間弱で通うことのできる通勤圏でありながら、農業を大事にしている珍しい街です。新しい住宅地も増えていますが、昔ながらの土地を守るといった考え方の人々と、土地は買うものといった新しい考え方の人々も、お互いにバランスをとって、それなりにうまく共存していかなければなりません。今、この土地に魅せられて、都心から移住を決意した4人家族が、畑つきの小さな家を建てようと計画しています。

建て主からの大きな要望は次の4点です。
・個室は要らないが、寝るところにはそれなりの距離感を保ちたい。← 少なくとも親子の距離感
・広い土間と見晴らし良い場所が欲しい。← 2階建て
・雨や風、自然を楽しみたい。← 木々も、土も、生き物も
・少しだけ畑をして、生育と収穫を楽しみたい。←日当たりの良い小さな畑

言葉で整理すると、このようになりますが、建て主は建築の専門家ではないので具体的にどのような空間なら良いのか想像できません。また、建て主は広く大きいことが贅沢だとは感じておらず、狭く小さいながらも豊かに暮らすことができるはずだ、という信念をもっています。
その夢の暮らしの実現のために、建て主は、これから建築人を目指すみなさんに、少なからぬ期待をして設計の依頼をすることにしました。たくさんの先例から学んだうえで、若い感受性でよくよく考えて、この建て主の幸せに満ちた暮らしを実現する小さくとも楽しい家を提案してください。

## 1、設計するうえで守らなければならない要件
○家族構成：4人であれば、自由に設定して良い。考えられない場合は、各クラス担当教員の指示による。
○延べ床面積：80㎡程度（1割の増減まで認める）
○階数：2階建て
○構造：木造
○屋根形状：必ず勾配屋根とすること（木造では一般的に防水の観点から陸屋根は避ける）。
○法的制限：今回に限り、特に設定しない。
○外構 ： 日当たりの良い畑を設けること。必ず1台分の駐車スペース（2,500mm×5,000mm）を設け、仕上げも工夫すること。玄関までの動線や、庭がどのような仕上げや植栽なのかがわかるように描くこと。
○敷地 ： 指定した2つの敷地から選択すること。それぞれ必要な情報は、実測すること。農業用水路には、必要な幅（2m以上）の橋をかけること。

※日本工業大学 工学部 建築学科（現、建築学部 建築学科）の課題出題教員インタビューは本書バックナンバー「JUTAKUKADAI06」P.242を参照（小川次郎「賄い付き下宿・再考」）

**作品PR** 1階が開放的で外に向かって開いているため、2階は閉鎖的でプライベートな空間にした。2階の壁面にある窓は風を取り入れて景色を見るためであり、中央にある天窓で光を取り入れている。昼頃になると屋根を伝って日の光が広がり、夜には寝室から夜空を見上げることができる。2階は、壁で区切って個室をつくるのではなく、壁を湾曲させることで空間を緩やかに区切り、家族の存在を感じることができる空間にした。また、屋根裏の木造軸組を見せることでぬくもりを感じられるようにした。1階と2階は対照的な空間だが、どちらも回遊性を持たせ、1階が円で統一されているのに対して2階は自由な構成にした。

# 日本女子大学
## Japan Women's University

**家政学部 住居学科**
**居住環境デザイン専攻・建築デザイン専攻**

2年生／建築設計Ⅰ・第2課題／2019年度課題

## 街とくらす集合住宅

**出題教員コメント** 街との関係をつくる住まいを考えること、集まって住まうことの意味を考えて欲しいことから、街にでにではなく「街とくらす集合住宅」という課題名としています。ひとたびドアを閉めると孤立しがちな大都市の中で、個を保ちながらも都市とつながりを持つ家は可能なのか。一つひとつ独立した建物の集合体として構成されている東京という都市の中で、「住宅」という生活を主体とした要素の集まりが街に変化を生むにはどうしたらいいか。代官山の敷地を題材に考える課題です。（宮 晶子 准教授）

## 小口 真由
Oguchi Mayu

3年（課題時は2年）

### えらび、溶ける

**設計趣旨** 従来の住戸を解体し、生活の要素ごとに適した配置や空間の大きさを与えることで、自室で完結しない住まい方を提案する。高さの同じ棟をスラブの分割数を変えることで階高の違いを生み出し、流動的な経験を可能にする。パブリックとプライベートのグラデーションの中で、居住者が生活を共有したりしなかったり、選択しながら暮らす。都会の中で「街と暮らす」ための集合住宅である。

**指導教員コメント** 「街と暮らす」という課題テーマに応えている提案は数多くあるなか、小口案は不特定多数が行き交う街に対してあまりにも開放的であり、講評会の選考時、講師陣のなかでも判断が分かれ、ありなのか、なしなのかという議論が起こったほどです。標準的な人間を想定したこれまでの集合住宅ではなく、本来の動物として野性を取り戻した人間を想定した集合住宅であり、社会に問いかけるような提案だったからこそ、議論を白熱させ選考に至ったのだと思います。（武田清明 非常勤講師）

日本女子大学 家政学部 住居学科 居住環境デザイン専攻・建築デザイン専攻｜小口真由

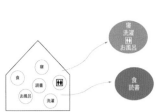

従来の住戸の解体。住戸内の生活空間を要素として書き出し、共有したいもの、共有したくないものに分ける

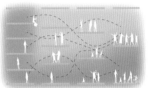

要素ごとに縦に積み上げることで、要素を結ぶ横の流れが生まれる。都会の中で一人こもるのではなく、選ぶことができる豊かな生活を送る

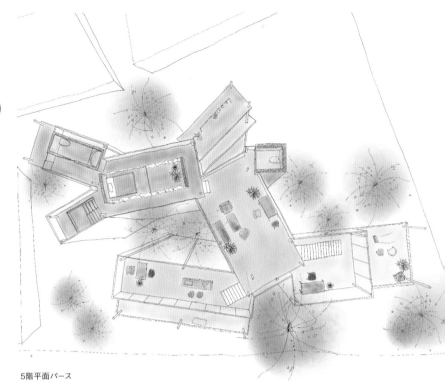

5階平面パース

リビングで絵を描く人

小さな段差をテーブル代わりにする人

高い天井高を利用したブランコ

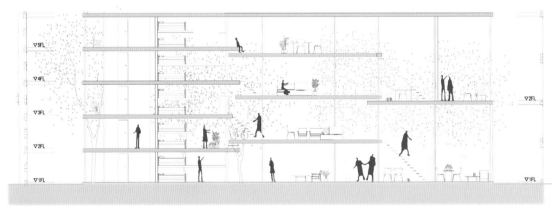

A-A´断面図

**審査員コメント**　大胆な提案というのが第一印象です。個々の専有部分は少ししかなく、他は共有して使うことを考えていて家具の配列や色などに表現されています。しかし、このような小さな個室だけで本当に生活できるのでしょうか。また、大胆な計画の一方で、階段はよくあるオフィスビルのようです。自由度を持たせ、家具によりテンポラリーな個室ができるなど、孤独を選択できる空間を設けても良かった。外部階段が容積としてもったいないので、ここを空間として利用する方法もありました。（萩原 剛）

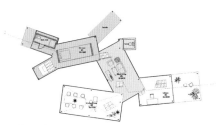

4階平面図

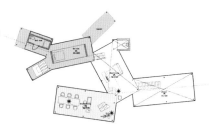

3階平面図

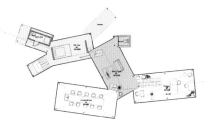

2階平面図

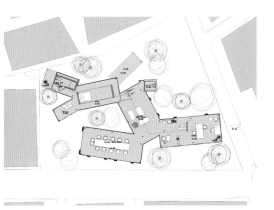

1階平面図

**課題**

日本女子大学 家政学部 住居学科 居住環境デザイン専攻・建築デザイン専攻
2年生／建築設計Ⅰ・第2課題／2019年度課題

# 街とくらす集合住宅

出題教員：宮 晶子、東 利恵、稲垣淳哉、武田清明、針谷將史、
　　　　　寶神尚史、片山伸也

指導教員：武田清明

代官山駅近くの旧山手通りから一筋入った一画に、街にではなく街と暮ら
す集合住宅を設計してください。ひとたびドアを閉めると孤立しがちな都
市の中で、個を保ちながらも街とつながりを持つことは可能なのか。一つ
ひとつ独立した建物の集合体として構成されている東京という都市の中で、
「住宅」という生活を主体とした要素の集合が街に働きかけ変化を生むた
めにはどうしたらいい。周辺敷地を読み取り、既成概念を超えた新しい
「住まい」の集まり方の提案を期待しています。

**1、設計条件**
○場所：東京都渋谷区猿楽町
○用途：集合住宅（7つの居住単位＋店舗＋α）
○敷地面積：472.15㎡
○用途地域：第2種低層住居専用地域
○建ぺい率：80%（設定）
○容積率：200%（設定）
○高さ制限：12m
○構造：自由

※日本女子大学の課題出題教員インタビューは本書バックナンバー「JUTAKUKADAI07」
P.276を参照（宮晶子「街とくらす集合住宅」）

**作品PR** 現代の住まい方が機能の集約されたボックスに閉じこ
もったスタイルであることに疑問を抱き、都市に分散された機能を
必要に応じて選択する流動的な経験を住宅に取り入れようと試み
た。抽出した生活の要素に適した気積の大きさを考え、階層の
違いにより実現した。要素の積層数を変えて音が響くような緊張
感のあるライブラリーや、木々に囲まれ階高の低い落ち着いたリビ
ングというように、空間の違いと生活が結びつく。住民は水平移
動をしながら気持ちの良い空間を探し、小さな段差までも使い倒し
ていく。個人空間は残しながら一人ひとりの領域を究極まで曖昧
にした、都市の縮図のような新しい住宅である。

# 文化学園大学
## Bunka Gakuen University
### 造形学部 建築・インテリア学科

2年生／住まいの設計／2020年度課題

## 都市部に建つ戸建て住宅

**出題教員コメント**　住宅計画の基本的な考え方を身につけ、デザイナーとしてクライアント（居住者）の生活像を想定した居住空間の提案力をつけることを目指す課題です。提示したクライアントはSOHOや子ども食堂など社会に開かれた住まいや高齢者・障害者を含む6タイプ。今年度はCOVID-19をめぐる生活様式の変化を意識することも求めました。初めての設計課題で多くの学生が解くことに精一杯だったなかで自分の作品テーマを見出しまとめ上げたことは評価に値します。（谷口久美子 准教授）

# 板野 雅也
### Itano Masaya

2年（当年度課題）

## 住宅秘密基地
### 家の中心に取り込んだ路地裏

**設計趣旨**　素直につくってみたいという想いからクライアントの要望を秘密基地に設定。住宅街の中で隠れるなら家と家の隙間、路地裏が秘密基地の役割をする。家の中心に取り込んだ路地裏を挟むように大きなキッチン、開放的な仕事場、寝室、水廻りを配置。頂上の傾斜により、人目を気にせず大開口の吹き抜けを確保。どこの街にもある切妻屋根でカモフラージュを施し、住宅街に秘密基地をつくり出した。

**指導教員コメント**　トレンド的諸条件を解決するという課題条件を通して、「住まい」に求める根元的な想いとして「秘密基地に住みたい」心理を察知したことをまず評価したいです。都市を歩けばすぐに出会う路地の非社交性と裏腹に路地裏に潜む心地良さに「秘密基地」を見出し、その空間構成を分析して、結果を素直に組み立て直し、「住まい」への想いを受け止める空間創造を試みている点が納得できます。今後は設計の展開力と表現力の成長を期待します。（井上搖子 非常勤講師）

文化学園大学 造形学部 建築・インテリア学科｜板野 雅也

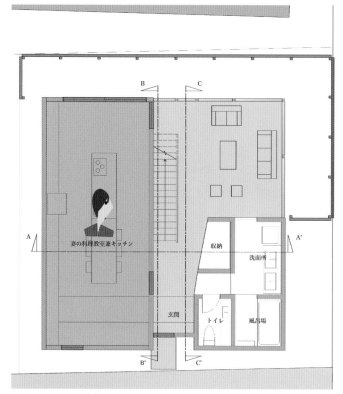

配置図兼1階平面図

妻の料理教室兼キッチン

収納

洗面所

玄関

トイレ

風呂場

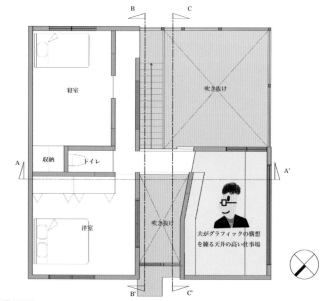

2階平面図

寝室

収納

トイレ

洋室

吹き抜け

吹き抜け

夫がグラフィックの構想を練る天井の高い仕事場

A-A'断面図

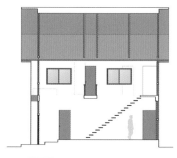

B-B'断面図

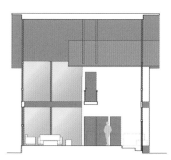

C-C'断面図

2つの切妻の間（入り口）から路地裏（家族のための秘密基地）へ向かう

審査員コメント

憧れの秘密基地を思いつくままに考えた提案です。家と家の間には法律上設けなくてはならない1mの隙間がありますが、そこに着目し、猫のように住まうという発想は面白いです。しかし、隙間の部分に屋根を架けることで、また「住宅」に引き戻されている。隙間による路地性が、できあがった秘密基地の中にもっと残っていたら……。自分の模型を俯瞰して、良いところとそうでないところを探し出す作業の繰り返しが必要です。（原田麻魚）

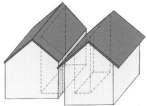

家と家の隙間に路地裏ができる

▼

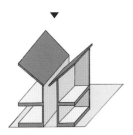

敷地に収まる範囲に切り抜き

▼

どこの街にもある切妻屋根で擬態

▼

足場の骨組みで囲い路地裏を表出

文化学園大学 造形学部 建築・インテリア学科
2年生／住まいの設計／2020年度課題

# 都市部に建つ戸建て住宅

出題教員：谷口久美子、高橋正樹、久木章江、渡邉裕子、
種田元晴、井上揺子

指導教員：井上揺子

東京の中心地に近い住宅地に建つ戸建て住宅を設計する。
居住者の家族構成やライフスタイルなど、具体的な住要求を考慮して、それに応える提案とすること。また、周辺環境（隣接地や街並）にも配慮した計画とすること。現在の社会情勢を意識した提案や各自の作品テーマを設けた提案を期待する。

## 1、設計条件
○住人・住要求：「クライアント一覧」のいずれか1家族。家族構成やライフスタイルなど住要求に配慮すること（設定されていない詳細については各自自由に設定してよい）。
○主用途：専用住宅
○所在地：渋谷区代々木
○最寄り駅：小田急線の参宮橋駅

## 2、敷地条件
○建ぺい率：60％
○容積率：120％
○高さ制限：12m
○用途地域：第2種低層住居専用地域、準防火地域
○面積：建築面積78㎡以下、延べ面積100㎡以上156㎡以下。
○構造構法：木造2階建て、傾斜屋根とする
○庭の計画：公園に隣接していることを念頭に置いて計画すること
○環境計画：できるだけ自然の熱・光・空気を取り入れること

## 3、クライアント一覧
○クライアントタイプは6種類
○それぞれ、住まいの軸となるKeyword・居住者人数・居住者像および最低限の条件のみを設定。居住者の構成（必ずしも家族に限らなくてよい）、年齢、性別、職業、趣味、ライフスタイル等については各自で細かく設定する。また、暮らしに合わせて、保有する家具や車、趣味のものなども想定し、その置き場所も検討する。住宅なので経年変化に対応できるようにデザインすること。
○上記内容（条件とそれに伴う現象）のほかに、自分の作品のテーマを見出すと良い。テーマとは、この作品において設計者が伝えようとしていること（主題）。単に必要空間を継ぎ足し、合理的に設計・デザインすることだけが建築設計ではない、例えば、現在世界中が直面しているこれからの働き方や、社会背景を意識することは建築において必要。

| Type | Keyword | 居住者数 | 居住者像・最低条件 |
|------|---------|---------|------------------|
| A | 2世帯住宅 | 3名以上 | ・各世帯・各個人の生活を守りながら、共に暮らすことの楽しみがある住まい<br>・空間や時間などの繋がり方／分け方や関係性を意識 |
| B | 蔵書1500冊以上 | 3名以上 | ・蔵書のジャンルは居住者の趣味や仕事に深く関連<br>・具体的な蔵書ジャンルを設定 |
| C | 車椅子 | 2名以上 | ・居住者の1名が車椅子での生活<br>・ユニバーサルデザイン（身体の障害を極力意識せずに生活できる配慮が必要） |
| D | 畑 | 3名以上 | ・有機野菜を栽培する畑が30㎡以上（壁面や屋上利用も可能）<br>・小さくてよいので販売コーナーがある |
| E | SOHO<br>(small office/home office) | 2名以上 | ・居住者各人が在宅勤務（うち1名以上はクリエイティブ系の仕事に従事）<br>・仕事場orアトリエ部分は30㎡以上（住宅部分と共有部分があっても良い） |
| F | 子供食堂 | 2名以上 | ・地域に開放された子供食堂がある<br>・10名程度が食事のできる場がある |

作品PR 昔から憧れの秘密基地。今の自分が考えつく板野雅也だけの秘密基地を考えたいと思った。住宅街の中で隠れるなら、路地裏が秘密基地の役割をすると考えた。家を2つ並べると路地裏が形成される。その風景を敷地に収まる範囲だけ切り取る。正面外観は、切断した断面形をそのまま現す。秘密基地は擬態する虫のようにその場に紛れてひっそりとあるものだ。だからどこの街にもある切妻屋根に構成した。挟まれた路地に、工事現場の足場の骨組みのように、家をつなぐ意味で木組みの骨組みを架けた。路地に入り込むと、2つの家それぞれの住人たちの仕事場に囲まれた、日常生活ができる路地裏が現れるという構成だ。

# 法政大学
## Hosei University
デザイン工学部 建築学科

3年生／デザインスタジオ5・第1課題／2020年度課題

## 大きな〈家〉

**出題教員コメント** 2020年春、「ステイホーム!」を標榜して世界中の人々が家に籠りました。でも、あなたの家は本当に快適な場所だろうか? 初めてのオンライン課題は家について再考する内容とし、多木浩二の『生きられた家』を指定図書にしました。家の概念は十人十色です。だから家の概念を拡張した「大きな家」は戸建住宅や集合住宅、地域デザインでもOKだし、敷地も自由。学生達が提案する「家」の多様さと広がりをスタジオ全体で共有することを期待しました。(下吹越武人 教授)

# 木嶋 真子
## Kijima Mako
3年(当年度課題)

## スキマを超える、つながる
### ─ 川沿いの集合住宅 ─

**設計趣旨** ポストコロナ社会で住宅に求められるものは、気持ちの切り替えができる空間と多様性だと考えた。東久留米は街自体が大きな共有空間であるような、川や畑に恵まれた土地である。その豊かな土地性を生かして、この集合住宅では小さな共有空間をつくることを目指した。隙間に生活が溢れ出し、隙間から景色が切り取られる。

**指導教員コメント** 短冊状に分割された住宅地の建ち方を参照しながら、棟間の隙間を少し広げて内外をつなぐ共有空間をつくり、外部に生活が溢れ出す集合住宅の提案です。「公と私」に加えて「私と私」をつなぐ共有空間が住棟を貫通して配置され、棟の隙間に生活領域を広げていく空間構成が特徴です。「家」の内側に籠らず、他者との関わりの中で「家」を再編するコンセプトをきめ細かに空間化した設計力と美しいプレゼンテーションが高く評価されました。(下吹越武人 教授)

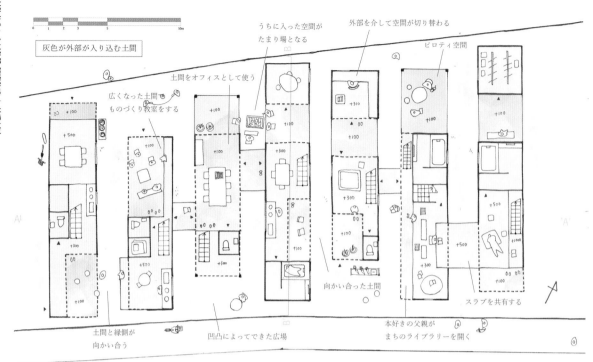

灰色が外部が入り込む土間

うちに入った空間が
たまり場となる

外部を介して空間が切り替わる

ピロティ空間

土間をオフィスとして使う

広くなった土間で
ものづくり教室をする

向かい合った土間

スラブを共有する

土間と縁側が
向かい合う

凹凸によってできた広場

本好きの父親が
まちのライブラリーを開く

**1階平面図**

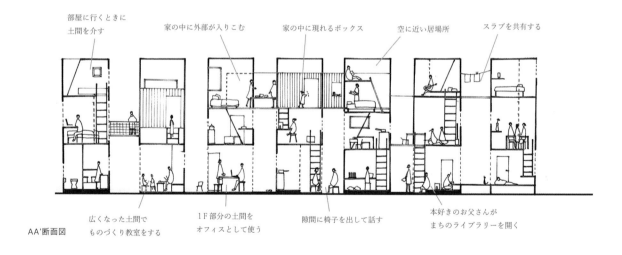

部屋に行くときに
土間を介す

家の中に外部が入りこむ

家の中に現れるボックス

空に近い居場所

スラブを共有する

**AA'断面図**

広くなった土間で
ものづくり教室をする

1F部分の土間を
オフィスとして使う

隙間に椅子を出して話す

本好きのお父さんが
まちのライブラリーを開く

---

| 審査員コメント | 7つのボリュームを帯状に配置して、それにより創出される6つの隙間を生活空間として設計している鮮やかなアイデアです。隙間での生活を彩っている模型を見て好感を持ちました。一方、隙間の寸法が全て同じであるため、単調 | に見えてしまう側面もあります。もう少し意外な形で横方向の視線が抜ける視点場を設けるなどの工夫があると良いかもしれません。そうすると、この集合住宅の中に、あたかも交差点があるかのような賑やかさが生まれるのではないかと思いました。（**古澤大輔**） |

3階平面図

2階平面図

住戸間の狭い隙間で生まれる交流

3住戸をまたいだスラブ。屋根がついたり、ボックスになったりした部分がある

## 課題

法政大学 デザイン工学部 建築学科
3年生／デザインスタジオ5・第1課題／2020年度課題

# 大きな〈家〉

出題教員：渡辺真理、下吹越武人、津野恵美子、稲垣淳哉

指導教員：下吹越武人

2020年4月現在、新型コロナウイルス禍は世界中に広がり、各地で「Stay Home」が標榜されている。外出するな！ではなく、家にいよう！と唱える時、「家」という言葉には象徴的な意味合いが込められている。「家」は安心して過ごすことのできる最小単位のシェルターであり、家族と共有する親密な空間であるなど、「家」に込められたイメージはさまざまであるが、「家」が社会の重要な基盤を担っていることは自明であろう。

東日本大震災や熊本大地震では「みんなの家」という概念に多くの人が共感した。この場合の「家」は個人や家族単位を超えて地域を包含する広がりを持っていて、震災という困難を共同体全体で乗り越えて行こうという意思が「みんなの家」として被災した場所に繋留したといえる。

振り返ると災禍の時にはいつも「家」という概念が起動する。それは「家」が私たち人間の根源と密接に関わり、人間らしさを保証する存在だからかもしれない。

だが、現実社会の「家」は本当に理想的な空間なのだろうか？ テレワークにより自宅で過ごす時間が増えるとともに、家族との些細な衝突や喧嘩が頻発したり、時にはDVという悲しいニュースも飛び込んできたりする。プライバシーを重視した密室空間では社会との接点がTVやインターネットに限られ、フィルタリングされた情報社会の中で他者への思いやりや寛容さを見失ってしまうのかもしれない。私たちを取り巻く「家」はいつのまにか不自由でつまらなくて居心地の悪いものになってはいないだろうか？

この課題では「家」について再考する。設定はポストコロナ社会を想定しているが、できるだけ長い射程を見据えた、大きな「家」を構想して欲しい。その出発点として多木浩二著『生きられた家』から学び始めたい。

敷地は自宅周辺の生活圏から「普通」の敷地を選定することを基本とするが、あなたの「家」にふさわしい敷地であればその限りではない。また、あなたの「家」は戸建住宅として具体化するかもしれないし、集合住宅になるかもしれない。あるいは住宅の生産プロセスをデザインすることになるかもしれない。想像力を駆使して、明るい未来を指向する「家」の提案を期待する。

※法政大学の課題出題教員インタビューは本書バックナンバー「JUTAKUKADAI06」P.244を参照（下吹越武人「Tokyo Guest House」）

**作品PR** 東久留米を歩いていた時、周辺の家の隙間から切り取られる川沿いの景色に魅力を感じ、そこからインスピレーションを得て、隙間が景色を切り取ることや、生活が滲み出て隙間を彩ることを考えた。具体的な住居者を想像することで、設計に関して多くの可能性が広がった。隣り合う住居や直接的な共有部分のある住居同士だけでなく、端と端の住居の人たちが仲良くなったり、1階部分の土間を使って本好きのお父さんがライブラリーとして街に家を開いたり、視線でつながる隣の子ども同士が勉強仲間になったりなど。模型では住む人を想いながら生活を表現したので、みなさんもぜひ暮らしを想像してみて欲しい。

# 前橋工科大学
## Maebashi Institute of Technology

### 工学部 建築学科

3年生／建築設計III・第2課題／2019年度課題

## Qのひろば再開発プロジェクト

**出題教員コメント** 前橋中心市街地のデパート跡地に新たな拠点「集住+α」を提案してください。さまざまなスケールの機能＝居住施設（賃貸住宅、ゲストハウス、シェアハウス）、劇場・シアター（他イベント・コミュニティスペース）、小規模店舗（飲食、カフェ、書店等）、事務所（シェアオフィス、SOHO等）を複合させ、平面構成だけでは生み出せない大小のボリュームの組合せの立体的な検討と同時に、周辺店舗との関係、街中全体との連携を考慮に入れた内・外環境の提案を求めます。（若松 均 教授）

# 安部田 夏帆
## Abeta Natsuho

4年（課題時は3年）

## 古くて新しい風景

**設計趣旨** 敷地は前橋市の歓楽街と文化エリアの境界にあり、バブル崩壊以降やや寂れた雰囲気が続いてきたが、住民の地元への愛着は大きい。そこに新たに建てる集合住宅を前橋の特徴である路地や急遽現れる空き地、生活の様子をモデル化し、再構築することで、前橋の新旧の住民にとって親しみやすいものになるよう考えた。

**指導教員コメント** 地方都市での移住促進では、新旧の住民の温度差が問題として生まれがちです。安部田案は、前橋の街の特徴（空間構成、公共空間と生活、演劇の歴史）を建築的に再構築し、その経験の時間差を滑らかに接続できている点が、高く評価できます。屋外劇場の程よい囲われ感や、共用通路の場所ごとの明暗とスケールのリズムも程良くデザインされており、ボイドと住戸開口部の視線の調整によってプライバシーにも適切に配慮されています。（石黒由紀 准教授）

前橋工科大学 工学部 建築学科｜安部田 夏帆

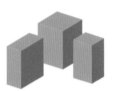

前橋の建物の特徴である1階が店舗、2階が住居という構成を取り入れ、1階をテナントにして上の階に住居を配置する

棟をスラブでつなげる。塔の行き来を可能にすることで、隣とのつながりを生み出す

スラブに独立壁を配置する。独立壁を設けることで、公共空間とプライベート空間の間の中間領域を所々生み出す

人通りの多い南側道路（黄色部分）に面して劇場広場を配置し、閑静で趣ある北側には植栽を植えて、屋外ロビーを配置する。前橋の路地をイメージした道や突如現れるボイドを隙間で再現し、道幅を変えることで空間に動きを与える

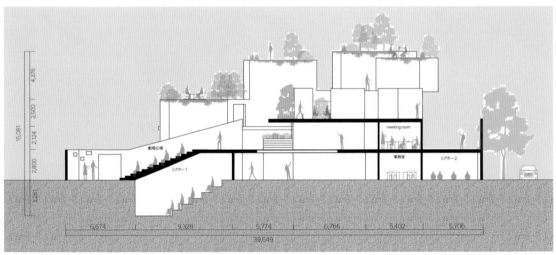

A-A'断面図

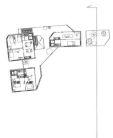

4階平面図

3階平面図

2階平面図

1階平面図兼周辺配置図

前橋工科大学 工学部 建築学科
3年生／建築設計III・第2課題／2019年度課題

# Qのひろば再開発プロジェクト

**出題教員：若松 均、石黒由紀、高塚章夫、青木弘司**

**指導教員：若松 均、石黒由紀、高塚章夫、青木弘司**

まちなか商店街を象徴する中心地に新たな拠点を設計すること。
先日「Qのひろば再開発プロジェクト」についての説明会が開催されました。
そこで今回は、現実に進みつつあるプロジェクトの計画を想定して「新たな拠点」の構想を求める課題とします。

1) 「いまQのひろば（旧長崎屋跡地）が、市民の手で生まれ変わろうとしています。近年このエリアに、土地柄や人情に惹かれて、ここで何かを始めようと多くの"前橋ラバーズ"が集まりつつあります。さらにその流れを加速させ、誰もが自由に集い人と街がつながり合う場所をこの地につくりたい。その想いから、前橋の経済人（企業家）から資金を集め、全く新しい形の複合施設を街中に建設しようというこのプロジェクトが発足しました。リスクを恐れず、情熱を持って投資に参加いただける仲間を募集します。ぜひ一緒に、前橋まちなかに新たな価値をつくり、盛り上げていきませんか。」（説明会配布資料より）

2) 再開発プロジェクトのプログラムには想定されていない「シアター」を「＋αの機能」とする。ソフト面でのアーツ前橋、元気プラザ21との連携を考慮したうえで、さまざまなスケールの機能の複合について、平面構成だけでは生み出せない「小さなボリューム」と「大きなボリューム」との組合せを立体的に検討し計画・提案すること。

3) 地域全体を考えた外部空間（ひろば）を計画すること。周辺店舗との関係、まちなか全体との連携を考慮に入れ、新たな外部環境を提案すること。

**1、設計条件**
○敷地：前橋市千代田町 前橋市街地Qのひろば（長崎屋前橋店跡地）。
○敷地面積：約1,400㎡
○用途地域：商業地域
○許容建ぺい率：80%
○許容容積率：600%
○建物高さ制限12m以下
○構造：自由
○規模：自由
○延床面積：2,000㎡程度
○用途：居住施設（賃貸住宅、ゲストハウス、シェアハウス）、劇場・シアター（他イベント・コミュニティスペース）、小規模店舗（飲食、カフェ、書店等）、事務所（シェアオフィス、SOHO等）
○所用室および面積（目安としてください）
住宅：単身者用：25㎡以上：10戸程度、2人以上の世帯：10㎡×世帯人数＋10㎡以上：8戸程度（他シェアハウス、ゲストハウスなど新しいライフスタイルの場を適宜設けること）
店舗：300㎡程度（7〜15店舗程度）、事務室：200㎡程度（4〜10室程度）
劇場・シアター：客席40席程度2館、客席60席程度1館、コミュニティスペース：50〜80㎡程度
外構：駐車スペース（施設用4台）・駐輪スペース20台

**作品PR** 前橋の街の要素を再構築の手法に取り入れ、集合住宅の新しい住民と地元住民を緩やかにつなぐ。まず、前橋の街の路地や建物、空地の「ばらばらな粗密感」より、スケール差を踏襲したボイドと住戸の関係を配置し、独立壁で立体的な視線の抜けをつくる。また、椅子や植木鉢などの公共空間への「はみ出し」を生かし、独立壁によるパブリックスペースとプライベートスペースのグラデーションによって再構築を試みる。そして、前橋で昔から盛んだった「素人演劇」により演劇や芸能が身近であったことから、日常的に芸能や身体・言語の表現による賑わいが生まれるような、屋外の劇場広場をメイン通り沿いに配置した。

# 前橋工科大学
## Maebashi Institute of Technology
### 工学部 総合デザイン工学科

2年生／デザイン演習Ⅱ・第1課題／2019年度課題

## 仕事場のある住まい

**出題教員コメント** 各自が設定した住人が暮らす住宅がどうあるべきかという問いに対し、地域に開かれた場である仕事場が住まいの中にあることや建築のカタチや配置の仕方が生み出す周辺環境との関係性、その建築が発するメッセージなど建築の持つ社会性についてと、住人2人の距離感や生活と仕事の距離感などさまざまな距離を考えるという2つの観点からアプローチし、それぞれの関係性を成立させる、これまでにない住宅の姿が提案されることを期待しました。（進士茶織 非常勤講師）

# 富田 ひより
## Tomita Hiyori

3年（課題時は2年）

## 街に開かれた庭をもつ住宅

**設計趣旨** 人通りが少ない住宅地の一角に、地域に開放された庭を持つ仕事場のある住まいを提案する。フラワーショップ兼住宅という建物で、段々になった屋根を上っていくとサンルームにたどり着く。外からでも住宅内からでも中庭が見え、住空間のプライバシーも確保した。生き生きとした植物に囲まれ、気持ちの良い生活ができる。この場所が地域の交流の場となり、この街の活性化につながっていくだろう。

**指導教員コメント** 住まい手をより具体的に想像し、2人にとっての暮らしの場のあるべき姿を丁寧に検討したことで、中庭を囲う立方体の配置の仕方により生まれた空間の距離感と関係性の中で、暮らしの場と仕事場の境界を自由に引き直すことを可能にしています。地域に開かれた屋上庭園が生み出す風景や敷地周囲に対する立方体の構え方が寛容さを携えているようで、ここに暮らす住人の生き様として発信されている点も評価し選出しました。（進士茶織 非常勤講師）

前橋工科大学 工学部 総合デザイン工学科 ― 富田 ひより

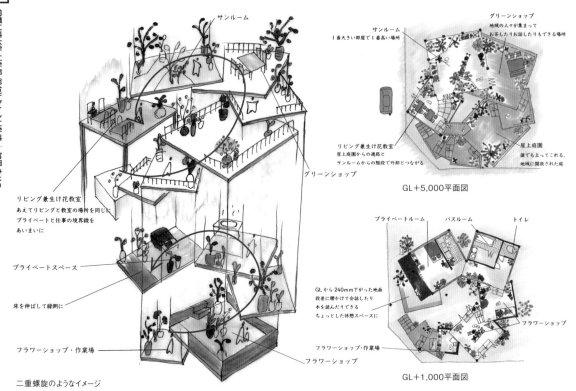

サンルーム

グリーンショップ
地域の人々が集まって
お茶したりお話したりもできる場所

サンルーム
一番大きい部屋で一番高い場所

リビング兼生け花教室
屋上庭園からの通路や
サンルームからの階段で外部とつながる

屋上庭園
誰でも寄ってこれる、
地域に開放された庭

グリーンショップ

リビング兼生け花教室
あえてリビングと教室の場所を同じに
プライベートと仕事の境界線を
あいまいに

プライベートスペース

床を伸ばして縁側に

フラワーショップ・作業場

フラワーショップ

二重螺旋のようなイメージ

GL+5,000平面図

プライベートルーム　　バスルーム　　トイレ

フラワーショップ

GLから240mm下がった地面
段差に腰かけて会話したり
本を読んだりできる
ちょっとした休憩スペースに

フラワーショップ・作業場

GL+1,000平面図

交差点に面した敷地への答えとして、良くできている提案だと思いました。コーナーでは、螺旋状のキューブを組合せるという難しい手法にもチャレンジしています。また、中庭が奇数の多角形をしているため、迷路的で方向性を失うような空間ができあがっています。その点が、植物の有機性とマッチしている。模型を覗いてみると、発見性の高い空間が広がっていたので、この空間性をもっと探求してみるのも良いかと思います。（萩原 剛）

グリーンショップからリビングを見る

北側から見た様子

この住宅が地域の人の散歩コースに

西側の道路からもフラワーショップが見える。ガラスやレベル差を利用して開放的で入りやすいお店に

GLより240mm下がっていることで、道を歩いている人から見た時にフラワーショップの植物がより見えやすい

**課題**

前橋工科大学 工学部 総合デザイン工学科
2年生／デザイン演習Ⅱ・第1課題／ 2019年度課題

# 仕事場のある住まい

**出題教員：進士茶織**

**指導教員：進士茶織、駒田剛司**

住宅をデザインする時、そこにある暮らしを想像し、そこに暮らす人々にとって「家」とはどうあるべきか？について考える必要があるでしょう。また、その住宅がその地域に建つことで巻き起こる出来事についても注目する必要があるでしょう。人が豊かに生きるための拠点として住宅を位置付け、暮らしを支える「仕事」をする場を持つ住宅をデザインしてください。ここに暮らす人は2人です。この2人の関係については、夫婦、親子、兄弟、仕事の相棒など自由に設定してください。職業については、主に地域の人を対象にしたもので、仕事場に来客があることを条件とし、15 〜 20㎡程度の面積で行えるものを自由に設定してください。例えば、地域の人のために靴や洋服をつくる仕事や少人数での料理教室などです。自らが製作した物を扱うギャラリーや店舗などでも構いません。住宅の中に入り込む私的でない場と、住人が生きるための拠点として必要な場を具体的に想像することで、この住宅のあるべき姿を導いてください。

**作品PR** 計画地は、前橋駅から徒歩30分の新興住宅地である。人通りが少なく、夜は街灯が少ないために暗く、建物が密集していないので日当たりは良い。ここに暮らす住人は、フラワーショップを経営していて生け花などの教室を開いている夫婦で、2人とも植物が好きで友好的である。そこで私は、この住宅は庭や植物を中心とした植物園のような家とし、どの部屋からも庭が見えるべきだと考え、住宅全体が自然に囲まれた家を提案した。屋根の上が庭園のようになっていて、1番上の大きなサンルームには庭園を通ってたどり着ける。この住宅は、植物に囲まれ自然に人が集まる気持ち良い空間となるだろう。

# 武蔵野大学
## Musashino University
### 工学部 建築デザイン学科

3年生／設計製図3／ 2020年度課題

## 空間要素ヲ考える／
## 空間要素カラ考える住まい

**出題教員コメント** 完全オンラインで場を共有できないことを逆手に、敷地や住人、いわゆる与条件を自ら組み立てるなかで、住まい・建築に対する「問い」を期待しました。そのスタートは、空間要素に関する思考と表現のトレーニングです。5人の教員が与えた空間要素は、ファサード（街・環境との関係）、間仕切り壁（空間分節）、アピアランス（形）、水廻り（回り・周り）、階段（全体と部分・機能の拡張）です。都心・郊外・地方・海外の多種多様な敷地と住まい方が提案されました。（伊藤泰彦 教授）

# 田中 佑朋
## Tanaka Yume

3年（当年度課題）

## 高架下の秘密基地

**設計趣旨** 大学生と、吉祥寺の高架下を通園・通学する子どもたちでつくる基地のような住宅を提案した。時間や時期ごとに住まいのカタチ、住む人、遊ぶ人が変わっていく。学生たちの基地でもあり、いつもは暗い高架下が「帰り道、高架下に遊びに行こう」と子どもたちの居場所にもなる基地の提案。

**指導教員コメント** 都市の中にどのように住むかを考え、敷地環境と住まい手の特徴から、地域の子どものための場を含む新たな住宅のかたちを提案したことを評価しました。高架を屋根に見立てた大きな空間を、住む場と遊ぶ場としてフレキシブルに変化させる扉のような壁面によって、場所ごとにさまざまな変化を生むプランが実現しています。さらに、高架の柱と隣接にも具体的に対応することで、いくつかの質の違う場を同時につくり、動線を生み出すような、都市構造へのアプローチの可能性を秘めています。（市川竜吾 非常勤講師）

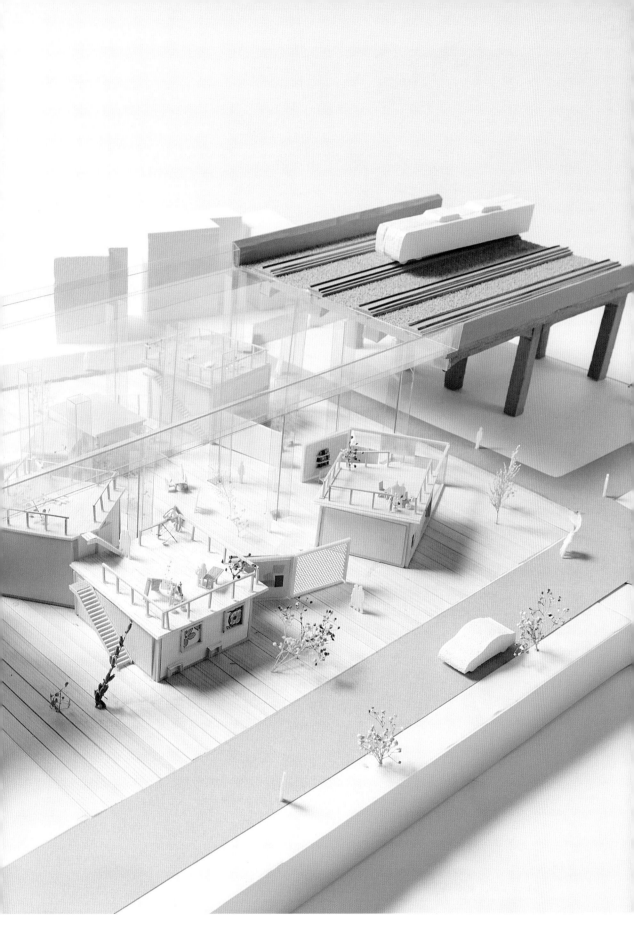

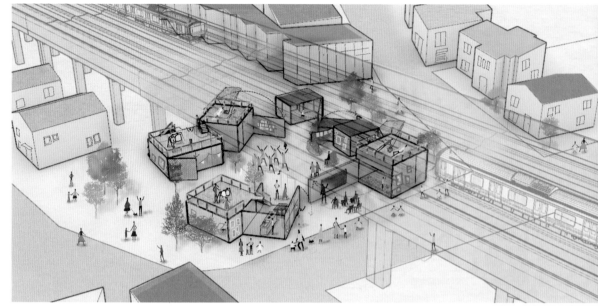

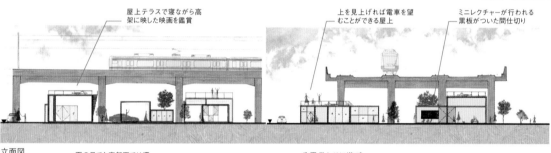

屋上テラスで寝ながら高架に映した映画を鑑賞

上を見上げれば電車を望むことができる屋上

ミニレクチャーが行われる黒板がついた間仕切り

立面図

雨の日でも高架下では濡れることなく和気あいあい

公園代わりに遊びに来る子どもたち

断面図

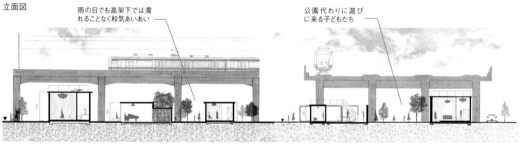

雨に濡れない高架下は毎日住民5人のダンス練習スペース

間仕切りが開いた時だけ現れる小さな教室で子どもたちにミニレクチャー

部屋の間仕切りは夜になると開き、広い玄関で座談会が始まる

屋上テラスに登れば、高架に映画を映して映画鑑賞

**審査員コメント** 高架下を敷地にしたこの提案では、住宅そのものが、もはやサードプレイス化しています。西沢立衛氏による「森山邸」など、解体と再構築が進む住宅がある一方、サードプレイスは住宅と職場の間にある、どちらでもない場所を示していて、場所の目的の再構築によるものです。これらを組み合わせて、住宅はどこまで解体され、境界をなくしていくのだろうかと考えました。（原田麻魚）

誰でもオープンな時のかたち。間仕切りがすべて閉じ、敷地内はオープンなスペースとして使われる

子どもたちが遊ぶ時のかたち。ところどころ間仕切りが開き、玄関先でコミュニティが生まれる

住民だけで過ごす時のかたち。すべての間仕切りが開き、高架下に住宅としての新しいスペースが生まれる

## 課題

武蔵野大学 工学部 建築デザイン学科
3年生／設計製図3／2020年度課題

# 空間要素ヲ考える／
# 空間要素カラ考える住まい

出題教員：伊藤泰彦、大塚 聡、岡田雅人、松尾 宙、市川竜吾

指導教員：伊藤泰彦、大塚 聡、岡田雅人、松尾 宙、市川竜吾

今回の課題は、住まいの設計です。あなたと大切な人が暮らす住まいを考えてください。その人が、誰で何人なのかはお任せします。敷地（※1）や規模などの与条件はありません。以上は、課題説明からの抜粋です。

これまで5つの空間要素についてスタディし、各自検討したアイデアを、シートに描き溜めてきました。その際、「あなたと大切な人（※2）とのシーン」を具体的に想定できた学生もいるでしょう。

これから5週をかけて、住まいの提案に取り組みます。描き溜めたアイデアの中から1つを発展させ、あるいは複数を統合し、独創的で豊かな住まいの空間を立ち上げてください。

※1）今居る場所、ふるさと、思い出の場所、映画や小説の中の場所など、自分で設定をしてみるといいのかもしれません。
※2）「あなたと大切な人」は、自分と家族・恋人・友人、あるいは自分独りとしても構いません。

**作品PR** 帰り道に友達と秘密基地をつくって帰った幼少期を思い出し、単なる集合住宅ではなく大学生がつくり住む秘密基地を設計した。リモート授業が普及し、5人の大学生が常にその場で過ごしながら近くの子どもたちを見守り、街のコミュニティに広がっていく、新しい住まいの形である。高架は街を分裂する、暗い、うるさいなどのマイナスなイメージがあるが、子どもにとって大きな高架は、雨の日でも濡れない大屋根空間であり、好奇心や探究心を擽られる場所であると考えた。敷地にあえて高架下を選び、間仕切りの形を変化させることで、敷地のイメージをプラスに変えるさまざまなアクティビティを提案した。

# 武蔵野美術大学
## Musashino Art University
### 造形学部 建築学科

3年生／設計計画III（布施スタジオ）・第1課題／2019年度課題

## 敷地選択型 住宅プロジェクト
── 住宅+αの新しい可能性を提案する ──

**出題教員コメント** 布施スタジオは、建築が成立している現実社会について問題意識を持って設計に取り組みます。「敷地選択型 住宅プロジェクト」は、自分が事業主となり、計画する建築に最適な敷地選定を条件とした課題です。不動産サイトから敷地を探し、住宅+αの用途を契機にして今までの常識をシフトする建築の新しい可能性を探ります。各自のテーマにしたがって選択した敷地に計画・設計した提案のプレゼンテーションまでを4週間で行います。（布施 茂 教授）

**🏠 優秀賞1等**

# 二又 大瑚
### Futamata Daigo

4年（課題時は3年）

## 変わり定まる家
### ─都市部狭小敷地における 新たなビルディングタイプの模索─

**設計趣旨** コンパクトシティ計画やダイバーシティ計画が想定される現在、密集する首都圏における狭小敷地に新たな都市型住宅のビルディングタイプを模索する。都市部において顕在化する住宅スケールから逸脱した都市的エレメントを+αとし、住空間とともに構築することによって都市に対しダイレクトに住むという感覚の獲得を目指し、過密都市における狭小敷地の住宅を建築する可能性を提案する。

**指導教員コメント** 仮設足場や避難階段、板金の屋根やサイディングの外装材などを、都市の風景を形づくるエレメントとして捉え直し、それらを丁寧に拾い上げながら、住空間を再構築しています。住み手は直截に都市とつながっているという実感を抱えながら、主体的な暮らし方を実践し、見慣れた都市の風景の断片を再評価するような感受性を育む。先の見えづらい社会を生き抜くための武器を実装するような、生きることに切実に向き合う建築の提案です。（青木弘司 非常勤講師）

優秀賞1等｜武蔵野美術大学 造形学部 建築学科｜二又 大瑚

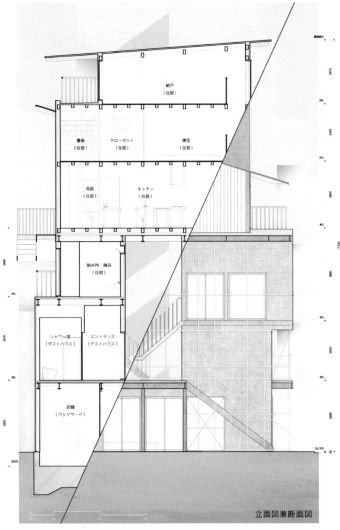

納戸
（住居）

書斎
（住居）

クローゼット
（住居）

寝室
（住居）

洗面
（住居）

キッチン
（住居）

脱衣所・風呂
（住居）

シャワー室
（ゲストハウス）

エントランス
（ゲストハウス）

店舗
（バックヤード）

立面図兼断面図

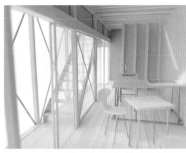

日本橋人形町に隣接する事務所ビルの建設により形成された45㎡の狭小敷地を計画地とする。建築と都市という明確な分離されないものを対等に扱うなかで、都市の更新的な即物性を変数／建築の自律的な形態の不変性を定数と定義し、構成から素材、マテリアルまでの決定を行い、都市にダイレクトに住むという感覚の獲得を可能にした。また、住宅に対して都市スケールを持つエレメントを＋αとした。コンテクストから逸脱し、身体スケールをジャンプして顕れてくるエレメントは狭小の住空間における細かい操作を超え、またその両者が相互作用することによって新たな可能性を持つ。例えば、ボイドは採光や通風として過密における住環境に効果を持ち、避難階段のように立体的な回遊する動線は、意識を外部空間に向かうパノラマとして効果を持つことで、常に都市と呼応する。

東京スカイツリーへの眺望

遠景を捉える眺望
- 南北方向に方向性を持たせ、遠景に伸びる様な眺望を設ける 南側からは十分な採光を確保し、北側は視界が開けるため絞る様に開口を設ける

東京タワーへの眺望

ポリカーボネード板
- 夏場の厳しい西日を和らげる

単管パイプΦ48.6mm
- 造作的な設いによる身体性の獲得

中層階ボイド
- 密集した敷地において 6層のボリュームに対し、中層階に都市スケールのボイドを設けることによって、衛生環境を整える

店舗の設え
- 前面道路でなく1500mmの路地に対し開くことで、都市の領域を獲得し、約2000mmの幅を広く知覚させる

■：ボイド　■：動線体

審査員
コメント
住宅に何かを付加せよという出題意図かと思いますが、本提案では都市スケールのエレメントを付加することを考えているのが興味深いです。模型は臨場感たっぷりで、ポリカーボネートやスレートの素材感が伝わります。形態操作も面白い。矛盾が矛盾としてそのまま表現されている。屋根や庇はもう少し調整が必要ですが、つくり方は目を惹きます。ただ、単管パイプはもう少し強度のあるファサードとして表現すると良いかもしれません。建築が好きな気持ちが伝わる提案です。（古澤大輔）

密集する都市部における生活の中で、寝具の手入れは洗濯物と異なり、幅を取り十分な採光や通風を必要とするため、粗悪な扱いを受けやすい。人形町においても中高層のマンション、また密集した土地割によって難しい状況である。その中で簡易にメンテナンスを行い、販売やリースを行う布団屋を併設し、ボイドや単管パイプは布団のメンテナンスを容易に行う場として機能する。

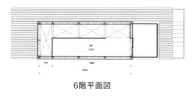

6階平面図

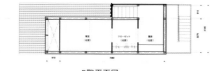

5階平面図

4階平面図

3階平面図

2階平面図

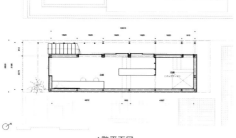

1階平面図

武蔵野美術大学 造形学部 建築学科
3年生／設計計画Ⅲ（布施スタジオ）・第1課題／2019年度課題

# 敷地選択型 住宅プロジェクト
## ── 住宅+αの新しい可能性を提案する ──

出題教員：布施 茂、青木弘司、三幣順一

指導教員：布施 茂、青木弘司

第1課題は、敷地選択型の住宅+αのプロジェクトです。自分が事業主となり、23区内に土地を選定して住宅+αを設計してください。事業主である自分の自邸+αでも良いし、クライアントを設定した住宅+αでも良いです。決められた敷地ではなく、イメージする建築に最適な敷地選定と参画プロジェクトができる住宅+αを設計してください。自ら設定した敷地と建築的テーマに基づいて住宅+αの用途を併設することでできる住宅の新しい可能性を提案してください。

**1、敷地条件**
不動産WEBサイトから下記の条件を満たす敷地を選定すること。
○地域：東京23区内
○価格：8,000万円以内
○敷地面積：延床面積100㎡以上が可能であること。

**2、設計条件**
○選択した敷地の建ぺい率、容積率の範囲で計画すること。
○延床面積は、100〜250㎡の範囲内で計画すること。
○+αの用途は、それぞれの敷地環境を読み取り、自由に提案して設計すること。
○+αの用途面積は、延床面積の30%〜50%の範囲で計画すること。

**3、評価基準**
○提案内容は、建築の設計であり、新しさ・批評性を持ちうる提案になっているか。
○中間発表、最終講評会における作品評価とプレゼンテーション評価。
○以上の基準による評点とエスキースチェックの内容と出席による総合評価。

**4、提出物**
○計画概要（提案説明を含めた計画概要）
○仕上表（外部仕上、内部仕上）
○配置図（1／100）
○平面図（1／50）：各階
○立面図（1／50）：2面以上
○断面図（1／50）：2面以上
○外観、内観パース（模型写真・CG可）
○模型（1／30以上）：敷地周辺を含む
以上をパネル化（サイズは自由）して提出

**作品PR** 東京は日々、新陳代謝のように建物が建ち、土地割も変化する。そこから事後的に形成される狭小敷地にいかに建築を成立させるか、また、「自律性と他律性の共存」をもとに造形学部として形態や空間を考えた。日本橋人形町という文脈の強い敷地にて、文脈や関係性から導き出される建築像ではなく、住空間が身体スケールに縛られない自律的な形態を持つことで、都市に直接参加するような空間とともに、住環境を確実に担保する空間を目指した。他律的な構成として布団屋を1階に設け、単管パイプをファサードとしてだけでなく物干しとして設計している。そのうえで、模型や図面など表現に力を入れた。

**課題出題教員インタビュー**

武蔵野美術大学 造形学部 建築学科

# 布施 茂 教授

**課題名** **敷地選択型 住宅プロジェクト**
── 住宅＋αの新しい可能性を提案する ──

3年生／設計計画Ⅲ（布施スタジオ）・第1課題／2019年度課題

布施 茂／Fuse Shigeru
1960年千葉県生まれ。1984年武蔵野美術大学卒業。1985年第一工房入社、1995年同社部長に就任、2003年fuse-atelier設立、2004年武蔵野美術大学助教授、2006年〜同大学教授。

**建築学科の設計カリキュラムを教えてください。**

1年生は基礎教育として造形基礎を学ぶため、彫塑と絵画をやります。そして専門基礎の製図、図学、CAD、表現を前期の8週で学びます。8週の集中授業の最後に200立米と体積だけ規定された住宅が課されます。工学部などでは発想部分がなくて決められたトレースがメインとなりますが、美大ということもあり、自分のアイデアを何らかの形にするほうが興味を持って取り組むことができるので、自分のアイデアを形にする過程を踏みつつ基礎力を養うという考え方に基づいています。

2年生の前期で住宅と集合住宅。後期で駅舎や寮などの公共的な施設。プログラムは年ごとによりますが、だいたい住宅よりも2スケール程度大きいものとなります。つまり、住空間から都市空間まで学ぶのです。

3年生で完全にスタジオ制となります。前期の4スタジオから1つ、後期の4スタジオから1つと、専任の8スタジオから2つを選択します。布施スタジオは後期となります。そこでの経験を踏まえて4年生時に卒業制作のスタジオを1つ選び、卒業設計を行います。

武蔵野美術大学（以下、武蔵美）の特徴として、「設計製図」ではなく「設計計画」という名称を学科設立以来ずっと変えていません。これは初代主任教授の芦原義信先生の考えで、いわゆるデザインと計画を同時に考えるという意味が込められています。単純にデザインだけを与えるのではなく、計画を含めた設計の課題であるという位置付けが伝統的に継承されています。

**今回の出展課題について教えてください。**

住宅課題賞に毎年出している「住宅＋α」の課題は、布施スタジオの3年の第1課題となり、私が着任した2004年以降、同じ形で出しています。第1課題が住宅で20〜30坪の小さいスケール、第2課題は8,000〜10,000平米の都市施設という大きいスケールにして、スケールを横断するような課題を2つ組み合わせています。基本的には調査・分析・企画・計画・設計・プレゼンテーションという流れで取り組みますが、設計課題はリアリティーのある計画内容であることを条件付けています。昔は8,000万円や5,000万円という条件を与えて不動産のウェブサイトで土地を探していました。例えば8,000万だと土地を5,000万くらいで探して、3,000万くらいを建物に使う。計算に関しても、RCの場合が坪100万、鉄骨が坪80万という換算ルールを与えて計画します。安い土地を買って大きい建物を建てるのか、都心部の高い土地を買って小さいものを建てるのかは自由に決められます。2018年からは、現在の敷地選択制へ。敷地が全員違うので、それぞれの説明を受けて周辺環境を理解したうえで指導します。3年生の力量だと、敷地と条件が全員同じでは学生のモチベーションが上がりません。何よりも指導教員の私のモチベーションも上がらない（笑）。だから、学生が選んだ敷地を見て、自分が設計するつもりでさまざまなことを考えます。今はGoogleのストリートビューで敷地が見られるので、30人いたら敷地30個を全部見て30通りの案を指導します。そのほうが学生と教員両方のモチベーションを上げることができます。

今回、優秀賞1等を受賞した二又大瑚くんの作品は、敷地条件と計画内容が秀逸に設定された提案であり、都心の極小敷地における建築の新しい可能性を提示したことが評価されました。我々教員から見ても素材のマッチングが絶妙であり、4週間で完成させる課題なのですが、2週目くらいで最終案に近いもの

をつくりだし、残りの2週間はひたすら設計の解像度を上げて練っていきました。図面も詳細図レベルまで考えられているし、動線のつくり方やゾーニング、つながり方も上手い。彼は建築が大好きなので、3年生の時から布施スタジオ4年生のゼミ旅行にも参加するような、非常に意欲的な学生でしたね。

## 出展作品はどのように選ぶのですか？

2020年度の出展作品を決める講評会は、第1課題を担当した私と青木弘司さん（非常勤講師）に加え、第2課題担当の三幣順一さん（非常勤講師）が最終講評会に参加しました。途中経過も見ている2人と初めて見る1人、この3人の採点を平均して順番を決めます。また、年によっては外部の方や武蔵美のOBに来てもらうこともありますが、基本は私と非常勤の先生2人による平均点で合理的に成績をつけます。ただ、「住宅課題賞」への出展は、質疑応答にしっかり答えられる学生にしています。プレゼンテーションの説明の仕方、質疑に対しての答え方、自分が設定した地域やテーマに対するバックグラウンドをしっかり勉強している学生。そういうコメント力や対応力がある学生を送り出しています。また、他のスタジオは非常勤が1人であるのに対して、布施スタジオは非常勤2人のため、教える側と教えられる側のマッチングも重視しています。指導の仕方やバックグラウンドも含めてマッチングがあるので、1人よりは2人、2人よりは3人と教員が多いほうが学生にとって非常に有益だと考えています。それは私の学生時代の実体験から、このようなシステムにしています。私と合うのなら私に聞き、私が合わなければ青木さんや三幣さんに聞くので良いと思います。学生が何か壁を突破できるようなヒントを得られたら、学生のモチベーションが上がります。学生のやる気が生まれるきっかけをつくることが非常に大事なわけで、やる気のスイッチさえ入れば優秀な学生は自らどんどん進んでいきます。教員の役目はそのきっかけを与えること。あと、本人が納得していないままやることはやめたほうが良い。迷っていたら、いろいろな考え方を教えます。でも、最終的には自分の作品になるので、自分がしたいことをするのが一番大切ですね。

## 住宅課題についてどのように考えられていますか？

みなさんがよく言われるように、住宅課題はいろ

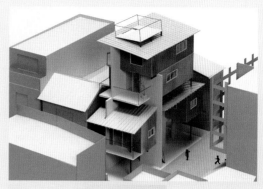

この学年は優秀な生徒が多く、写真上の近藤直輝さんの作品や写真左の西津尚紀さんの作品も評価が高かった

ろな設計の基礎ですが、住宅設計以外を基礎としても私は構わないと思います。3年後期は、数十平米から始まり、8,000平米や10,000平米など、ゼロが2つくらい違うスケールの課題をやりますが、これらを違和感なくできる学生が最終的に建築家になることが多いようです。3年後期の課題に関しては、どうしてもこの期間で2課題をやりたいけれど大きい建築2つはできないので、どちらかを住宅にしています。

私は、独立する前に17年間、第一工房という事務所に所属していましたが、そこでは住宅を一切やっていません。大学やオフィス、美術館などを担当し、5,000平米以下の設計をあまりしてこなかったのですが、独立後は住宅がメインになりました。小さい住宅も、大きい建物に負けないぐらいの空間の要素があるし、さまざまな気付きがあるので、私が経験した第一工房での都市施設と、独立してからの住宅という、自分の経験をしっかり学生に指導していきたいと考えています。また、独立すると住宅やリノベーションなどといった小さいものから始まるので、やはり住宅は大事だと思います。

※武蔵野美術大学のカリキュラムは、「JUTAKUKADAI08」P270の布施茂先生が登壇した住宅課題賞トークイベントにも掲載

# 明海大学
## Meikai University

不動産学部 不動産学科 デザインコース

3年生／設計・製図A・課題2／2020年度課題

## 今日的な共用住宅（シェア住居）

**出題教員コメント** 馴染みのある浦安の土地で、今日的な社会問題に貢献できるシェアハウスを企画・設計する課題です。敷地は大学近くの住宅街にあります。内部プランの計画だけではなく、敷地内に住民たちが集うことのできるコモンスペースを計画することも、課題の条件としています。コモンスペースを中心に、シェアハウスの住民と近隣住民とが交流できる場所となるよう指導しています。また、不動産学部ならでのアイデアにも、期待しています。
（塚原光顕 特任准教授）

## 菊池 優香
### Kikuchi Yuka

3年（当年度課題）

## 君の家はエンマ♪
## エンマと暮らすマンション

**設計趣旨** エンマと共同生活を送りながら、尊厳ある生と死を目指した単身高齢者限定の共同住宅。エンマを1階に祀ることで住民には「心の支え」、参拝客には観光名所、地域住民には憩いの場となる。個々の独立した生活空間を守りながら、他者との交流もできるためライフスタイルを自分で決めることができる。最期まで人間らしい生活を送り笑って死んで欲しいという願いを込めた。

**指導教員コメント** 作品は、建物の中心にエンマ様という象徴的な存在を置くことで、そこに住む高齢者たちや、近隣住民にとって、心のよりどころになる憩いの場所をつくりたいという思いをかたちにしています。2階共用廊下は吹き抜けに面しているため、一人で孤独な高齢者が自然に交流を持つ機会を増やすことができます。外構は地域に対してオープンな計画で、地域住民も集まりやすく、建物も自然に街に馴染んでいくように思います。
（塚原光顕 特任准教授）

明海大学 不動産学部 不動産学科 デザインコース ― 菊池 優香

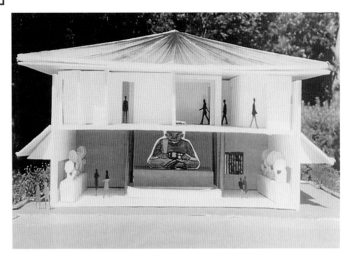

## 面積表

| | |
|---|---|
| 敷地面積 | 754㎡ |
| 建築面積 | 361㎡ |
| 延べ床面積 | 722㎡ |
| 建ぺい率 | 47.9% |
| 容積率 | 95.8% |
| 1住居面積 | 36㎡ |

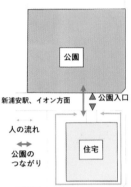

新浦安駅、イオン方面　　　公園入口

人の流れ

公園の
つながり

### ★オープンスペース（2階）★
住民だけが利用できる場所で自分の部屋以外の居場所として提供している。談笑したり、お茶したり、御朱印を作成できるスペースになっている。トイレがあるから自分の部屋に急いで戻らなくてもよい。1階の事務室とはちがい限られた人たちが利用するオープンスペース。

### ★住居（2階）★
1部屋約36㎡の1ルームが5世帯ある。
単身高齢者に適している住宅。
キッチンは壁にして移動距離が短い。
浴室と洗面所とトイレは隣接して動線を短く。
トイレとペットは近くにあり移動しやすい。

### ★敷地★
建物の周りの地面は芝生にした。家の周りを一周できる敷地周道としつつ公園とつながるようにした。朝は囲わず圧迫感を感じない緑の低木を植えた。木があることで人の出入りを阻止する自然のバリアを生み出す。

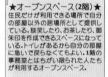

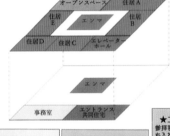

### ★廊下（2階）★
2階の廊下は上からエンマを眺めながら一周できる。住民だけがエンマを上から見ることができる。
廊下は一周できるようになっているので右に行っても左に行っても複雑な廊下ではないため客にたどり着く。

### ★事務室（1階）★
事務室には管理人として僧侶がいて住民も出入りする部屋。参拝客を対応、御朱印を記帳、大判焼き販売、住民の郵便の受領等を行う。
事務室からは共同住宅エントランスへとつながっているため住民の安否確認をすることができる。

### ★共同住宅エントランス（1階）★
階段は24段に対して踏面30mm踏上160mmにしてあり緩やか幅も広く2人並んでも上りやすい。エレベーターも設置しているため車いすでも生活できる。

### ★エンマ周辺（1階）★
参拝客や地域住民が自由に立ち入れる場所で中央に高さ3m幅5m奥行3mの大きなエンマがいる。
一周回れるようになっていて両側には地蔵がいて回廊の奥には事務室がありエンマグッズが販売されている。
エンマの前の階段を上るとより近くで見学でき、座禅をしたり僧侶の説法も聞くことができる。

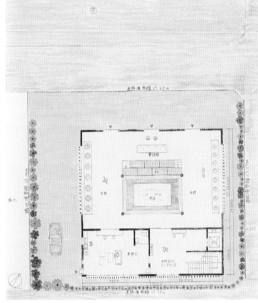

1階平面図

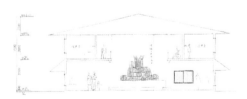

断面図

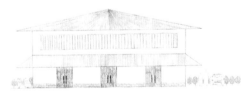

北側立面図

敷地内は緑に囲まれ散策ができ、向かいの公園にも足を延ばすことができる

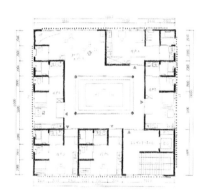

2階平面図

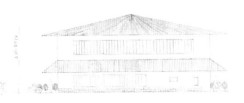

西側立面図

**課題**

明海大学 不動産学部 不動産学科 デザインコース
3年生／設計・製図A・課題2／2020年度課題

# 今日的な共用住宅（シェア住居）

出題教員：鈴木陽子、塚原光顕

指導教員：鈴木陽子、塚原光顕

計画地に「今日的な役割を持つ共用住宅（シェアハウス）」を企画、設計、プレゼンテーションしてください。

企画にあたっては、各自、課題1のテーマ（「今日的な集合住宅」）を継続することを心がけてください。

また、次週は「代官山ヒルサイドテラス」「R-SARUGAKU」「代官山蔦屋書店」を調査して感じた内容を、取り入れてください。

### 1、企画のポイント・条件
○居住者の想定 : どんな居住者にするかを想定し、企画を立ててください。ただし、「20代の単身者」「シングルマザー世帯」「高齢者世帯」を必ず入れてください。
○住戸タイプの構想 : 住戸は2種類以上のタイプ・大きさのものを組合せて計画してください。住まい手にあわせた計画を提案してください。
○周辺環境の活用 : 外部空間を取り込んでください。また北側の公園とどのように連続するか提案してください。
○独自性や問題提議 : 住居以外の用途・施設を加えることで、使われ方の提案をしてください。「こんな工夫が世の中に受け入れられそう」「こんな機能が今まで足りなかった」。

### 2、計画地
○敷地：千葉県浦安市入船
○敷地面積：26.00m×29.00m（＝754.00 ㎡）の大きさとする
○接道：平行する6m道路2面、4m道路1面に接道する
○建ぺい率：50%
○容積率：100%
○用途地域：第1種低層住居専用地域

### 3、建物の規模
○階数：2階または3階建て
○床面積：500㎡程度（共用廊下、階段を除く）
○住戸数：6〜8戸程度
○各住戸の面積：各自、企画にあわせて想定
○構造形式：鉄筋コンクリート（RC）、ラーメン構造または壁式構造

**作品PR** 死を考えることは今をどう生きるかにつながっていく。満足のいく死とはなんだ。最期までどう生きるのか、後悔のない最期へ。この住宅は最期まで住むことのできる住宅である。エンマがそばにいる。集合住宅の1階にエンマがいる。エンマの横を通って家に入る。部屋の扉を開けて一歩出ると2階からエンマが見える。いつでもどこでもエンマが見守っている。エンマから始まるコミュニケーションとして、参拝客がエンマの観光として、地域住民が憩いの場としてやって来る。毎日違う人の声が聞こえ、違う人の気配を感じ、一期一会な日常空間となる。自分の意思で生活し自分らしく生涯を終え、笑って死んで欲しい。

# 明治大学
## Meiji University

**理工学部 建築学科**

3年生／計画・設計スタジオ1・第1課題／2020年度課題

### 多様な国籍の学生が混住する
### 学生寮

**出題教員コメント** 多様な国籍の学生が混住する寮を出題しました。文化的背景や家族環境の異なる人々とうまく意思疎通が図れるように暮らしながら学習できる空間づくりがテーマです。具体的には、プライベートな時間と自然な交流を両立できるよう、数名の個室と共用スペースのユニット、同じフロア、寮全体の3段階の空間的なまとまりをどのように構成するのか。さらには、周辺住民とともに暮らせるよう地域に開かれた空間づくりも考えさせました。

（山本俊哉 教授）

## 坂巻 亜弥
### Sakamaki Ami

3年（当年度課題）

### 小道がつなぐ色
**〜個性が垣間見える学生寮〜**

**設計趣旨** 国際学生寮では学生間の交流とプライベートな空間が両立できることを目指した。そこで、個室にメゾネット型を採用し、1層目を外に開けるショーケース的空間、2層目を完全なプライベート空間とした。基準階はなく、大きさや環境の異なるさまざまな共有部やテラスがあり、多様な場所を生み出している。国際学生寮の多様な人や住まい方に対応して、複数の異なる環境や住み方を提案する。

**指導教員コメント** オンライン・ホワイトボードを使って十数名を指導しました。初期段階では(a)専用／共用の面積配分、(b)全体のマッシングなどについて、教員が提示した複数の戦略を学生たちが選択し分担作業の成果をシェア。こうしてプロジェクトの発展可能性の視界が獲得された後、各自が個別の模索を開始。坂巻さんは独自の仮説的道具立てが多様な場を生成していくような興味深いスタディプロセスを踏んで高いレベルの達成に至っています。

（青井哲人 教授）

明治大学 理工学部 建築学科 ｜ 坂巻 亜弥

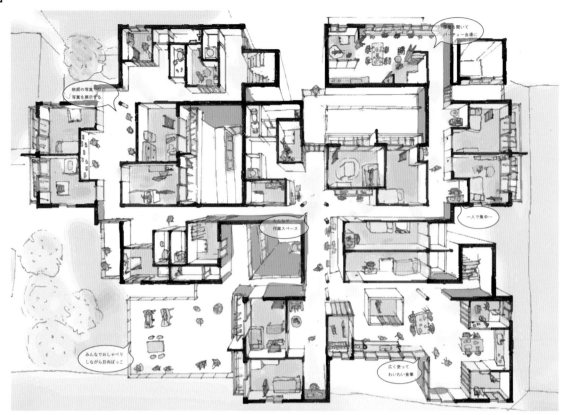

4階平面パース

審査員コメント　1階の階高が高くピロティが生まれているほか、通路にはボイドがつながっていて、都市的なスケールを強く持っている住宅です。集合住宅というよりは、ビルディング的な趣がある。それが狙いだったのかもしれません。増殖が可能なシステムにするとか、多国籍という特徴を空間に生かすことができれば、ぼんやりとした外部空間が意味を持ってくるのではないかと思います。冗長性がある空間ですから、さまざまな展開を見てみたいです。（萩原 剛）

5階平面図

4階平面図

3階平面図

2階平面図

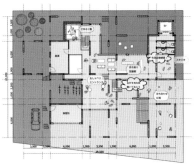

1階平面図

明治大学 理工学部 建築学科
3年生／計画・設計スタジオ1・第1課題／2020年度課題

# 多様な国籍の学生が混住する学生寮

**出題教員：山本俊哉**

**指導教員：青井哲人**

2019年4月、明治大学和泉キャンパス内に留学生と日本人学生が混住する学生寮・明治大学グローバル・ヴィレッジ（MGV）が誕生した。この課題は、明治大学が今から2年後に、生田キャンパスの近隣に、理工学部と農学部で学ぶ多様な国籍の学生（主に大学院生）が混住する学生寮を建てることを仮想して出題する。

この学生寮は、MGVと同様に、ユニットタイプの居住空間があり、プライベートな時間も自然な交流も両立できるうえ、コミュニティスペースが充実し、毎日がまるで海外留学に近い経験が得られるような空間を用意する。

また、さまざまな共用空間での各種の活動が有機的に展開できるように、寮生として住みながら他の寮生を支援する学生としてレジデント・アシスタント（RA）を配置し、そのRAは、数名のユニット、同じフロア、寮全体の3段階の空間的なまとまりの中に的確に配置され、各々のレベルのコミュニティが適切に形成・運営されるよう、日々の生活の支援を含めたさまざまなサポートを行うこととする。

この学生寮は、MGVよりかなり小規模（1/5程度）であるため、MGVのように寮長・寮母は住み込まず、異性の住棟に立ち入れないような空間はできづらいが、アジアをはじめ世界各地から優れた大学院生が多数入居することを想定し、文化的背景・家族環境の異なる人々とうまく意思疎通が図れるように暮らしながら学習できる空間をつくるようにする。また、周辺地域の住民とともに暮らすことができるよう、地域にも開かれた空間づくりに努める。新たな時代を切り拓く人材を集め、共同生活を通して国際人としての成長を促す魅力ある建築提案を期待する。

## 1、計画敷地
○敷地：川崎市多摩区三田（生田キャンパス近隣の敷地）
○面積：829㎡
○用途地域：第1種中高層住居専用地域・第2種高度地区
○建ぺい率：60%
○容積率：200%
○最高高さ：15m

## 2、計画建築物
○明治大学生田キャンパスに通う学生36〜40人の単身世帯が居住する学生寮を計画する。留学生と国内学生の比率は1:1（男女比も1:1）とし、1つの建物の中で多様な国籍の学生が混在することで学生の国際感覚を醸成する。
○管理人が常駐しているが、住み込みではない。RA（レジデント・アシスタント）と呼ばれる学生が寮生の生活をサポートしている。
○居住形式は個室＋個室以外共用とする。専用面積は合計400㎡（個室面積7〜14㎡/室）程度とする。なお、個室のトイレ等は共用でも良い。
○水回りは4〜8室で共用する。その共用部分にはキッチンやダイニング、洗濯、ラウンジなどのスペースを確保する。食事は共用部分で居住者が調理して食べる方針とする。
○寮生の学習環境を整えるため、ラウンジの他に、ラーニングスペース（多目的学習室）を適宜設ける。
○階数・高さ・面積：地上5階建て以下、最高高さは15m以下とする。延べ床面積は1,200㎡以内とする。
○昇降機・階段：エレベーターは1機以上、避難階段は各住戸から2方向に確保しなければならない。
○敷地内の造成にあたっては、土砂を敷地外に持ち出さないこととする。
○駐輪場は、居住者分＋来客者用5台分を確保する。駐車場は1台分確保する。
○外構は、周辺道路との関係に留意し、敷地内の植栽や舗装等を設計する。

※明治大学の課題出題教員インタビューは本書バックナンバー「JUTAKUKADAI05」P.254を参照（門脇耕三「目黒川沿いの集合住宅」）

**作品PR** 国際学生寮でプライベート空間の確保と学生間の交流を両立させるため、一人の個室をメゾネットとした。1層は半共有部で好きなことや趣味をアピールするショーケース的空間、もう1層はプライベート空間とする。2つの個室の間にキッチンや水回りを配置し、個室をつなぐ小道は持ち寄り図書館やDIY通りなど、場所によって特徴が異なる。各個室は寮内のコンテクストに合わせて変形させ、学生が各自で好きな場所を見つけて過ごせる。個室は2フロアにまたがり、フロア間の交流も生まれる。国際学生寮には多様な人、多様な住まい方がある。それに対応して複数の異なる環境をつくることで多様な場所をつくり出す。

# ものつくり大学
## Monotsukuri Institute of Technologists
### 技能工芸学部 建設学科 建築デザインコース

3年生／建設総合設計Ⅳ／2019年度課題

## 更新する学生寮

**出題教員コメント** 設計のみならず、木造・鋼構造・RC造・各種仕上げなどの実習を行うものつくり大学ですが、設計者としてそこで得た体験や知識をどのように生かせるのか、可能性を考えてもらうための出題です。特殊な与条件の課題ではありますが、自らの住む場所を協働して更新していくことにより、人が集まって住むことの根源的な必要性、集まって生きる時には何が必要なのか、を改めて考える機会になることを意図しています。（岡田公彦 准教授）

## 小池 健藏
Koike Kenzo

4年（課題時は3年）

## Invisible
### ― 更新するものつくり大学生の住処→街 ―

**設計趣旨** 「更新」というワードには、コミュニケーションの更新→空間の更新→場の更新とさまざまな意味合いがある。ものつくり大学敷地内に広場、路地をコンセプトとした交流を深める40住戸もの学生寮を計画。住空間を展開しつつ、ものつくり大学生の扱い慣れている材料を用いて、自分たちの場を自由自在に変化させることができる。学びの場でもあり、ものづくりを始めるきっかけともなる。

**指導教員コメント** 木立に囲まれた丘の中に建つ学生寮。ものつくり大学らしいリアルで力強い構想力と、一方で詩情あふれる繊細なパースをもって計画が表現されています。竣工時のつくりとしては、緩やかなまとまりにより学生たちが集まる拠り所としての求心性・全体性を持たせつつ、その後の更新を踏まえ巧妙に中心をずらして計画。いずれ増改築を繰り返し、ポジである屋内空間とネガであった屋外空間が反転、さらには融合しつつ森に溶けていく姿が美しく描かれています。（岡田公彦 准教授）

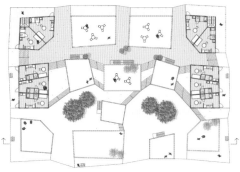

GL＋8,000平面図

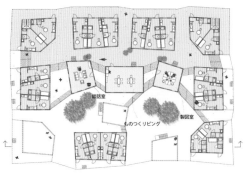

GL＋4,500平面図

GL＋1,500平面図

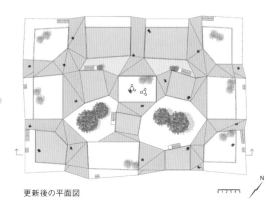

更新後の平面図

N

敷地内に路地性をつくり出すとともにそこが学生の溜まり場となる。棟の間隔を開け、どこにいても樹木の緑が無意識に目に入るようにして自然との関係性を高める。分割した棟に機能をつけた住戸ブロックを、積層させていく

**審査員コメント** 外と内、ネガとポジで建物の扱いが異なるのだと判断しましたが、模型を見るとそうでもない。そうした偶発的な事象をも含めて「寮」であると解釈しました。さらに、学生による単管パイプと木板のオブジェクトが取りついてくるのですが、これは良く出来すぎかもしれない。「計画」をぬぎ捨てて「ものつくり」とするためには、敷地を自分たちで活用する自由度が必要であり、つまり隙間の設計が足りません。外部空間の活用性と人が本来持つ可能性を引き出す意欲作です。（原田麻魚）

単管パイプ　　　　木板　　　　新たなオブジェクト

ものつくり大学では建設の授業の一環として、足場を組み立てる実習がある。そこで、この建物にも建設材料の単管パイプと木板を用いて新たな場をつくっていく。棟間の隙間は「余白」となり、建設学生の空間更新の対象となる。更新された学生寮に回遊性が加わり、違った形でコミュニティを触発させる

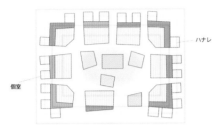

ハナレ

個室

学生寮は傾斜のある丘に計画される。学生寮の外側にはハナレや新たな個室をつくる「余白」がある。計画された個人スペースと共有スペースはリズムを持って外側へと広がりを見せる。更新によりできたハナレや個室は、単管パイプ、木板での更新によってアルゴリズムのようにつながりを見せていく

作業場で賑わうものつくり大生

柱状空間に集まるものつくり大生

更新後の学生寮

# 更新する学生寮

**出題教員：岡田公彦**

**指導教員：岡田公彦、長谷川欣則、今井 弘**

ものつくり大学の敷地内において各自が自由に建設場所を選択し、学生寮（ドミトリー）を計画する。昨今増加傾向にある入学生への対応や、2年次以降の入寮希望者にも対応するものである。

この学生寮は個人の専有のスペースとともに豊かな共用スペースを持ち、集まって生活することのメリットや意義が感じられる施設である。また、時代の変化への対応や使い勝手の向上、建築の実習も兼ねて学生の手で更新していける施設とする。

そのため、当初より学生たちが自身の手で改修、増築、減築などがしやすい計画となるよう留意する。参考としては、「スケルトンとインフィル」といった、耐用年数が長い構造体と、比較的短い仕上げや設備、間仕切りなどを明確に分け、耐用年数が短いものはあらかじめ更新しやすくつくっておく、といった考え方も参考になるであろう。

また、ものつくり大の学生（もしくは地域の住民等も含めても良い）みんなが集まって使う交流スペースを、使われ方を想定しつつ積極的に併設すること。みなさんの今までの実習での経験や、寮生活で感じた体験を生かした、多様な住まい方を許容する施設となることを期待する。

**1、面積概要（参考値）**
○個室：10㎡〜20㎡程度×40室（計400㎡〜800㎡）
○各自必要と考える交流施設：200㎡程度（使途は各自設定のこと）
○受付・管理人室、下足室、ランドリー室、リネン室、ゴミ置場：面積適宜（計100㎡程度）
○浴室・調理室・食事室：計200㎡程度
○その他（エントランスホール、廊下、階段等）：適宜
○延床面積：1,400㎡程度

※ものつくり大学の課題出題教員インタビューは本書バックナンバー「JUTAKUKADAI08」P.248を参照（岡田公彦「更新する共同住宅」）

**作品PR** 時代や使い方で変化を起こす40戸もの新たな学生寮を大学敷地内に計画する課題。更新による新たな学生同士の交流や生活の変化を生み出す、建築の時間軸を含めた設計を目指す。リノベーション、スケルトン・インフィルなどの更新による変化は規制的だと考え、学生自身が場をつくるアクティビティを創出しながら、学内の建築物の表情が変わっていくことが学生、周辺住人の興味、関心につながると考えた。オブジェクトが増えることで人々に変化を生み出していく、街の中のストリート・ファニチュアのようなスタイルでプライバシー、パブリックスペースに立体的、平面的に広がりを見せる多面的な回答を提案する。

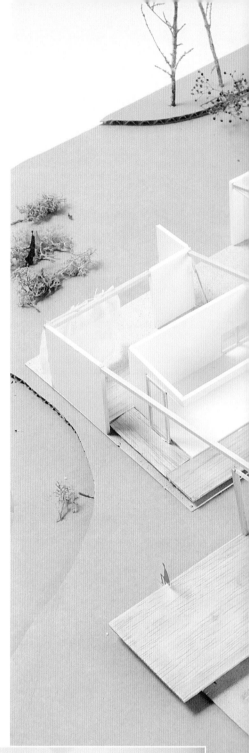

# 横浜国立大学
## Yokohama National University
**都市科学部 建築学科**

2年生／デザインスタジオⅡ・第2課題／2019年度課題

## 自然のなかの居住単位

**出題教員コメント** 本課題は、単なる住宅設計ではなく、住居を「環境の中での人間の活動の場」として捉え直すことを目的にしています。まず参加者は、自然環境を定量的あるいは定性的に捉え、隠れた秩序を探していきます。発見された秩序に対して、住居を環境の中に再発見する。あるいは環境の中に建築的要素を介入させることで住居を生み出していきます。（藤原徹平 准教授）

# 榊 真希
## Sakaki Maki

3年（課題時は2年）

## 自然のなかの都市空間

**設計趣旨** 自然の中に存在する人間の住まいは、環境に応答することはもちろん、豊かな生活の営みや人間同士の行動の場を確約すべきではないだろうか。そこで人間が住み集う都市空間に着目した。空間や行動が広がり、交差する都市のような空間に対し、自然がさまざまな接し方をする。時に厳しさを与える自然に対峙できる人間のための住まいとなる。

**指導教員コメント** 榊さんの作品は、自然環境の中に都市的な住まいをつくるという独特のコンセプトを持っています。すでに敷地周囲の集落は限界集落で、残念ながら地域コミュニティは存在していない。そんななか、突然森の中にポツンと一人住むのではなく、複数人の人間がキュッと集まって住む。豊かな自然環境に対峙する人間の住まいの原型をつくろうということでした。よく練られた平面図を見ると、一つの暮らしの単位が確かな実像で浮かび上がってきます。（藤原徹平 准教授）

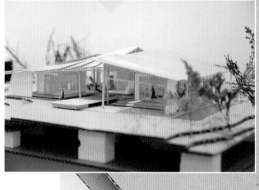

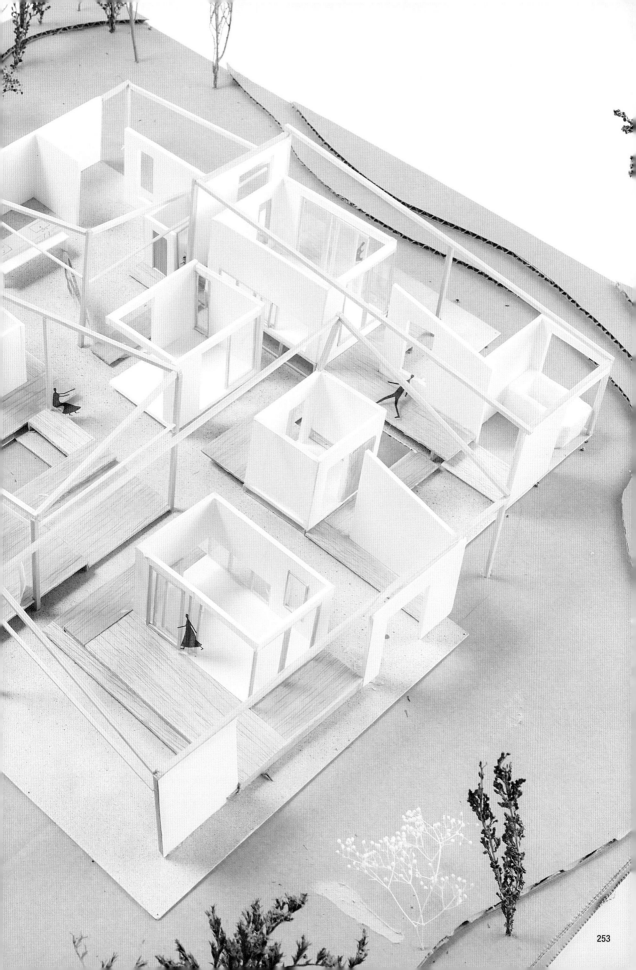

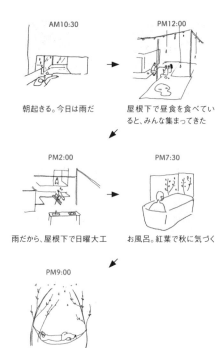

AM10:30　朝起きる。今日は雨だ

PM12:00　屋根下で昼食を食べていると、みんな集まってきた

PM2:00　雨だから、屋根下で日曜大工

PM7:30　お風呂。紅葉で秋に気づく

PM9:00　一人で星を見る

敷地は大自然に囲まれた新潟の山奥。独りぼっちで暮らすと自然に飲み込まれるのではないか。多人数での暮らし方を選択してみる。ハコのような住宅では、自然や他人との向き合い方がワンパターンになるため、都市のような近接する多様な空間のある住まいの中で暮らす

**断面図**

屋根の隙間から光が入る

屋根下で空間が交差する

住まいに開かれた自然でかけめぐる

低く、つながる空間

斜面に伸びる床

**立面図**

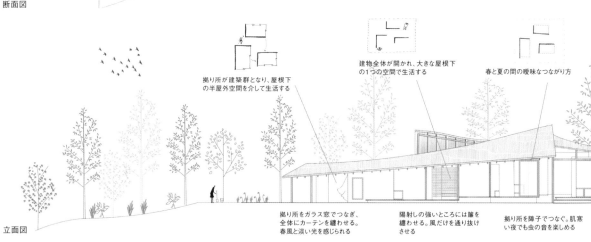

拠り所が建築群となり、屋根下の半屋外空間を介して生活する

建物全体が開かれ、大きな屋根下の1つの空間で生活する

春と夏の間の曖昧なつながり方

拠り所をガラス窓でつなぎ、全体にカーテンを纏わせる。春風と淡い光を感じられる

陽射しの強いところには簾を纏わせる。風だけを通り抜けさせる

拠り所を障子でつなぐ。肌寒い夜でも虫の音を楽しめる

---

**審査員コメント**　純粋に、住んでいて気持ち良さそうな住宅で、光の入り方なども非常に綺麗です。一方で物足りなさも感じました。平屋の計画なので設計の密度を上げるには、屋根から降り注ぐ光の角度に着目しても良いのでは。例えば、屋根の架け方にこだわっているものの、違う形の屋根が面で接しているようで、取り合いが無頓着に見えてしまうことがあります。屋根と屋根が食い込んで、そこに光が複雑に反射するなど、屋根同士の関係を多様に考えていくとさらに良くなりそうです。（古澤大輔）

みんなから離れて泣いている時に森が寄り添ってくれる

夜の暗くて怖い森を抜ける時に屋根の下でみんなが集まっていてほっとする

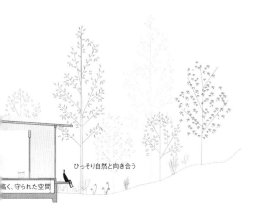

ひっそり自然と向き合う

高く、守られた空間

生活空間を寄せて暖かく過ごす。できない屋外活動を余った空間で行う

自然の中に建つこの住宅は、四季の変化に応じて建具を替えることで、環境を享受しながら、しなやかに豊かな環境を保つ。建具でつなぐ場所を変えていくと、内と外の関係が変化する

木戸と雪垣で雪囲いをする。軒の深いところはサッシにしておき、昼間に蓄熱させる

**課題**

横浜国立大学 都市科学部 建築学科
2年生／デザインスタジオⅡ・第2課題／2019年度課題

# 自然のなかの居住単位

**出題教員：藤原徹平**

**指導教員：藤原徹平、冨永美保、萬代基介**

地球上の一点に、人間の生活する場を構想します。計画地は北緯37度7分36秒、東経138度25分14秒、標高49m。敷地は十分に広く、豊かな自然に囲まれた場所です（環境データは理科年表等で調べること。敷地形状や周りの樹木等の自然条件はできる限り細かく設定し、模型や図面に反映させること。必ずしも観に行かなくてよい）。
建築とは物理的な構築物ですから、さまざまな自然条件に対応していなくてはなりません。まずは、重力に抗して起き上がる必要があります。また地震時の水平方向の力や、台風の風雨に対しても対応している必要があります。そしてその空間の内部には、人が豊かに過ごせるように、光が適度に射し込み、風が通り、快適に生活ができるように考えていく必要があります。夏の暑さ、冬の寒さ、春夏の快適な状態をどう生かすのかも考える必要があります。

## 1、設計条件
○自然の中での豊かな暮らしの場が提案されていること。
○雨、風、雪、四季の変化に創造的に応答する建築であること（快適な温熱環境が建築の全体で実現されている必要はないが、快適な場はないとだめ）。
○閉鎖的な箱ではないこと（環境の豊かさを建築がどう生かすのか、建築によって環境が豊かに感じられることが重要）。
○大きさや高さの制限は定めないが、自重と水平力に対して構造的に成立しているものとする（構造要素をきちんと大きな模型でつくって自立するというのも確かめる良い方法）。

**作品PR** 自然に対して、人間の暮らしの豊かさと強さが確かに存在する住まいを建てたいと考えた。しかし、部屋が背中合わせとなる一つの塊のような住宅では、外と内が二項対立的な関係でしかなくなってしまうだろう。そこで、住宅を都市のようにさまざまな単位に分解し、多様な場を設けた。部屋の隙間に生まれた路地と回廊では、人間同士の出会いや、行動の広がり、自然への興味が生まれる。また、梁や屋根で単位をつなぐことで、自然に応答するように、開き包まれることのできる住まいとする。時には大きな屋根のもとで開かれた環境となって自然を享受し、時には人間をそっと包む空間となって自然に対峙する。

255

# 早稲田大学
## Waseda University

創造理工学部 建築学科

2年生／設計製図Ⅰ・第2課題／2019年度課題

## 早稲田のまちに染み出す
## キャンパスと住まい
### —Activate Waseda—

**出題教員コメント** 2年生後期に取り組む最初の設計製図課題です。新大久保、高田馬場、早稲田などの異なる特色を持つ早稲田大学の周辺地域を広義なキャンパスと捉え、より良い大学街の姿を模索し、本学の学生や教職員のみならず、周辺に暮らす人々の生活の舞台を構想する課題です。学生たちはまず数名のグループに分かれて各区域の魅力や課題を発見した後、最終的には個人ごとにふさわしい敷地とテーマを各自で見つけて設計にまとめます。（有賀 隆 教授）

# 笹原 瑠生
Sasahara Rui

3年（課題時は2年）

## 公園の種をまく

**設計趣旨** 公園化予定地である住宅街に公園化計画の起点となる集合住宅を設計した。敷地は大規模な公共公園（戸山公園箱根山地区）と大学の間に位置し、キャンパス間をつなぐ抜け道にもなっている。庭と公園の間に、人々がそれぞれ異なる距離感で接するための緑地を「間合いの緑地」として定義し、それらを集合住宅に入れ込んだ。曖昧な緑地が多様な人々を受け入れ、混ざり合う場として機能する。

**指導教員コメント** 早稲田界隈にて、集まって住まうことの可能性を提案するという課題に対し、将来的に戸山公園の一部となることが計画されている住宅地の中に、多様な規模や種類の庭を配した集合住宅を設計しています。これまで一向に進まなかった公園化に対し、逆に住まうことにより庭が増え、既存の公園と一体となっていくビジョンを提示しており、集住の新たな可能性のみならず、都市スケールへの連続性や地域課題に対する提案といった、多様な意味が込められた、優秀な作品です。（小林恵吾 准教授）

早稲田大学 創造理工学部 建築学科 ― 笹原 瑠生

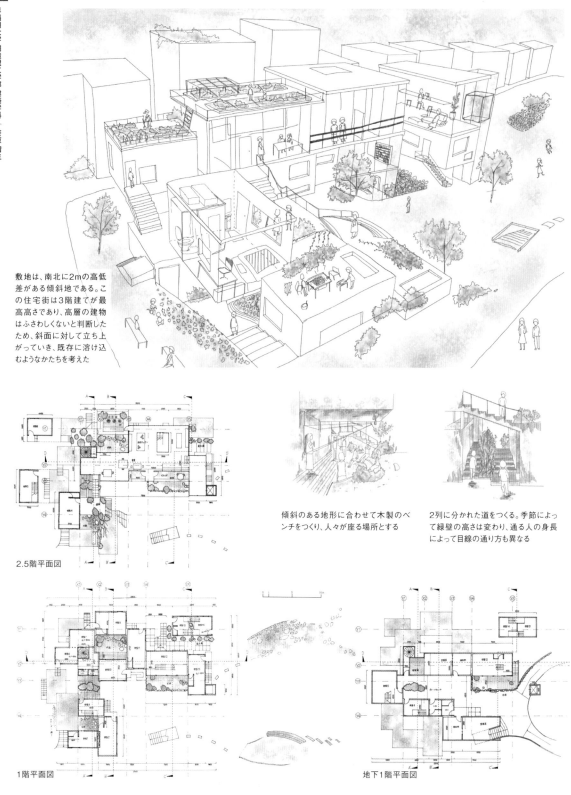

敷地は、南北に2mの高低差がある傾斜地である。この住宅街は3階建てが最高高さであり、高層の建物はふさわしくないと判断したため、斜面に対して立ち上がっていき、既存に溶け込むようなかたちを考えた

2.5階平面図

傾斜のある地形に合わせて木製のベンチをつくり、人々が座る場所とする

2列に分かれた道をつくる。季節によって緑壁の高さは変わり、通る人の身長によって目線の通り方も異なる

1階平面図

地下1階平面図

| 審査員コメント | 公園として整備される計画のある敷地に、公園のような、庭のような、住宅のようなものを設計するアプローチ。住宅をどのように開く、または閉じるか。公園の中に住む場所をつくるという考え方だと、プライバシーの確保が気に | なりますが、開く・閉じる以前に、公園の環境をどのように享受するかという見方ができるようになる。公園からアプローチすることで、住むことの見え方が変わってくるのです。そのことを含めて高いレベルで計画をまとめあげている、優れた提案です。（伊藤 暁） |

西側既存小公園の道を、道路を挟んで延長させ、建物の中にまで誘導するように引っ張りつつ、途中に中ぐらいのたまり場的緑地を設けながら、高さ方向にも変化をつけ、動線を強調しないかたちとした

A-A'断面図

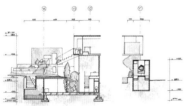

C-C'断面図

D-D'断面図

C-C'断面パース。どこからが個人のイエなのか曖昧になる構成であり、緑が視線を遮るが空気を通す

**課題**

早稲田大学 創造理工学部 建築学科
2年生／設計製図Ⅰ・第2課題／2019年度課題

# 早稲田のまちに染み出すキャンパスと住まい
## ―Activate Waseda―

**出題教員：有賀 隆**

**指導教員：小林恵吾**

●早稲田のまちのキャンパス・プロポーザル―早稲田のまちに学び、早稲田のまちに住む―
早稲田の街には、なぜ多くの人たちが集まってくるのだろうか？
約350haの早稲田のエリアには地域の人々とともに、約56,000人の学生、6,500人の教員、1,200人の職員が暮らしています。大学街として、大学と街が有機的に接続されていることは、おのずとそのポテンシャル（国際交流、知的財産の共有、自然環境、地域福祉・防災、商店街・学生街活性化、生涯学習社会など）を生み出しています。その中で、さらなる「早稲田ならでは」のポテンシャルを開拓してもらいたいと思います。そして、早稲田大学の4つのキャンパスを含めた地域全体を大きな意味でのキャンパスとみなし、建築をつくることでその魅力を高めていくような提案を望んでいます。
課題は、2つの段階を通じて進めます。第1課題では、計画の糧となるような資源・テーマを敷地の中から探索して設計の構想を立て、第2課題では、その構想に基づいて具体的な建築の設計に落とし込んでもらいます。

●第1課題：早稲田のまちのポテンシャルを開拓する ―What is Waseda?―
「早稲田ならではの複数の人が集合する可能性」を踏まえて、あなたが実際に街を歩いた領域で開拓したいポテンシャルについて図的表現をするとともに、設計提案の構想としてまとめなさい。

ここでいうポテンシャルとは、例えば、大きな次の6つのカテゴリーが考えられる。
1、タウンガウン（キャンパスシティとしてのあり方）
2、地域の暮らし（社会学的視点から捉える）
3、地形（トポロジー）、街並み、生活インフラ（交通、エネルギーなど）の都市的な視点から捉える
4、社会・歴史的背景（コンテクスト）
5、今良くないところ（問題点）
6、何かわからないけれどすごいところ

●第2課題：早稲田のまちに染み出すキャンパスと住まい ―Activate Waseda―
第2課題では、各自が設計する建築を通して、大学街の魅力を高めることを目的とする。大学街であることには、学ぶことと住むことがともに含まれており、それらが相乗効果を及ぼして地域への寄与となるよう工夫する。計画は、大学が関係するものとし（直接的・間接的は問わない）、設計規模は学校の一教室分の人数と同程度以内として最大40名、または延べ床面積最大500㎡を目安とする。必ずこれらの人々が暮らす住居機能を含むこと。

例えば、核家族単位ではなく人間の集まりとして集合の形式を考えようとする場合、人が集まって住むモチベーションには食、学、宗教、介護、NPO、趣味、研究室などが挙げられる。このうち例えば次のような住まいの形式が考えられる。
「食」：単身者や学生が共同キッチンを持つ住居形式
「宗教」：祈りの場と寄宿舎が一体となった住居形式
「趣味」：特殊倶楽部のための共同の場を所有しながら、銭湯や商店を利用し都市全体に散居する形式
「研究室」：大学の研究室が街へと拡張し、生活の一部を共同する住居形式（サテライト研究）
早稲田大学の4つのキャンパスを含めた地域全体を大きな意味でのキャンパスとみなし、建築をつくることでその魅力を高めていくような提案をすること。
本課題はこれまでの2年間の学習を総合した基礎製図の最終課題であり、「2年までの卒業計画」と捉えて臨むこと。

※早稲田大学の課題出題教員インタビューは本書バックナンバー「JUTAKUKADAI08」P.258を参照（有賀隆「早稲田のまちに染み出すキャンパスと住まい―Activate Waseda―」

**作品PR** 戸山3丁目住宅街の敷地調査で発見した、人々の間に存在するさまざまな距離感を、緑地のあり方に転用することにより、公園化計画の起点となる集合住宅を設計した。庭と公園の境をぼかすようにすることで、住宅でありながら、早稲田のさまざまな人が入り込む余地をつくる。ワンルームがずれて重なるように全体を構成しながら、周回することで、異なる間合いを感じる公園の種たちと出会える。地下の銭湯、2階のシェアキッチンは、住まい手の学生、一人暮らしの外国人だけではなく、地域の人々に開かれ、併設した広場は近くの小学校児童の遊び場になる。住宅を公園のように感じてもらうことを意識した。

# 住宅課題賞アーカイブ

主　　催　一般社団法人 東京建築士会

公開審査　審査員長：植田 実（第1〜20回）
司会：城戸崎和佐（第1〜4・17・18・20回）、木下庸子（第5〜13・15・16回）、佐々木龍郎（第14・19回）

会場構成　城戸崎和佐（第1〜7回）、葭内博史（第8〜13回）、澤田 勝（第14回）、
村山 圭（第11〜17回インストール／プロジェクト・マネジメント）、濱野裕司（第18〜20回）

---

## ［第1回］

| 会　　期 | 2001年7月2日（月）〜13日（金）〈土日休館、開場10日間〉 |
|---|---|
| 会　　場 | ギャルリー・タイセイ（西新宿） |
| 公開審査 | 7月6日（金）@新宿センタービル52階 大成建設小ホール |
| 審　査　員 | 池田昌弘、佐藤光彦、西沢立衛、中村好文、藤江和子 |
| 参加大学数／学科数 | 19大学／24学科 |

優秀賞（4作品選出）
- ●鈴木清巳｜多摩美術大学 美術学部 環境デザイン学科
- ●今井 圭｜東京理科大学 理工学部 建築学科
- ●宮澤里紗｜日本女子大学 家政学部 住居学科
- ●鬼木孝一郎｜早稲田大学 理工学部 建築学科

---

## ［第2回］

| 会　　期 | 2002年7月8日（月）〜19日（金）〈土日休館、開場10日間〉 |
|---|---|
| 会　　場 | DIC COLOR SQUARE（日本橋） |
| 公開審査 | 7月12日（金）@ディーアイシービル17階 DIC大会議室 |
| 審　査　員 | 東 利恵、岩岡竜夫、北山 恒、西沢大良 |
| 参加大学数／学科数 | 23大学／28学科 |

優秀賞（5作品選出）
- ●清水孝子｜神奈川大学 工学部 建築学科
- ●永尾達也｜東京大学 工学部 建築学科
- ●村瀬 聡｜日本大学 理工学部 建築学科
- ●藤田美湖｜日本女子大学 家政学部 住居学科
- ●渡邉文隆｜横浜国立大学 工学部 建設学科

---

## ［第3回］

| 会　　期 | 2003年7月11日（金）〜19日（土）〈土日含む9日間開場〉 |
|---|---|
| 会　　場 | DIC COLOR SQUARE（日本橋） |
| 公開審査 | 7月19日（土）@ディーアイシービル17階 DIC大会議室 |
| 審　査　員 | 内村綾乃、木下庸子、手塚由比、長尾亜子 |
| 参加大学数／学科数 | 25大学／32学科 |

優秀賞（5作品選出）
- ●周防貴之｜慶應義塾大学 理工学部 システムデザイン工学科
- ●安田淑乃｜東海大学 工学部 建築学科
- ●秋山怜史｜東京都立大学 工学部 建築学科
- ●柏原知恵｜東京理科大学 理工学部 建築学科
- ●吉川美鈴｜日本大学 理工学部 建築学科

---

## ［第4回］

| 会　　期 | 2004年7月9日（金）〜17日（土）〈土日含む9日間開場〉 |
|---|---|
| 会　　場 | DIC COLOR SQUARE（日本橋） |
| 公開審査 | 7月17日（土）@ディーアイシービル17階 DIC大会議室 |
| 審　査　員 | 手塚貴晴、西田 司、藤本壮介 |
| 参加大学数／学科数 | 26大学／34学科 |

優秀賞（9作品選出）
- ●1等・斎藤洋介｜東京理科大学 工学部第二部 建築学科
- ●2等・原賀裕美｜日本女子大学 家政学部 住居学科
- ●2等・尾崎悠子｜早稲田大学 理工学部 建築学科
- ●3等・山野井靖｜明治大学 理工学部 建築学科
- ●吉田圭吾｜東海大学 工学部 建築学科
- ●佐々木隆允｜東京都立大学 工学部 建築学科
- ●中村隆久美｜武蔵工業大学 工学部 建築学科
- ●石川和樹｜神奈川大学 工学部 建築学科
- ●須磨哲生｜慶應義塾大学 理工学部 システムデザイン工学科

---

## ［第5回］

| 会　　期 | 2005年7月8日（金）〜16日（土）〈土日含む9日間開場〉 |
|---|---|
| 会　　場 | DIC COLOR SQUARE（日本橋） |
| 公開審査 | 7月16日（土）@ディーアイシービル17階 DIC大会議室 |
| 審　査　員 | 篠原聡子、玄・ベルトー・進来、マニュエル・タルディッツ |
| 参加大学数／学科数 | 27大学／34学科 |

優秀賞（10作品選出）
- ●1等・中西祐輔｜前橋工科大学 工学部 建築学科
- ●2等・印牧洋介｜早稲田大学 理工学部 建築学科
- ●3等・逸見 豪｜東京大学 工学部 建築学科
- ●3等・小坂 怜｜東京理科大学 工学部第二部 建築学科
- ●クナウプ絵里奈｜神奈川大学 工学部 建築学科
- ●上田将之｜慶應義塾大学 理工学部 システムデザイン工学科
- ●内海慎一｜慶應義塾大学 環境情報学部 環境情報学科
- ●野原 修｜芝浦工業大学 工学部 建築学科
- ●金澤 愛｜日本大学 生産工学部 建築工学科
- ●北川美菜子｜横浜国立大学 工学部 建設学科

## ［第6回］

| 会　期 | 2006年10月25日（水）〜11月10日（金）〈11/4・日・祝日休館、開場13日間〉 |
|---|---|
| 会　場 | ギャラリー エー クワッド（東陽町） |
| 公開審査 | 10月28日（土）@竹中工務店東京本店2階 Aホール |
| 審査員 | 石黒由紀、ヨコミゾマコト、佐藤 淳 |
| 参加大学数／学科数 | 28大学／38学科 |

優秀賞（9作品選出）
- ●1等・中山佳子｜法政大学 工学部 建築学科
- ●2等・當山晋也｜前橋工科大学 工学部 建築学科
- ●藤　友美｜神奈川大学 工学部 建築学科
- ●高畑　緑｜昭和女子大学 生活科学部 生活環境学科
- ●古山容子｜筑波大学 芸術専門学群 デザイン専攻
- ●行木慎一郎｜東京理科大学 工学部第一部 建築学科
- ●松本大輔｜東京理科大学 工学部第二部 建築学科
- ●川口智子｜日本女子大学 家政学部 住居学科
- ●又地裕也｜明治大学 理工学部 建築学科

## ［第7回］

| 会　期 | 2007年10月24日（水）〜11月9日（金）〈日・祝日休館、開場14日間〉 |
|---|---|
| 会　場 | ギャラリー エー クワッド（東陽町） |
| 公開審査 | 10月27日（土）@竹中工務店東京本店2階 Aホール |
| 審査員 | 梅本洋一、西山浩平、吉村靖孝 |
| 参加大学数／学科数 | 28大学／37学科 |

優秀賞（7作品選出）
- ●1等・尾形模空｜前橋工科大学 工学部 建築学科
- ●2等・宇田川あやの｜東京理科大学 工学部第二部 建築学科
- ●3等・山口紗由｜日本女子大学 家政学部 住居学科
- ●藤原一世｜東京藝術大学 美術学部 建築科
- ●金光宏泰｜早稲田大学 理工学部 建築学科
- ●斉藤拓海｜東京大学 工学部 建築学科
- ●小倉万実｜昭和女子大学 生活科学部 生活環境学科

## ［第8回］

| 会　期 | 2008年10月22日（水）〜11月7日（金）〈10/25・日・祝日休館、開場13日間〉 |
|---|---|
| 会　場 | ギャラリー エー クワッド（東陽町） |
| 公開審査 | 11月1日（土）@竹中工務店東京本店2階 Aホール |
| 審査員 | 佐々木龍郎、東海林弘靖、長谷川豪、三原 斉 |
| 参加大学数／学科数 | 28大学／38学科 |

優秀賞（7作品選出）
- ●1等・山内祥吾｜横浜国立大学 工学部 建設学科 建築学コース
- ●2等・湯浅絵里奈｜東京電機大学 工学部 建築学科
- ●3等・北野克弥｜東京藝術大学 美術学部 建築科
- ●3等・西郷朋子｜東京理科大学 工学部第二部 建築学科
- ●杉山聖昇｜神奈川大学 工学部 建築学科 デザインコース
- ●勢井彩華｜筑波大学 芸術専門学群 デザイン科 建築デザイン領域
- ●芝山雅子｜武蔵野美術大学 造形学部 建築学科

## ［第9回］

| 会　期 | 2009年10月15日（木）〜11月6日（金）〈日・祝日休館、開場19日間〉 |
|---|---|
| 会　場 | ギャラリー エー クワッド（東陽町） |
| 公開審査 | 10月31日（土）@竹中工務店東京本店2階 Aホール |
| 審査員 | 乾久美子、城戸崎和佐、高井啓明、平田晃久 |
| 参加大学数／学科数 | 33大学／43学科 |

優秀賞（9作品選出）
- ●1等・鈴木智博｜慶應義塾大学 理工学部 システムデザイン工学科
- ●2等・野上晴香｜東京理科大学 理工学部 建築学科
- ●3等・平野有良｜首都大学東京 都市環境学部 都市環境学科 建築都市コース
- ●3等・徳山史典｜横浜国立大学 工学部 建設学科 建築学コース
- ●杉崎瑞穂｜神奈川大学 工学部 建築学科 デザインコース
- ●田口　慧｜東海大学 工学部 建築学科
- ●倉　雄中｜東京都市大学 工学部 建築学科
- ●田島綾菜｜前橋工科大学 工学部 建築学科
- ●堀　駿｜早稲田大学 理工学術院 創造理工学部 建築学科

## ［第10回］

| 会　期 | 2010年10月25日（月）〜11月5日（金）〈日・祝日休館、開場10日間〉 |
|---|---|
| 会　場 | ギャラリー エー クワッド（東陽町） |
| 公開審査 | 10月30日（土）@竹中工務店東京本店2階 Aホール |
| 審査員 | 赤松佳珠子、冨永祥子、鍋島千恵、福屋粧子 |
| 参加大学数／学科数 | 34大学／44学科 |

優秀賞（7作品選出）
- ●1等・河内駿介｜千葉工業大学 工学部 建築都市環境学科
- ●2等・村松佑樹｜東京理科大学 理工学部 建築学科
- ●3等・佐久間純｜横浜国立大学 工学部 建設学科 建築学コース
- ●小林　誠｜東京藝術大学 美術学部 建築科
- ●日野顕一｜東京理科大学 工学部第二部 建築学科
- ●西川博美｜日本工業大学 工学部 建築学科
- ●瀬川　翠｜日本女子大学 家政学部 住居学科 建築環境デザイン専攻

## ［第11回］

| 会　期 | 2011年10月17日（月）〜11月4日（金）〈日・祝日休館、開場16日間〉 |
|---|---|
| 会　場 | ギャラリー エー クワッド（東陽町） |
| 公開審査 | 10月29日（土）@竹中工務店東京本店2階 Aホール |
| 審査員 | 下吹越武人、高橋晶子、福島加津也、松下 督 |
| 参加大学数／学科数 | 35大学／44学科 |

優秀賞（3作品選出）／審査員賞（5作品選出）
- ●1等・ヤップ・ミンウェイ｜横浜国立大学 工学部 建設学科 建築学コース
- ●2等・堀　裕平｜日本大学 生産工学部 建築工学科 建築環境デザインコース
- ●3等・矢端孝平｜前橋工科大学 工学部 建築学科
- ●植田賞・大槻　茜｜東洋大学 理工学部 建築学科
- ●下吹越賞・清宮あやの｜東京理科大学 理工学部 建築学科
- ●高橋賞・塩谷歩波｜早稲田大学 理工学術院 創造理工学部 建築学科
- ●福島賞・蔵永むつみ｜工学院大学 工学部 建築学科 建築学コース
- ●松下賞・木村　和｜日本大学 芸術学部 デザイン学科 建築デザインコース

## ［第12回］

| 会　　期 | 2012年10月9日(火)～11月9日(金)〈日・祝日休館、開場27日間〉 |
| --- | --- |
| 会　　場 | ギャラリー エー クワッド(東陽町) |
| 公 開 審 査 | 10月27日(土)＠竹中工務店東京本店2階 Aホール |
| 審　査　員 | 大西麻貴、平瀬有人、藤原徹平、松岡恭子 |
| 参加大学数／学科数 | 34大学／44学科 |

**優秀賞**(3作品選出)／
**審査員賞**(5作品選出)
- ●1等・北城みどり｜東京藝術大学 美術学部 建築科
- ●2等・仲尾　梓｜東京理科大学 工学部第一部 建築学科
- ●3等・小出　杏｜日本大学 生産工学部 建築工学科 居住空間デザインコース
- ●植田賞・鈴木　陸｜筑波大学 芸術専門学群 デザイン専攻 建築デザインコース
- ●大西賞・袴田千晶｜武蔵野美術大学 環境学部 環境学科 都市環境専攻
- ●平瀬賞・田中裕太｜武蔵野美術大学 造形学部 建築学科
- ●藤原賞・嶋田　恵｜東京電機大学 未来科学部 建築学科
- ●松岡賞・渡辺知代｜昭和女子大学 生活科学部 環境デザイン学科 建築・インテリアデザインコース

## ［第13回］

| 会　　期 | 2013年10月7日(月)～12月25日(金)〈土日・祝日休館、19日(土)は開館、開場15日間〉 |
| --- | --- |
| 会　　場 | ギャラリー エー クワッド(東陽町) |
| 公 開 審 査 | 10月19日(土)＠竹中工務店東京本店2階 Aホール |
| 審　査　員 | 金田充弘、川辺直哉、坂下加代子、宮 晶子 |
| 参加大学数／学科数 | 35大学／44学科 |

**優秀賞**(3作品選出)／
**審査員賞**(5作品選出)
- ●1等・原　彩乃｜東京理科大学 理工学部 建築学科
- ●2等・上ノ内智貴｜東洋大学 理工学部 建築学科
- ●2等・井津利貴｜前橋工科大学 工学部 建築学科
- ●植田賞・伊藤万里｜日本工業大学 工学部 建築学科
- ●金田賞・川田　裕｜工学院大学 工学部 建築学科 建築学コース
- ●川辺賞・田村聖輝｜東京電機大学 未来科学部 建築学科
- ●坂下賞・千葉春波｜関東学院大学 工学部 建築学科 建築コース
- ●宮賞・中津川稔江｜東海大学 工学部 建築学科

## ［第14回］

| 会　　期 | 2014年11月4日(火)～21日(金)〈土日休館、15日(土)は開館、開場15日間〉 |
| --- | --- |
| 会　　場 | ギャラリー エー クワッド(東陽町) |
| 公 開 審 査 | 11月15日(土)＠竹中工務店東京本店1階 食堂 |
| 審　査　員 | 貝島桃代、吉良森子、島田 陽、谷内田章夫 |
| 参加大学数／学科数 | 36大学／45学科 |

**優秀賞**(4作品選出)／
**審査員賞**(5作品選出)
- ●1等・松本寛司｜前橋工科大学 工学部 建築学科
- ●2等・小池萌子｜工学院大学 建築学部 建築デザイン学科
- ●3等・池川健太｜武蔵野美術大学 造形学部 建築学科
- ●3等・立原麿乃｜明海大学 不動産学部 不動産学科 デザインコース
- ●植田賞・鈴木智子｜東京理科大学 工学部第二部 建築学科
- ●貝島賞・横尾　周｜慶應義塾大学 総合政策学部 総合政策学科
- ●吉良賞・池上里佳子｜多摩美術大学 美術学部 環境デザイン学科 建築デザインコース
- ●島田賞・山岸龍弘｜法政大学 デザイン工学部 建築学科
- ●谷内田賞・白石矩子｜東京電機大学 未来科学部 建築学科

## ［第15回］

| 会　　期 | 2015年10月19日(月)～11月6日(金)〈土日・祝休館、24日(土)は開館、開場15日間〉 |
| --- | --- |
| 会　　場 | ギャラリー エー クワッド(東陽町) |
| 公 開 審 査 | 10月24日(土)＠竹中工務店東京本店2階 Aホール |
| 審　査　員 | 石田敏明、木島千嘉、濱野裕司、吉松秀樹 |
| 参加大学数／学科数 | 37大学／48学科 |

**優秀賞**(3作品選出)／
**審査員賞**(5作品選出)
- ●1等・間野知英｜法政大学 デザイン工学部 建築学科
- ●2等・牧戸倫子｜明治大学 理工学部 建築学科
- ●3等・伊藤優太｜日本大学 生産工学部 建築工学科 建築環境デザインコース
- ●植田賞・川口ほたる｜東京藝術大学 美術学部 建築科
- ●石田賞・斉藤有生｜芝浦工業大学 工学部 建築学科
- ●木島賞・伊勢萌乃｜日本大学 理工学部 建築学科
- ●濱野賞・岩田舞子｜武蔵大学 環境学部 環境学科 都市環境専攻
- ●吉松賞・御園生美久｜東京理科大学 工学部第一部 建築学科

## ［第16回］

| 会　　期 | 2016年11月7日(月)～11月22日(火)〈土日休館、12日(土)は開館、開場13日間〉 |
| --- | --- |
| 会　　場 | ギャラリー エー クワッド(東陽町) |
| 公 開 審 査 | 11月12日(土)＠竹中工務店東京本店2階 Aホール |
| 審　査　員 | 大野博史、谷尻 誠、千葉 学、中山英之 |
| 参加大学数／学科数 | 37大学／48学科 |

**優秀賞**(3作品選出)／
**審査員賞**(5作品選出)
- ●1等・湊崎由香｜東京藝術大学 美術学部 建築科
- ●2等・羽根田雄仁｜武蔵野美術大学 造形学部 建築学科
- ●3等・羽田野美樹｜法政大学 デザイン工学部 建築学科
- ●植田賞・鶴田　叡｜東京都市大学 工学部 建築学科
- ●大野賞・坂本佳奈｜日本工業大学 工学部 生活環境デザイン学科
- ●谷尻賞・吉川新之佑｜慶應義塾大学 環境情報学部
- ●千葉賞・田丸文菜｜多摩美術大学 美術学部 環境デザイン学科 建築デザインコース
- ●中山賞・曦野小梅｜千葉大学 工学部 都市環境システム学科

## ［第17回］

| 会　　　　期 | 2017年11月21日（火）〜11月29日（水）〈日曜休館、開場8日間〉 |
|---|---|
| 会　　　　場 | ギャラリー エー クワッド（東陽町） |
| 公　開　審　査 | 11月25日（土）＠竹中工務店東京本店2階 Aホール |
| 審　査　員 | 小西泰孝、中川エリカ、藤村龍至、前田圭介 |
| 参加大学数／学科数 | 37大学／48学科 |

**優秀賞（3作品選出）／審査員賞（5作品選出）**
- ●1等・課題名「都市／住宅」菅野 楓｜関東学院大学 建築・環境学部 建築・環境学科 すまいデザインコース
- ●2等・課題名「『2つある』住宅」金 俊浩｜横浜国立大学 理工学部 建築都市・環境系学科 建築EP
- ●3等・課題名「都市居住（都市施設を併設させた新しい都市のかたち）」日下あすか｜工学院大学 建築学部 建築デザイン学科
- ●植田賞・課題名「目黒川沿いの集合住宅」大方利希也｜明治大学 理工学部 建築学科
- ●小西賞・課題名「○○の住宅」堀内那央｜日本大学 生産工学部 建築工学科 居住空間デザインコース
- ●中川賞・課題名「住宅」鳥山亜紗子｜日本大学 理工学部 建築学科
- ●藤村賞・課題名「成城プロジェクト— 住宅＋αの新しい可能性を提案する—」
　渡邉 和｜武蔵野美術大学 造形学部 建築学科
- ●前田賞・課題名「畳のある集合住宅」工藤浩平｜東京都市大学 工学部 建築学科

## ［第18回］

| 会　　　　期 | 2018年11月2日（金）〜11月20日（水）〈土日休館、10日（土）は開館、開場14日間〉 |
|---|---|
| 会　　　　場 | ギャラリー エー クワッド（東陽町） |
| 公　開　審　査 | 11月10日（土）＠竹中工務店東京本店2階 Aホール |
| 審　査　員 | 高橋 堅、長田直之、能作文徳、米田 明 |
| 参加大学数／学科数 | 39大学／51学科 |

**優秀賞（3作品選出）／審査員賞（5作品選出）**
- ●1等・課題名「東長崎プロジェクト— 住宅＋αの新しい可能性を提案する—」矢舗礼子｜武蔵野美術大学 造形学部 建築学科
- ●2等・課題名「8mCUBE— 8m立方の、ある一つの秩序を持った住宅空間を設計する」
　光樂瑤子｜日本大学 生産工学部 建築工学科 建築デザインコース
- ●3等・課題名「50人が暮らし、50人が泊まれる、この先の暮らしの場」
　佐塚将太｜神奈川大学 工学部 建築学科 建築デザインコース
- ●植田賞・課題名「外のある家」森下かん奈｜工学院大学 建築学部 まちづくり学科
- ●高橋賞・課題名「住み継げる家— フージャースアベニュー・筑波大学 産学協同コンペ2018」
　染谷美也子｜筑波大学 芸術専門学群 デザイン専攻 建築デザイン領域
- ●長田賞・課題名「4世代住宅を作れ」寺島瑞季｜東京都市大学 工学部 建築学科
- ●能作賞・課題名「百草団地職員住宅改築計画」西田 静｜東京大学 工学部 建築学科
- ●米田賞・課題名「根津に住む」八木このみ｜東京理科大学 工学部 建築学科

## ［第19回］

| 会　　　　期 | 2019年11月20日（水）〜12月2日（月）〈土日・祝日休館、23日（土）は開館、開場10日間〉 |
|---|---|
| 会　　　　場 | ギャラリー エー クワッド（東陽町） |
| 公　開　審　査 | 11月23日（土）＠竹中工務店東京本店2階 Aホール |
| 審　査　員 | 加茂紀和子、田井幹夫、寳神尚史、吉野 弘 |
| 参加大学数／学科数 | 39大学／52学科 |

**優秀賞（3作品選出）／審査員賞（5作品選出）**
- ●1等・課題名「早稲田のまちに染み出すキャンパスと住まい —Activate Waseda—」
　佐藤日和｜早稲田大学 理工学術院 創造理工学部 建築学科
- ●2等・課題名「自然のなかの居住単位」寺西遥夏｜横浜国立大学 都市科学部 建築学科
- ●3等・課題名「代官山コンプレックス」森野和泉｜日本大学 理工学部 建築学科
- ●植田賞・課題名「『5人の閉じた家』から『2人の開いた家』へ」日向野帆穂｜東洋大学 ライフデザイン学部 人間環境デザイン学科
- ●加茂賞・課題名「MAD City House」渡邉大祐｜千葉大学 工学部 総合工学科 都市環境システムコース
- ●田井賞・課題名「『商店長屋』—商店街に暮らす—」
　鈴木彩花｜昭和女子大学 生活科学部 環境デザイン学科 建築・インテリアデザインコース
- ●寳神賞・課題名「地域コミュニティーの核となる、『住む／憩う　働く』ための多機能集合住宅」高橋一仁｜東京藝術大学 美術学部 建築科
- ●吉野賞・課題名「更新する共同住宅」山本佑香｜ものつくり大学 技能工芸学部 建設学科 建築デザインコース

## ［第20回］

| 会　　　　期 | 2020年12月3日（木）〜12月10日（木）〈土日休館、開場6日間〉 |
|---|---|
| 会　　　　場 | ギャラリー エー クワッド（東陽町） |
| 公　開　審　査 | 12月5日（土）＠東京建築士会 会議室 ※オンライン審査にて実施 |
| 審　査　員 | 伊藤 暁、萩原 剛、原田麻魚、古澤大輔 |
| 参加大学数／学科数 | 41大学／53学科 |

**優秀賞（3作品選出）／審査員賞（5作品選出）**
- ●1等・課題名「敷地選択型 住宅プロジェクト—住宅＋αの新しい可能性を提案する—」
　二又大瑚｜武蔵野美術大学 造形学部 建築学科
- ●2等・課題名「集まって暮らす、働く」疋田大智｜静岡理工科大学 理工学部 建築学科
- ●3等・課題名「あり続ける住宅」香川 唯｜関東学院大学 建築・環境学部 建築・環境学科 すまいデザインコース
- ●植田賞・課題名「住宅II」堀之内ゆみ｜東京藝術大学 美術学部 建築科
- ●伊藤賞・課題名「多摩NT 豊ヶ丘・貝取団地一部再生計画」藤堂真也｜東京大学 工学部 建築学科
- ●萩原賞・課題名「小住宅"一大きなスペースと小さなスペースを持つ住まい"」
　小林芽衣菜｜共立女子大学 家政学部 建築・デザイン学科 建築コース
- ●原田賞・課題名「代官山コンプレックス」伊藤茉奈｜日本大学 理工学部 建築学科
- ●古澤賞・課題名「『動物とくらす家』ウチの生活とソトの生活が重なる家」渡邉優太｜東海大学 工学部 建築学科

# 歴代参加大学・学科リスト

（第1回〜第10回）

※参加大学名と学科名は、出展時の最新データに基づく
※優秀賞1・2・3等は第4回より、審査員賞は第11回より実施

優秀賞　審査員賞　出展

| 審査員長 | 植田 実 | | |
|---|---|---|---|
| 審査員 | 池田昌弘 | 東 利恵 | 内村綾乃 |
| | 佐藤光彦 | 岩岡竜夫 | 木下庸子 |
| | 西沢立衛 | 北山 恒 | 手塚由比 |
| | 中村好文 | 西沢大良 | 長尾亜子 |
| | 藤江和子 | | |
| 司会 | 城戸崎和佐 | | |

| No. | 大学 | 学部 学科 専攻／コース | 第1回(2001年度) | 第2回(2002年度) | 第3回(2003年度) |
|---|---|---|---|---|---|
| 1 | 足利大学 | 工学部 創生工学科 建築・土木分野 建築学コース | | | |
| 2 | 茨城大学 | 工学部 都市システム工学科 建築デザインプログラム | | | |
| 3 | 宇都宮大学 | 地域デザイン科学部 建築都市デザイン学科 (2016年度〜) | | | |
| 4 | 大妻女子大学 | 社会情報学部 社会情報学科 環境情報学専攻 | | | |
| 5 | 神奈川大学 | 工学部 建築学科 建築デザインコース | | | |
| 6 | 関東学院大学 | 建築・環境学部 建築・環境学科 すまいデザインコース (2013年度〜) | | | |
| 7 | 共立女子大学 | 家政学部 建築・デザイン学科 建築コース | | | |
| 8 | 慶應義塾大学 | 総合政策学部・環境情報学部 | | | |
| 9 | 慶應義塾大学 | 理工学部 システムデザイン工学科 | | | |
| 10 | 工学院大学 | 建築学部 建築学科 | | | |
| 11 | 工学院大学 | 建築学部 建築デザイン学科 (2011年度〜) | | | |
| 12 | 工学院大学 | 建築学部 まちづくり学科 | | | |
| 13 | 工学院大学 | 工学部 建築学科・建築都市デザイン学科 (〜2010年度) | | | |
| 14 | 国士舘大学 | 理工学部 理工学科 建築学系 (2007年度〜) | | | |
| 15 | 駒沢女子大学 | 人間総合学群 住空間デザイン学類 建築デザインコース (2018年度〜) | | | |
| 16 | 静岡理工科大学 | 理工学部 建築学科 | | | |
| 17 | 芝浦工業大学 | 建築学部 建築学科 APコース | | | |
| 18 | 芝浦工業大学 | 建築学部 建築学科 SAコース (2017年度〜) | | | |
| 19 | 芝浦工業大学 | 建築学部 建築学科 UAコース | | | |
| 20 | 芝浦工業大学 | 工学部 建築学科 (〜2016年度) | | | |
| 21 | 昭和女子大学 | 環境デザイン学部 環境デザイン学科 建築・インテリアデザインコース (2020年度〜) | | | |
| 22 | 女子美術大学 | 芸術学部 デザイン・工芸学科 環境デザイン専攻 | | | |
| 23 | 多摩美術大学 | 美術学部 環境デザイン学科 建築・インテリアデザインコース | | | |
| 24 | 千葉工業大学 | 創造工学部 建築学科 (2016年度〜) | | | |
| 25 | 千葉大学 | 工学部 総合工学科 都市環境システムコース (2017年度〜) | | | |
| 26 | 千葉大学 | 工学部 デザイン工学科 (2002年度時点) | | | |
| 27 | 筑波大学 | 芸術専門学群 デザイン専攻 建築デザイン領域 | | | |
| 28 | 東海大学 | 工学部 建築学科 | | | |
| 29 | 東海大学 | 情報デザイン工学部 建築デザイン学科 (〜2009年度) | | | |
| 30 | 東京大学 | 工学部 建築学科 | | | |
| 31 | 東京家政学院大学 | 現代生活学部 生活デザイン学科 (2012年度〜) | | | |
| 32 | 東京藝術大学 | 美術学部 建築科 | | | |
| 33 | 東京工業大学 | 工学部 建築学科 (2003年度時点) | | | |
| 34 | 東京電機大学 | 未来科学部 建築学科 (2008年度〜) | | | |
| 35 | 東京都市大学 | 建築都市デザイン学部 建築学科 (2020年度〜) | | | |
| 36 | 東京都立大学 | 都市環境学部 建築学科 (2020年度〜) | | | |
| 37 | 東京理科大学 | 工学部 建築学科 (2016年度〜) | | | |
| 38 | 東京理科大学 | 理工学部 建築学科 | | | |
| 39 | 東京理科大学 | 工学部第二部 建築学科 (〜2016年度) | | | |
| 40 | 東洋大学 | 理工学部 建築学科 (2010年度〜) | | | |
| 41 | 東洋大学 | ライフデザイン学部 人間環境デザイン学科 | | | |
| 42 | 日本大学 | 芸術学部 デザイン学科 (2012年度〜) | | | |
| 43 | 日本大学 | 生産工学部 建築工学科 建築総合コース (2011年度〜) | | | |
| 44 | 日本大学 | 生産工学部 建築工学科 建築デザインコース (2013年度〜) | | | |
| 45 | 日本大学 | 生産工学部 建築工学科 居住空間デザインコース | | | |
| 46 | 日本大学 | 理工学部 建築学科 | | | |
| 47 | 日本大学 | 理工学部 海洋建築工学科 | | | |
| 48 | 日本工業大学 | 建築学部 建築学科 建築コース (2018年度〜) | | | |
| 49 | 日本工業大学 | 建築学部 建築学科 生活環境デザインコース (2018年度〜) | | | |
| 50 | 日本女子大学 | 家政学部 住居学科 居住環境デザイン専攻・建築デザイン専攻 (2010年度〜) | | | |
| 51 | 文化学園大学 | 造形学部 建築・インテリア学科 | | | |
| 52 | 法政大学 | デザイン工学部 建築学科 (2008年度〜) | | | |
| 53 | 前橋工科大学 | 工学部 建築学科 | | | |
| 54 | 前橋工科大学 | 工学部 総合デザイン工学科 | | | |
| 55 | 武蔵野大学 | 工学部 建築デザイン学科 (2017年度〜) | | | |
| 56 | 武蔵野美術大学 | 造形学部 建築学科 | | | |
| 57 | 明海大学 | 不動産学部 不動産学科 デザインコース (2011年度〜) | | | |
| 58 | 明治大学 | 理工学部 建築学科 | | | |
| 59 | ものつくり大学 | 技能工芸学部 建設学科 建築デザインコース | | | |
| 60 | 横浜国立大学 | 都市科学部 建築学科 (2017年度〜) | | | |
| 61 | 早稲田大学 | 理工学術院 創造理工学部 建築学科 (2007年度〜) | | | |

| | 第1回(2001年度) | 第2回(2002年度) | 第3回(2003年度) |
|---|---|---|---|
| 参加大学数 | 19 | 23 | 25 |
| 参加学科数 | 24 | 28 | 32 |

| 植田 実 | | | | | | |
|---|---|---|---|---|---|---|
| 手塚貴晴 | 篠原聡子 | 石黒由紀 | 梅本洋一 | 佐々木龍郎 | 乾 久美子 | 赤松佳珠子 |
| 西田 司 | 玄・ベルトー・進来 | ヨコミゾマコト | 西山浩平 | 東海林弘靖 | 城戸崎和佐 | 冨永祥子 |
| 藤本壮介 | マニュエル・タルディッツ | 佐藤 淳 | 吉村靖孝 | 長谷川 豪 | 高井啓明 | 鍋島千恵 |
| | | | | 三原 斉 | 平田晃久 | 福屋粧子 |

| 城戸崎和佐 | 木下庸子 |
|---|---|

| 第4回(2004年度) | 第5回(2005年度) | 第6回(2006年度) | 第7回(2007年度) | 第8回(2008年度) | 第9回(2009年度) | 第10回(2010年度) | No. |
|---|---|---|---|---|---|---|---|
| | | | | | | | 1 |
| | | | | | | | 2 |
| | | | | | | | 3 |
| | | | | | | | 4 |
| | | | | | | | 5 |
| | | | | | | | 6 |
| | | | | | | | 7 |
| | | | | | | | 8 |
| | | | | | 1等 | | 9 |
| | | | | | | | 10 |
| | | | | | | | 11 |
| | | | | | | | 12 |
| | | | | | | | 13 |
| | | | | | | | 14 |
| | | | | | | | 15 |
| | | | | | | | 16 |
| | | | | | | | 17 |
| | | | | | | | 18 |
| | | | | | | | 19 |
| | | | | | | | 20 |
| | | | | | | | 21 |
| | | | | | | | 22 |
| | | | | | | | 23 |
| | | | | | | 1等 | 24 |
| | | | | | | | 25 |
| | | | | | | | 26 |
| | | | | | | | 27 |
| | | | | | | | 28 |
| | | | | | | | 29 |
| | 3等 | | | | | | 30 |
| | | | | | | | 31 |
| | | | | | | | 32 |
| | | | | 3等 | | | 33 |
| | | | | 2等 | | | 34 |
| | | | | | | | 35 |
| | | | | | 3等 | | 36 |
| | | | | | | | 37 |
| | | | | | 2等 | 2等 | 38 |
| 1等 | 3等 | | 2等 | 3等 | | | 39 |
| | | | | | | | 40 |
| | | | | | | | 41 |
| | | | | | | | 42 |
| | | | | | | | 43 |
| | | | | | | | 44 |
| | | | | | | | 45 |
| | | | | | | | 46 |
| | | | | | | | 47 |
| | | | | | | | 48 |
| | | | | | | | 49 |
| 2等 | | | 3等 | | | | 50 |
| | | | | | | | 51 |
| | | 1等 | | | | | 52 |
| | 1等 | 2等 | 1等 | | | | 53 |
| | | | | | | | 54 |
| | | | | | | | 55 |
| | | | | | | | 56 |
| | | | | | | | 57 |
| 3等 | | | | | | | 58 |
| | | | | | | | 59 |
| | | | | 1等 | 3等 | 3等 | 60 |
| 2等 | 2等 | | | | | | 61 |

| 26 | 27 | 28 | 28 | 28 | 33 | 34 |
|---|---|---|---|---|---|---|
| 34 | 34 | 38 | 37 | 38 | 43 | 44 |

265

# 歴代参加大学・学科リスト
（第11回〜第20回）

※参加大学名と学科名は、出展時の最新データに基づく
※優秀賞1・2・3等は第4回より、審査員賞は第11回より実施

優秀賞　審査員賞　出展

| 審査員長 | 植田 実 | | |
|---|---|---|---|
| 審査員 | 下吹越武人 | 大西麻貴 | 金田充弘 |
| | 高橋晶子 | 平瀬有人 | 川辺直哉 |
| | 福島加津也 | 藤原徹平 | 坂下加代子 |
| | 松下 督 | 松岡恭子 | 宮 晶子 |
| 司会 | 木下庸子 | | |

| No. | 大学 | 学部 学科 専攻／コース | 第11回(2011年度) | 第12回(2012年度) | 第13回(2013年度) |
|---|---|---|---|---|---|
| 1 | 足利大学 | 工学部 創生工学科 建築・土木分野 建築学コース | | | |
| 2 | 茨城大学 | 工学部 都市システム工学科 建築デザインプログラム | | | |
| 3 | 宇都宮大学 | 地域デザイン科学部 建築都市デザイン学科 (2016年度〜) | | | |
| 4 | 大妻女子大学 | 社会情報学部 社会情報学科 環境情報学専攻 | | | |
| 5 | 神奈川大学 | 工学部 建築学科 建築デザインコース | | | |
| 6 | 関東学院大学 | 建築・環境学部 建築・環境学科 すまいデザインコース (2013年度〜) | | | 坂下賞 |
| 7 | 共立女子大学 | 家政学部 建築・デザイン学科 建築コース | | | |
| 8 | 慶應義塾大学 | 総合政策学部・環境情報学部 | | | |
| 9 | 慶應義塾大学 | 理工学部 システムデザイン工学科 | | | |
| 10 | 工学院大学 | 建築学部 建築学科 | | | |
| 11 | 工学院大学 | 建築学部 建築デザイン学科　(2011年度〜) | | | |
| 12 | 工学院大学 | 建築学部 まちづくり学科 | | | |
| 13 | 工学院大学 | 工学部 建築学科・建築都市デザイン学科 (〜2010年度) | 福島賞 | | 金田賞 |
| 14 | 国士舘大学 | 理工学部 理工学科 建築学系 (2007年度〜) | | | |
| 15 | 駒沢女子大学 | 人間総合学群 住空間デザイン学類 建築デザインコース (2018年度〜) | | | |
| 16 | 静岡理工科大学 | 理工学部 建築学科 | | | |
| 17 | 芝浦工業大学 | 建築学部 建築学科 APコース | | | |
| 18 | 芝浦工業大学 | 建築学部 建築学科 SAコース　(2017年度〜) | | | |
| 19 | 芝浦工業大学 | 建築学部 建築学科 UAコース | | | |
| 20 | 芝浦工業大学 | 工学部 建築学科 (〜2016年度) | | | |
| 21 | 昭和女子大学 | 環境デザイン学部 環境デザイン学科 建築・インテリアデザインコース (2020年度〜) | | 松岡賞 | |
| 22 | 女子美術大学 | 芸術学部 デザイン・工芸学科 環境デザイン専攻 | | | |
| 23 | 多摩美術大学 | 美術学部 環境デザイン学科 建築・インテリアデザインコース | | | |
| 24 | 千葉工業大学 | 創造工学部 建築学科 (2016年度〜) | | | |
| 25 | 千葉大学 | 工学部 総合工学科 都市環境システムコース (2017年度〜) | | | |
| 26 | 千葉大学 | 工学部 デザイン工学科 (2002年度時点) | | | |
| 27 | 筑波大学 | 芸術専門学群 デザイン専攻 建築デザイン領域 | | 植田賞 | |
| 28 | 東海大学 | 工学部 建築学科 | | | 宮賞 |
| 29 | 東海大学 | 情報デザイン工学部 建築デザイン学科 (〜2009年度) | | | |
| 30 | 東京大学 | 工学部 建築学科 | | | |
| 31 | 東京家政学院大学 | 現代生活学部 生活デザイン学科 (2012年度〜) | | | |
| 32 | 東京藝術大学 | 美術学部 建築科 | | 1等 | |
| 33 | 東京工業大学 | 工学部 建築学科 (2003年度時点) | | | |
| 34 | 東京電機大学 | 未来科学部 建築学科 (2008年度〜) | | 藤原賞 | 川辺賞 |
| 35 | 東京都市大学 | 建築都市デザイン学部 建築学科 (2020年度〜) | | | |
| 36 | 東京都立大学 | 都市環境学部 建築学科 (2020年度〜) | | | |
| 37 | 東京理科大学 | 工学部 建築学科 (2016年度〜) | | 2等 | |
| 38 | 東京理科大学 | 理工学部 建築学科 | 下吹越賞 | | 1等 |
| 39 | 東京理科大学 | 工学部第二部 建築学科 (〜2016年度) | | | |
| 40 | 東洋大学 | 理工学部 建築学科 (2010年度〜) | 植田賞 | | 2等 |
| 41 | 東洋大学 | ライフデザイン学部 人間環境デザイン学科 | | | |
| 42 | 日本大学 | 芸術学部 デザイン学科 (2012年度〜) | 松下賞 | | |
| 43 | 日本大学 | 生産工学部 建築工学科 建築総合コース (2011年度〜) | | | |
| 44 | 日本大学 | 生産工学部 建築工学科 建築デザインコース (2013年度〜) | 2等 | | |
| 45 | 日本大学 | 生産工学部 建築工学科 居住空間デザインコース | | 3等 | |
| 46 | 日本大学 | 理工学部 建築学科 | | | |
| 47 | 日本大学 | 理工学部 海洋建築工学科 | | | |
| 48 | 日本工業大学 | 建築学部 建築学科 建築コース (2018年度〜) | | | 植田賞 |
| 49 | 日本工業大学 | 建築学部 建築学科 生活環境デザインコース (2018年度〜) | | | |
| 50 | 日本女子大学 | 家政学部 住居学科 居住環境デザイン専攻・建築デザイン専攻 (2010年度〜) | | | |
| 51 | 文化学園大学 | 造形学部 建築・インテリア学科 | | | |
| 52 | 法政大学 | デザイン工学部 建築学科 (2008年度〜) | | | |
| 53 | 前橋工科大学 | 工学部 建築学科 | 3等 | | 2等 |
| 54 | 前橋工科大学 | 工学部 総合デザイン工学科 | | | |
| 55 | 武蔵野大学 | 工学部 建築デザイン学科 (2017年度〜) | | 大西賞 | |
| 56 | 武蔵野美術大学 | 造形学部 建築学科 | | 平瀬賞 | |
| 57 | 明海大学 | 不動産学部 不動産学科　デザインコース (2011年度〜) | | | |
| 58 | 明治大学 | 理工学部 建築学科 | | | |
| 59 | ものつくり大学 | 技能工芸学部 建設学科 建築デザインコース | | | |
| 60 | 横浜国立大学 | 都市科学部 建築学科 (2017年度〜) | 1等 | | |
| 61 | 早稲田大学 | 理工学術院 創造理工学部 建築学科 (2007年度〜) | 高橋賞 | | |

| | | | 第11回 | 第12回 | 第13回 |
|---|---|---|---|---|---|
| 参加大学数 | | | 35 | 34 | 35 |
| 参加学科数 | | | 44 | 44 | 44 |

| 植田 実 | | | | | | |
|---|---|---|---|---|---|---|
| 貝島桃代 | 石田敏明 | 大野博史 | 小西泰孝 | 高橋 堅 | 加茂紀和子 | 伊藤 暁 |
| 吉良森子 | 木島千嘉 | 谷尻 誠 | 中川エリカ | 長田直之 | 田井幹夫 | 萩原 剛 |
| 島田 陽 | 濱野裕司 | 千葉 学 | 藤村龍至 | 能作文徳 | 寳神尚史 | 原田麻魚 |
| 谷内田章夫 | 吉松秀樹 | 中山英之 | 前田圭介 | 米田 明 | 吉野 弘 | 古澤大輔 |
| | | | | | | |
| 佐々木龍郎 | 木下庸子 | | 城戸崎和佐 | | 佐々木龍郎 | 城戸崎和佐 |

| 第14回(2014年度) | 第15回(2015年度) | 第16回(2016年度) | 第17回(2017年度) | 第18回(2018年度) | 第19回(2019年度) | 第20回(2020年度) | No. |
|---|---|---|---|---|---|---|---|
| | | | | | | | 1 |
| | | | | | | | 2 |
| | | | | | | | 3 |
| | | | | | | | 4 |
| | | | | 3等 | | | 5 |
| | | | 1等 | | | 3等 | 6 |
| | | | | | | 萩原賞 | 7 |
| 貝島賞 | | 谷尻賞 | | | | | 8 |
| | | | | | | | 9 |
| | | | | | | | 10 |
| | 2等 | | 3等 | | | | 11 |
| | | | | 植田賞 | | | 12 |
| | | | | | | | 13 |
| | | | | | | | 14 |
| | | | | | | | 15 |
| | | | | | | 2等 | 16 |
| | | | | | | | 17 |
| | | | | | | | 18 |
| | | | | | | | 19 |
| | 石田賞 | | | | | | 20 |
| | | | | | 田井賞 | | 21 |
| | | | | | | | 22 |
| 吉良賞 | | 千葉賞 | | | | | 23 |
| | | | | | | | 24 |
| | | 中山賞 | | | 加茂賞 | | 25 |
| | | | | | | | 26 |
| | | | | 高橋賞 | | | 27 |
| | | | | | | 古澤賞 | 28 |
| | | | | | | | 29 |
| | | | | 能作賞 | | 伊藤賞 | 30 |
| | | | | | | | 31 |
| | 植田賞 | 1等 | | | 寳神賞 | 植田賞 | 32 |
| | | | | | | | 33 |
| 谷内田賞 | | | | | | | 34 |
| | | 植田賞 | 前田賞 | 長田賞 | | | 35 |
| | | | | | | | 36 |
| | 吉松賞 | | | 米田賞 | | | 37 |
| | | | | | | | 38 |
| 植田賞 | | | | | | | 39 |
| | | | | | | | 40 |
| | | | | | 植田賞 | | 41 |
| | | | | | | | 42 |
| | | | | | | | 43 |
| | 3等 | | 3等 | 2等 | | | 44 |
| | | | 小西賞 | | | | 45 |
| | 木島賞 | | 中川賞 | | 3等 | 原田賞 | 46 |
| | | | | | | | 47 |
| | | | | | | | 48 |
| | | 大野賞 | | | | | 49 |
| | | | | | | | 50 |
| | | | | | | | 51 |
| 島田賞 | 1等 | 3等 | | | | | 52 |
| 1等 | | | | | | | 53 |
| | | | | | | | 54 |
| | 濱野賞 | | | | | | 55 |
| 3等 | | 2等 | 藤村賞 | 1等 | | 1等 | 56 |
| 3等 | | | | | | | 57 |
| | 2等 | | 植田賞 | | | | 58 |
| | | | | | 吉野賞 | | 59 |
| | | | 2等 | | 2等 | | 60 |
| | | | | | 1等 | | 61 |

| 36 | 37 | 37 | 37 | 39 | 39 | 41 |
|---|---|---|---|---|---|---|
| 45 | 48 | 48 | 48 | 51 | 52 | 53 |

Ⅲ

住宅課題賞2020
**特別企画 トークイベント**

建築教育の豊富なゲストスピーカー4名のもと、住宅課題のこれまでとこれからが語られた。住宅課題の位置づけ、地方と都市での住宅の概念の違い、海外と日本における設計教育の差異。変わり続ける社会と建築に呼応し、住宅課題はこれからも変わり続ける。

# 住宅設計課題のこれまでとこれから
## ── 住宅設計を学ぶ意味を改めて考える ──

2018年度より始まった、住宅課題賞のスピンオフ企画であるトークイベントの第3回目が2021年6月4日に開催された。
本設計展が20周年を迎えるにあたり、住宅課題に長年携わってきたゲストスピーカーとともに、
これからの住宅課題のあり方を模索する。非常勤や常勤、海外での指導経験といったさまざまな経歴から、
評価軸の位置づけ、現代における住宅を構成する要素、欧米と日本における
設計教育の差異などをもとに多角的に設計教育を考えていく。

スピーカー　**青木弘司**(AAOAA一級建築士事務所)
　　　　　　**田井幹夫**(静岡理工科大学理工学部建築学科准教授／アーキテクトカフェ・田井幹夫建築設計事務所)
　　　　　　**長谷川豪**(長谷川豪建築設計事務所)
　　　　　　**渡辺真理**(設計組織ADH)
司会　　　　**佐々木龍郎**(東京建築士会理事／佐々木設計事務所／エネルギーまちづくり社)

## 地方の可能性を広げる
## 住宅課題とは

**佐々木**｜今年で20年目を迎えた住宅課題賞ですが、50を超える住宅課題が集まるという賞の特長を生かして、大学の枠組みを超えて課題のあり方を議論し、共有する機会をつくりたいと考え、今回が3回目のトークイベントになります。本日のゲストスピーカー4名とも、社会で非常に素晴らしい建築を実現されている一方で、さまざまなかたちで建築の教育にも携わっています。まずは自己紹介と大学でどのような取り組みをされているかを中心に話していただきたいと思います。まずは、田井幹夫さんよりお願いします。

左上から時計回りに、田井幹夫さん、青木弘司さん、渡辺真理さん、長谷川豪さん

**田井**｜私が教えている静岡理工科大学は、建築学科が新しくできて5年目で、今年初めて大学院生が入学したという若い学科です。そこまでに至る私の建築教育歴を簡単に説明します。横浜国立大学に入学後に、ベルラーヘ・インスティテュート(オランダ)へ。ヘルマン・ヘルツベルハが鳴り物入りでつくった建築学校で4期生として学びました。日本へ戻ると内藤廣さんの設計事務所で修業させていただき、その後に独立しました。独立して2、3年目からいろいろな学校に非常勤講師として呼んでいただき、母校の横浜国立大学が一番長くて12年くらい、そのほかに長いのが渡辺真理さんとご一緒した桑沢デザイン研究所で、ここでは8〜10年くらい非常勤を務めました。そこから、地方へ行くことにした理由としては、「地方の時代」と言われている昨今で、首都圏に集中している学校とは別の角度から建築を研究できるのではないか、そして、学生とそれらをどのような形で共有できるかということに興味があったからです。昨年、我々の大学が初めて4年生までそろったことから住宅課題賞に出展させていただいたところ、ビギナーズラックかわかりませんが賞をいただきまして、その流れから今回登壇させていただくきっかけになったのではないかと思っています。

　テーマとなる住宅課題については、我々の大学には意匠計画系の研究室が4つありますが、まだ伝統も大きな方針もないので、4人がそれぞれフラットにスタートしており非常に面白い。一方で、新しいことができる可能性は感じつつも、建築家が集まるとなかなか意見がまとまりづらく、非常に難しくもある。2年生

の最初の課題は「開く家」という非常に抽象的な課題にしています。敷地は袋井市という磐田と掛川の間に位置する市で、袋井駅から徒歩5分程度で河川敷があるような場所です。そのようなのどかな場所もあちらでは「街中」と言われています。その角地に「開く家」を考えるのですが、物理的に開く、もしくはプログラム的に開くのでも良いという、初めて課題に取り組む学生にとっては少し難しい課題となります。地方に行くと、バイパスや東名高速道路などが幹線道路として都市間をつなぎ、旧街道のような場所が衰退していく。まさにそのような旧東海道と駅から直交するバス通りの角地が敷地となります。住宅地なのか街中なのかわからないところという難しい敷地です。学生は非常に果敢に取り組んでくれています。

例えば、これは非常にうまくできた作品（A）で、まだCADを習っていないので手描きとなりますが、屋上を小さな農園のようにして屋上まで上がって作業をし、階段の下を日陰となるようにして、交差点を待つ人が寄ってくるように構成しています。後ほど議論のテーマになるかもしれませんが、住宅課題そのものは成立するのかという疑問があります。つまり、家族とは何か、住宅とは何かを考え始めると、空間の純粋性の追求、もしくはプログラムの追求が主なテーマとなり、そもそも住宅ではなくても良いのではないかというジレンマがあり、課題を出す側も難しいです。こちらの作品（B）は、「地域と家を結ぶ」というテーマで、花屋をやりながら誰でも入れる空間をつくっています。模型は極めてスケルトン的につくっています。その次に図書館や小さな美術館の課題をやって2年生が終わり、3年生前期でまた集合住宅という流れです。

集合住宅についても、グループ課題をやっているのですが、みなさんのお考えを聞きたいです。グループ課題はやったほうがいいのではないかという考えのもと1年目はやってみたけれど、うまくいかなかったんですよね。グループでやるのが苦手なのか、うまくいかない（笑）。それで、2年目からリサーチを3人制のグループで行うことにしました。7つの敷地から個々に選んで建て、それぞれの

建築を連携させてネットワークやプログラムをつくるという、かなり高度な内容になっています。実は、横浜国立大学の3年生前期の伝統的な課題を参考にしています。半分ほどシャッター街になっている商店街の活性化と合わせて、住民たちが生業をもって生活をするという課題内容に対して、グループで敷地調査をして、プログラムの設定をしてデザインコードのようなものもつくり、3つの場所でそれぞれが設計します。これもなかなか難しく、うまくいくのは全体の3割くらいかな。これ（C）も非常にうまく描けていて、アーケードと軒の高さを少しずらすことで、商店街に対する身体的な感覚をずらして興味を惹く面白い案でした。それから、今回銀賞をいただいた疋田大智くんの案は、ネットワークやプログラムというよりも、住空間の単位空間の面白さというか、4畳半という単位にこだわった作品です。建具が開いたり閉じたりすることで、共用部分が生活範囲に入ってくるなど、ある種の単位のようなものから商店街の中へ展開していくという面白い攻め方をしていました。

最後に、先ほども話しましたが、住宅課題を最初の設計課題としてよく出しますが、最初の住宅課題こそ1番難しいのではないかと思い始め、みなさんがどのようにお考えかすごく興味があります。

**佐々木**｜ありがとうございます。意匠の研究室が4つというのは珍しいですが、建築学科全体では研究室はいくつあるのですか？

**田井**｜9つです。

**佐々木**｜9研究室のうち4つが意匠というのは多いですね。

**田井**｜理工科系の大学なので研究ありきのところがあるので、研究とデザインのバランスが難しいですね。それはどの大学でもお持ちのテーマだと思います。

## 住宅から遠ざかることが
## 深い住宅の考察につながる

**佐々木**｜次は青木さん、お願いします。

青木｜東京で建築設計事務所を主宰しています。出身は札幌で大学院まで北海道で過ごし、就職時に東京に出てきました。藤本壮介さんの事務所で8年間スタッフとして働き、最後に武蔵野美術大学(以下、武蔵美)の図書館と美術館のプロジェクトに携わりました。武蔵美のプロジェクトがひと段落して事務所を辞めたのですが、ご縁があって独立直後に武蔵美の布施茂さんに声をかけていただき、2012年から非常勤講師を勤めることになりました。それ以来、いくつかの大学で非常勤講師として教育に関わっています。本日のテーマが「住宅設計課題のこれまでとこれから」ですので、今非常勤講師を勤めている大学の授業の中で唯一、学部生の住宅課題を担当している武蔵美について、お話させていただきます。

布施さんのスタジオでは、毎年「住宅＋α」という課題を出しています（Ｄ）。着任以降は基本的に同じ内容ですが、少しずつアレンジしていて、3年くらい前からは自分で敷地を探す「敷地選択型」にしました。例えばSUUMOやHOME'Sといった不動産系サイトから土地情報をピックアップし、住宅と住宅以外の用途を1つ想定して「住宅＋α」を設計する課題です。当初は、住宅と住宅以外の用途を設定することに多くの学生が戸惑っていましたが、最近は、住宅に住宅以外の用途や居場所を持ち込むことが実社会でも浸透してきた背景もあり、「住宅＋α」を比較的リアルに考えられるようになってきたと実感しています。

今回の住宅課題賞で1等を受賞した二又大瑚くんは、「＋α」のプログラムを貸し布団屋としています。二又くんの案の場合は、この「＋α」としてのプログラム自体が重要なのではなく、住宅以外の機能を想定しながら、最も身近なビルディングタイプである住宅のリアリティから遠ざかるトレーニングを行ったということが評価すべきポイントです。住宅を設計すると、どうしてもパーソナルな問題に収束されることがありますが、個人の身体感覚やパーソナ

2020年 設計計画Ⅲ（布施スタジオ）　　　20.09.10〜20.10.16　　設計：布施茂、青木弘司

第一課題：敷地選択型 住宅プロジェクト　　　—住宅+αの新しい可能性を提案する—

第1課題は、敷地選択型の住宅+αのプロジェクトです。自分が事業主となり、土地を選定して住宅+αを設計してください。事業主である自分の自邸でもいいし、クライアントを設定した住宅+αでもよいです。決められた敷地ではなく、イメージする建築に最適な敷地を選定するプロジェクトだから出来る住宅+αを設計して下さい。自ら設定した敷地と建築的テーマに基づいて、住宅+αの用途を併設する事で出来る住宅の新しい可能性を提案して下さい。

■ 敷地条件
　不動産WEBサイトから下記の条件を満たした敷地を選定すること
　　1．地域：各自の生活圏内
　　2．価格：8000万円以内
　　3．延床面積100㎡以上が可能であること

■ 設計条件
　　1．選択した敷地の建蔽率、容積率の範囲で計画すること
　　2．延床面積は、100〜300㎡の範囲内で計画すること
　　3．+αの用途は、それぞれの敷地環境を読み取り、自由に提案して設計すること
　　4．+αの用途面積は、延床面積の30%〜50%の範囲で計画すること

■ 評価基準
　　1．提案内容は、建築の設計であり、新しさ・批評性を持ちうる提案になっているか
　　2．中間発表、最終講評会における作品評価とプレゼンテーション評価
　　以上の基準による評価とエスキースチェックの内容と出席による総合評価

ルな問題から、どのように遠ざかることができるのか。それは、我々プロの世界でも日々考えなくてはいけないことでもあります。そのような意識を持ちながら住宅の課題に取り組むことが重要ではないかと、「住宅＋α」の課題を通して思っています。

佐々木｜せっかくですから、今回1等の作品を画面上で見てみましょう。作品についての補足の説明もお願いできればと思います。

青木｜敷地は日本橋人形町で、周辺環境を丁寧にリサーチし、工事現場の単管パイプやトタンの屋根など、都市の風景を成り立たせている雑多な要素を収集し、それらを丁寧に再編成しながら濃密な住空間をデザインしています。その圧倒的な構成力や表現力が評価されたのだと思います。しかし同時に、住宅のリアリティから離れることによって独自の方法論を導き出し、その結果として都市に住まうことの可能性の一端を提示していることを評価していただけたのかなと考えています。

佐々木｜布施スタジオで青木さんが教えているのは毎年何名くらいですか？

青木｜毎年25〜29名程度です。

佐々木｜敷地はどこから選んでも良いということですよね？

青木｜はい、自由です。でも一応コストは8,000万円程度という縛りはあります(笑)。あとは、自分の生活圏内というルールを緩やかに定めてはいます。

佐々木｜2年前(2018年度)も1等を取られていますが、その際も課題の進め方は一緒でしたか？

青木｜一緒です。ただ、その時は敷地選択型ではなく共通の敷地でした。敷地選択型になってから2年目くらいになります。

田井｜武蔵美には、3年生になるまで住宅の課題はないのですか？

青木｜1年生で1つ、2年生で住宅と集合住宅の課題があります。

佐々木｜先ほど聞くのを忘れましたが、静岡理工科大学の住宅課題は2年生に1度で、3年生に1度ですか？

田井｜そうです。

佐々木｜静岡理工科大学では、2年生のうち何名程度が設計を履修しているのですか？

田井｜設計は必修なので1学年55人前後です。必修は3年前期まで続きます。

佐々木｜それは講師何人で見られているのですか？

田井｜4人で見ています。だから、講師1人あたり15、16人を見ています。

佐々木｜武蔵美では、25〜29人を何人の先生で見てい

るのですか？

**青木**｜半期を前半課題（住宅系）と後半課題（非住宅系）に分けていて、この数年私は前半課題を担当し、後半課題は同じく非常勤講師の三幣順一さんが担当されています。専任の布施さんは両課題を見るという布陣ですね。

## 建築に正解はない
## 評価軸を決めるのは自分

**佐々木**｜ありがとうございます。それでは、次に長谷川さんお願いします。

**長谷川**｜僕は都内で設計事務所を主宰しています。大学は修士まで東京工業大学（以下、東工大）で建築を学び、その後に西沢大良さんの事務所で3年間実務を学び、2005年に自分の事務所を設立しました。建築家としてのキャリアを住宅から始めたこともあり、僕にとって住宅はすごく身近なものです。建築教育の現場には、独立して3年目くらいから非常勤講師を母校の東工大で2年間、それから渡辺先生がいらっしゃった法政大学でも3年間やらせていただきました。2012年からは海外の大学で客員教授として、スイスのメンドリジオ建築アカデミーで2年間、ノルウェーのオスロ建築デザイン大学とアメリカのカリフォルニア大学ロサンゼルス校（UCLA）でそれぞれ半年間、それからハーバード大学デザイン大学院（GSD）で1年間、デザインスタジオを持って教育に携わってきました。

今日のテーマは「住宅設計課題のこれまでとこれから」ということで、海外の大学で教えていることを題材にしようとも思ったのですが、学生のみなさんにとってあまり身近なトピックではなさそうなので、僕の問題意識の1つとしてある、建築文化をどのように社会に築いていくかということを軸に住宅設計課題について話します。日本の建築家はプリツカー賞をはじめ国際的な建築賞を多く受賞していたり、海外のプロジェクトに招聘されることも多く、世界的に高い評価を得ていると言われています。でも国内においては、残念ながら建築家の社会的地位は非常に低いです。実務を始めたら、みなさん愕然とすることが多いと思います（笑）。社会に出て実務として設計するようになると、「設計屋」と呼ばれて業者として扱われたり、そもそも建築家という存在すらほとんど世間で認知されていないことに気づきます。その原因はいろいろあると思いますが、日本では一般の人にとっては「施設」は慣れ親しんで子どもの頃から利用してはいるものの、「建築」を意識して考える機会がほとんどない。このことは海外に行くと強く感じます。例えばイタリアへ行くと、親が小さな子どもを連れて、アルベルティやパッラーディオの建築ツアーをしているのをよく見かけます。あるいは美術館に行くと、幼

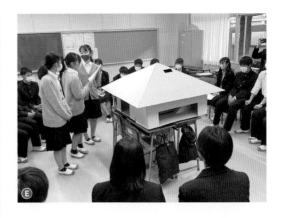

稚園児たちが先生と一緒に絵画と建築を見ながら話し合っていたりします。これらはヨーロッパやアメリカでよく見られる光景ですが、家族で名建築を見て回ったり、美術館に幼稚園児たちがいるというのは日本だとあまりないですよね。今日のトークイベントをぶち壊しにする気はないのですが（笑）、海外で見かけるこうした光景を目の当たりにすると、建築を大学で始めるのは遅いのではないかと思うことがあります。日本では建築を始めるスタートラインは大学にあって、少なくとも僕が高校生の時には、物理や数学をひと通り学ばないと建築を始められないように見えていました。でも、そんなことないですよね。幼い頃から住宅の間取り図などはみんな描いていたと思うんです。教育制度上、建築が大学から始めることになっているのは変だなと常々思っていました。数年前に母校である埼玉の県立高校から、OBが自分の職業について話す授業の講師として何回か呼んでいただき、その際に、住宅のワークショップをやりませんかと提案したところ先生方が賛同してくれて、高校1年生の授業で昨年実施することになりました。

授業内容としては、設計ではなく、古今東西の住宅作品を10個こちらで選んで、それを模型で表現するというものです。基本図面は用意してひと通り渡しましたが、基本的に自分で調べて模型でプレゼンテーションをする。ただし重要なのは、正しいことを言う必要はなく、自分が発見したところや面白いと思ったところを発表すること。つまり、模型を使って住宅を批評するという課題です。高校1年生に住宅の批評なんて無理だと思われるかもしれませんが、全くそんなことはありませんでした。まず、「白の家」（設計：篠原一男）を題材にした生徒たちは、内部空間が大事だということで1/10の模型をつくりました（**E**）。彼女たちは、家の中央にある丸柱が居間の中心からずれているため、居間にいながらにしてそこから見えていない屋根全体を感じることができると発表しました。それから次は「梅林の家」（設計：妹島和世）。鉄板でできた壁は

273

1/1だとわかるけれど、模型で縮小したらその広さがわからない。そこで標準的な木造の壁厚である25cmの模型をつくって並べると（**F**）この住宅の異様さは一目瞭然ですという発表でした。それから、「ファンズワース邸」（設計：ミース・ファン・デル・ローエ）は全体をつくるのかと思ったら、床とテラスのジョイントのところだけつくってきました（**G**）。この住宅は柱が重要で、柱が室内から外に飛び出すことで中と外の関係が入れ替わりますと。あるいは、これは「マラパルテ邸」（設計：アダルベルト・リベラ）ですが、よく見ていただくとプロポーションが実物と全く異なるのがわかるかと思います（**H**）。彼らは、これは住宅というよりも土から出てきた動物みたいなものであり、実際のかたちとは違うかもしれないけど、動物的な存在感を表現した、と話していました（笑）。また海を背景に立っているので、青い海と補色の関係にあるオレンジ色にすることで、シルエットがより引き立つということを指摘してくれました。最後は僕の作品「経堂の住宅」です。いろいろなスケールで模型をつくってくれたのですが（**I**）、階段の部分模型をつくって、この住宅は短手方向に階段を差し込んでいるのが肝ですと言われて、ビックリしました（笑）。

僕がこのワークショップで取り組んでみたかったのは、批評することとつくることの表裏一体の関係についてでした。住宅を設計するとなると、先ほど青木さんが言われたようにパーソナルな話に収束しがちで、どうも客観的に考えられないところがある。住宅設計こそ、このアイデアがこれまでの住宅に対して、今の社会に対してどのような意味を持つのか考えないといけない。それがない住宅は建築ではないと僕は思っています。批評は批評家だけがするものではなくて、建築を設計する人間にも必要なものであり、批評することとつくることがひと繋がりであるべきだと考えています。だからこのワークショップも、古今東西の建築家が設計した住宅作品であっても、それらを批評することを通して、模型をつくることを通して、もはや彼ら生徒たちの作品になる。こうした批評は、勉強すればもちろん精度が上がるということはあるかもしれないけど、住宅という慣れ親しんだ対象であれば、誰でもできます。今紹介したように、高校1年生でも驚くようなシャープな批評ができる。むしろ大学に入って型にはまった教育を受けることで、画一的な考え方しかできなくなってしまうのではないか、というのは言い過ぎでしょうか（笑）。

ただ、これは日本でも海外でも感じることですが、先生の評価を気にし過ぎるというか、まるで設計に正解があるかのように考えている学生が一定数いますね。それまで受けた受験教育が、ある答えに最短で正確にどうやってたどり着けるかというものなので、建築学科に入る頃に

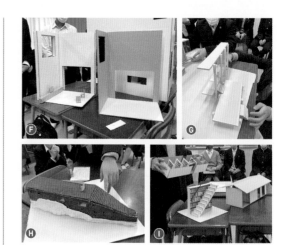

はそういう思考の癖が染み付いてしまっているのかもしれませんが、住宅に限らず、建築はもちろん正解がない世界です。住宅課題賞や設計課題で評価されたり点数をつけられたりすることはあるかもしれませんが、そこはあまり気にしないでください。そういえば、そうした正解を探してしまう癖のようなものは、高校1年生にはあまり感じなかったんです。建築が何かもわからないし、建築の言葉もわからないなか、先入観なく純粋で無垢に考える姿勢が僕にとっても新鮮で、非常に勉強になりました。みなさんせっかく大学で建築学科に入って設計課題というすごく楽しい世界を経験しているので、正解などという幻想を捨てて、自分で正解をつくる、自分で新たな評価軸を見つけるくらいの態度で取り組んで欲しいなと思います。

**佐々木** | だいたい何人くらいの高校生に教えているのですか？

**長谷川** | 10クラスあって1クラス2、3人ずつで、合計27人でした。

**佐々木** | つくる前に長谷川さんからレクチャーはしたのですか？

**長谷川** | 自己紹介と、それぞれの住宅のポイントを簡単に話しました。ただ、伝えたポイントは世間一般の説明なので、同じ説明は絶対しないように言いました。

**佐々木** | 説明した後は？

**長谷川** | Zoomで中間講評のようなものをしたところ、みんな真面目なのでネットで調べたことをそのまま読み上げるため、一喝しました（笑）。自分がどう感じたか、どう考えたかが大事で、誰かが考えたことや発見したことを話しても全く意味がない。とにかく間違えてもいいし正解はないのだから、発見したこと、気づいたことを発表するようにと伝えました。

**佐々木** | 中間講評で一度檄を飛ばしたんですね（笑）。期間はどれくらいでしたか？

長谷川｜1ヶ月ちょっとくらいですね。

佐々木｜結構短い期間にギュッと詰めたんですね。

長谷川｜大学生以上に高校生はすごく忙しいので。

渡辺｜どのような授業で行ったのですか?

長谷川｜2年前から文部科学省が全国の高校で始めた「総合的な探究の時間」という枠です。自分が興味のあることを掘り下げるというテーマですが、興味のあるものを高校の教員と掘り下げてもあまりうまくいかないということで、先生たちがOBの中からいろいろな職種の人を呼んで講師になってもらうことになりました。生徒たちにとても好評だったようで、今年もやることになりました。

佐々木｜昨年とは違うプログラムでやるのですか?

長谷川｜まだ考え中です。この課題は1回やると、先輩が傾向と対策を伝えるかもしれないので(笑)、内容を少し変えなくてはいけないと思っています。

佐々木｜先ほど最後のほうにおっしゃっていた、学生が正解を求めてしまう態度についてですが、住宅課題賞は大学ごとにそれぞれ取り組んだものを一斉に集め、それを学生同士が見ることによっていろいろな考え方や課題があること、いろいろなアプローチがあることを学生自身に気づいて欲しいという目的で毎年開催しています。コロナ禍のなか、学生に展覧会を見に来て欲しいと言いづらかったのですが、結構な数の学生が見に来てくれました。それらを促したくて実施している賞なので、今の話はある意味、非常にリンクしていると思いました。

## 住宅課題賞が提起する
## 設計教育の問題

佐々木｜それでは、次は渡辺さんにお願いします。

渡辺｜僕は今年の3月で大学の教育の場を卒業した身なのですが、みなさん同様に自分のキャリアを簡単に説明しますと、京都大学を大学院まで進み、大学院の時に指導教官の上田篤先生がイタリアのヴェネチア建築大学に1年間通えるという文部科学省の交換留学の奨学金を持って来てくれて、それをいただくことができました。イタリア留学時代に陣内秀信さんや三宅理一さんなど、さまざまな出会いがありました。帰国後またイタリアに戻りたいと思ったのですが、適当な奨学金が見つからず、仕方なく行き先をアメリカに変更し別のスカラシップを取って、ハーバード大学デザイン大学院へ行きました。卒業後にアメリカの設計事務所で2年間働いた後、磯崎新さんから声をかけていただいてロサンゼルス現代美術館、パラディアム、チーム・ディズニーなどに携わりました。アトリエには米国の仕事の窓口として15年も席を置くことになりましたが、法政大学に呼んでいただいたのを機に退職しまし

た。法政大学では他の先生方と話し合い、学部と修士の6年間で設計教育を一貫教育とし、デザインスタジオも1から11までつながるようにして、最後が修士設計としました。当初は大学院に進む人が120、130人中10人程度だったのが、これによって今では半分くらいが院へ進むようになり、良かったと思います。

次に住宅の課題ですが、これが非常に難しい。僕は専任として長い間、同僚の先生方と住宅課題をどのように取り上げるかを議論しながらつくってきました。住宅課題をイントロダクション的に取り上げる場合、例えば安藤忠雄さんの「住吉の長屋」をトレース課題にするとします。これで学生が住宅に興味を持ってくれるのは良いけれど、同時に、住宅の設計をしている自分たちとの乖離がすごくあります。「住吉」はシンプルそうに見えるけれど、実は熟練の建築です。そういう要素を切り落とされた「住吉」は果たして「住吉」なのか。だから、イントロダクションとして住宅課題を使っているだけだと、自分的に非常にバランスが悪く感じ、住宅課題で何を教えるのかは常に悩んでいました。

法政大学では1年生後期に、「5mキューブの住宅」という課題があります。これは宮脇檀さんがつくられたもので、現在は小堀哲夫さんと赤松佳珠子さんがこの課題を教えていますが、代々引き継ぎながら微妙に内容を変えつつ、宮脇課題を出しています。2年生では、「床・壁・天井による場の構成」という少し抽象的なタイトルですが、垂直面と水平面で場をつくるという富永譲さんがつくった課題があります。この課題も代々引き継がれています。これまで「住宅課題賞」に出展した作品のいくつかは富永先生課題を膨らませたものです。3年生では、集合住宅の課題があり、僕と下吹越武人さんで教えていましたが、現在は僕の後任として山道拓人さんが教えています。先ほど田井さんが言われていた桑沢デザイン研究所(以下、桑沢)は、法政と同時期に退任したのですが、僕も長いこと教えていました。桑沢でも集合住宅の課題はありましたが、桑沢の学生によるもののつくり方からは、先ほどの高校生の無知であることを恥じない良さのようなものを感じられました。だから、うまくいくとすごく面白いのです。

一方で、大学教育に危機を感じることがあります。大学の仕組みの中で知識を与えていることがクリエイティブな方向に向かっておらず、いわばステレオタイプの紋切り型をどんどん再生産しているような危機感を抱きました。先ほどの住宅課題の問題に関しても、学生はイントロで捉えるので、住宅を1つのものに縛られて考えてしまうけれど、実際はそうではないので、ジレンマをすごく感じるこ

とがありました。一方で、「住宅課題が何かを問いかけて
くる」という意味で、住宅課題賞というのはすごく重い賞
になります。それまではいろいろな学校で初学者のイント
ロダクション用につくられていた課題に対し、本当にそれ
で良いのかと問いかけたのであり、その後ろに植田実さ
んがいるのも重い意味を持っていると思います。

**佐々木**｜法政大学で教え始めたのは何年からですか？

**渡辺**｜1995年か1996年かな。

**佐々木**｜25年間くらいですかね。桑沢もそれくらいです
か？

**渡辺**｜桑沢もそうですね。

## 地方特有の概念から
## 建築や住宅を考える

**佐々木**｜それぞれの話を受けて、住宅課題のあり方や問
題点について少しディスカッションをしたいと思います。ど
なたか口火を切っていただけたらと思いますが、いかが
でしょうか？

**長谷川**｜田井さんのお話を聞いて、地方で意匠を考える
のは非常に可能性があることだと思いました。僕も東京
で建築を学んだのですが、建築学科ではどこか「都市＝
東京」のような考えがあったように思います。今考えてみる
と、設計のトレーニングがあまりに大都市に寄り過ぎてい
た部分がある。僕は今、『新建築住宅特集』における「座
談月評」の評者を務めさせていただいていますが、地方
の市街化調整区域の住宅作品ののびのびとした感じは
如実に誌面に現れていて、地方には可能性がすごくある
と思っています。また最近だと『新建築住宅特集』2021
年6月号で特集されていましたが、コロナ禍を契機とする
都心部から農村への移住は住宅の大きなトピックの1つに
なっています。非都市の建築や非都市の住宅は21世紀の
建築の切り口になるのではないかと思いますが、田井さ
んは静岡理工科大学で教え始めて、地方で建築設計、意
匠を教えることの可能性や、現在感じられていることなど
があれば、聞かせていただけますか？

**田井**｜我々は建築と都市はつながっているという考えのも
と、ずっと設計を続けてきましたが、21世紀になって「地
方の時代」と言われるようになり、地方の立場として建築
をどう考えるかが概念としてまだ提示されていないと思い
ます。先ほどの住宅課題で言うと、150平米以上の敷
地に100平米や110平米弱の2階建てをつくるとなると、
敷地が余るわけです。しかしさらに追い打ちをかけるよう
に、今年は250平米の敷地にしました。建築というのは建
築だけでなく、外構計画として周りのことも考えなくては
いけないということを注意して伝えています。宇宙船のよ

うに住宅が砂利の上に建っているのはおかしいと話すの
ですが、実は地方では現実が結構そうなっており、外構
まできちんと計画されている家があまりないのです。ある
としても、分譲地としてベッドタウン的に開発された一部
の地域のみで、普通は田んぼなどを埋めた砂利の上にポ
トッと建てて、徐々に木や芝が生えてくるという状況。彼ら
からすると、それはあまりおかしくないんです。でも、僕ら
は外構計画がないと注意してしまいます（笑）。それをど
のように扱うのかをこれから考えなくてはいけないのでは
ないかなど、地方と都市の違いについて考えています。

　また、20世紀の終わり頃から「コンパクトシティ」という
概念が一般的です。これは、都市が肥大化し過ぎてスプ
ロール化し、道路や車を排除して都市を縮めるという意
味ですが、地方だとコンパクトシティが成り立ちません。
地方は完全に散らばっており、人が遠くに住んでいるの
が当たり前なのです。だから今は、「コンパクト＆ネットワー
クシティの時代」、つまり、コンパクトでありながら何かで
つなげるということです。このような概念はどんどん新しく
ならなくてはいけないし、建築をつくる側も向き合ってい
かなくてはいけません。それを考えると、その地方特有の
概念で建築や住宅などを教えていかなくてはいけないの
ですが、なかなかそこに至っていない。

**長谷川**｜僕も『新建築住宅特集』を見ていると、地方での
街づくりや「家開き」の作品に対する批評の言葉を自分で
もあまり持てていないし、開発されていない感覚がありま
す。いかに今までの建築の設計や批評が都市をベースに
なされてきたかを、ここ数年強く感じています。

**佐々木**｜静岡理工科大学の学生は、どのエリアから来て
いるのですか？

**田井**｜ほとんど静岡から来ています。ここ2、3年は愛知や
山梨、少し遠いと北海道から来ている人もいて、少しずつ

エリアが広がり始めていますが、静岡が中心です。

**渡辺**│今の都市の話について、みなさんともう少し議論をしたいです。僕は都市に関する議論は2つあると思います。長谷川さんが高校生用に選んだ名作住宅10個の中にはイタリアやシカゴの郊外などがあり、そこでは住宅の形が異なる場合もあり得る。もちろん「ファンズワース邸」はシカゴの郊外においても特別な住宅ではありますが、都市とも切り離されていて1つのオブジェクトとしても成立するような作品でもあります。とは言っても、アメリカのあの時代にしかつくれなかった建築の魅力もあります。「都市」と言うと、日本の都市が頭に浮かぶけれど、今の時代は日本だけでなく中国の都市であってもいいし、世界中の都市をテーマにしても良いのではないかと昔から思っています。アメリカの大学はそれに積極的で、東京でデザインスタジオを実施する「東京スタジオ」が結構ありました。アメリカ人からすると東京は日本の都市の面白さが凝縮している街であり、多元的でいろいろな要素が溢れているので、どこをテーマにするかで全く異なる解答になります。僕は長谷川さんの言う「非都市」という概念にもすごく興味があります。アーバナイゼーションとは全く異なる都市の魅力があるかと思いますが、同時に、なぜ東京が面白いのかを考えて、それら2つの種を学生に与えることで、日本の学生が都市と地方のどちらかに偏らず広い視野が持てるようになると思います。静岡の学生にも、大都市のすごく厳しい居住空間と静岡の両方を経験してもらえば、それぞれのメリットとデメリットを感じられるのではないでしょうか。

**田井**│そうですね。そういう意味では、僕は事務所を横浜に残し、毎週静岡と横浜を行ったり来たりしているので、視点が常に違う状態となり、刺激となっています。学生への課題の与え方も含め、東京で行うことがあってもいいか

もしれませんね。

**渡辺**│大学が連携したり、教室を貸し借りしたりすると、住まいについての考えが深まるのかなと思います。「白の家」の1/10模型を高校生がつくったのは、長谷川さんがしごいたのかもしれないけれど、すごいと思いました（笑）。

**長谷川**│僕は本当に何もやってないんですが、彼女たちには感動しましたね。朝6時半に教室に集まって部活の朝練の前に模型をつくり、部活後にも集まって用務員さんに怒られるまで夜も模型をつくっていたそうです。ワークショップ後にもらった彼女たちの嬉しいコメントが「模型をつくっていると時間を忘れる」（笑）。

**青木**│これは事務所のスタッフに聞かせたいですね（笑）。

**渡辺**│彼ら、彼女らはもしかしたら建築学科を受けるかもしれないね（笑）。

**長谷川**│そうなると面白いですね。でも、僕が建築学科に対して少し疑問に思うところは、学生全員を建築家に育てようとするところです。高校でこの課題を経験したからといって、別に建築の道に進まなくてもいいんですよ。発注者になるかもしれないし、一市民になるかもしれない。あの授業を通して、発注者として設計者へのコミュニケーションの仕方が変わるかもしれない。いつか旅行先で建築を見る時に、このワークショップのことを思い出して自分の視点でその建築を見ようとするかもしれない。そのきっかけになるだけでも十分ではないかと思っています。

## "建築は粘り"であり<br>時間切れまで検討すべき

**渡辺**│先ほど長谷川さんが「日本の建築教育が遅いのではないか」と言っていましたが、僕も同じ海外からの視点になるけれど、長谷川さんとは反対の意見で早過ぎるの

ではないかと思っています。アメリカでは一般的に大学院から専門教育として建築を教えます。学部生では建築の写真を撮ったり絵を描いたりと自由にさせています。ハーバード大学やスタンフォード大学も大学院に進まないと建築がない。

長谷川｜僕はハーバード大学デザイン大学院で教えましたが、学部では化学を専攻して、大学院で建築を始めたりする学生もいる。ユニークな考え方をするので面白いと思うこともありましたが、基礎が全くできていないので、例えばエスキスで構造について指摘しても通じなかったりすることが大変でしたね（笑）。

渡辺｜それと同時にアメリカの大学院で驚いたのが、例えば医師が休職して大学院で建築デザインを学び、大学院の3年間必死に努力した後で、俺には才能がなかったと言って医師の道に戻るといった事例に触れたことがあります。専門とは別の「セカンドメジャー」として考えた時に、建築デザインは非常に魅力的だと思います。エンジニアリングの建築は系統的に学ばないといけませんが、デザインはそこまで必要としない良さがあります。

佐々木｜長谷川さんと渡辺さんが今話してくれたような、「海外と日本の建築学科の違いが知りたい」という質問が視聴者からチャットで届いています。

長谷川｜海外といってもいろいろな学校があり、いろいろな先生がいるので一概には言えませんが、例えばスイスのメンドリジオ建築アカデミーには、ヨーロッパのさまざまな先生が教えに来ています。僕も尊敬しているイギリス人のジョナサン・サージソンという大変素晴らしい建築家もいるのですが、彼が学部2年生に出す課題が、立面だけで設計するという内容で、プランなし、模型なし、立面のみ。しかも、A0サイズでレンガの目地や窓のプロポーションについて毎週議論しているのです。それを見た時に本当にビックリしました。日本では、立面はほとんど最後ですよね。平面を立ち上げて、構造壁以外はガラスにしようとか、恥ずかしながら学生時代はそんなふうに考えていました。建築家の仕事も日本では立面はプランの結果として扱われる傾向があると思いますが、それに対してヨーロッパでは真逆の考え方で、立面は都市と生活のインターフェースとして非常に重要なものとして扱われています。

学生にひたすら立面を毎週描かせて、それぞれのディテールにさまざまなコンテクストを織り込み、数ヶ月で完成度の高い1/20の立面詳細図になります。これは日本では見たことない建築教育だったので驚きました。

渡辺｜それはボザール的な教育の仕方になるのではないかな。ボザールは基本的に立面を水彩で描きます。ル・コルビュジエが「プランは原動力」としてプランを強調するようになったため、僕たちもモダニズムに影響されて平面優先の思考になったわけで、長谷川さんの今の話は新鮮ですね。

長谷川｜日本の学生と海外の学生の違いもよく聞かれますが、それもいろいろあります。ただ、日本の学生のすごいところは最後の数日間で案をひっくり返してくるところです。途中でへばる人もいるけど、すごく飛躍する人がいる。それはあまり海外では見られません。海外の学生がセーフランディングで、プレゼンテーションなどの完成度を上げてくるのに対し、日本人は最後に火事場の馬鹿力のようなものを出します。日本の学生にはそんなパワーがあるように思います。

渡辺｜それも教育の違いだと思います。アメリカの大学で僕はコンシステンシー（一貫性）が重要だと言われました。先生に案を見せておきながら最後の2週間で案を変えるのはNGで全然認めてもらえないんです。

長谷川｜僕は、最後までセーフランディングだった学生は評価を低くしました（笑）。

渡辺｜彼らにしたら、日本の先生は判断が違うと思うんでしょうね（笑）。僕もその経験を日本女子大学でしたことがあります。そのスタジオは北山恒とジョイントで教えていたのですが、学生たちから、提出の2週間前になってもどうすれば良いのかわからないと言われ、北山さんと「コレで俺たちはクビだな」と話していたら、2週間後にきっちり完成させていました。その時に、長谷川さんが受けたような感動を僕もしました。これほどの力があったのにどうしてもっと早くできなかったのかと彼女たちに言うと、わからなかったけれど徹夜続きで眠いと言われました（笑）。

長谷川｜それは確かに、渡辺さんがおっしゃったように学生の違いとも先生の違いとも言えますね。

渡辺｜設計のスタジオには先生に責任があると思います。

週3回の授業を15週間も行いながら、一定の水準まで到達しないのはなぜなのか。スクスク育つ学生はいいけれど、それなりの学生はある程度まではきちんと育てることが要求されると思います。

佐々木｜今回と2018年度に1等を受賞した武蔵美の学生は、すごくパワフルな模型をつくっていましたが、その2人は最後にひっくり返すタイプなのか、それとも緻密に積み上げるタイプなのか?

青木｜今回の学生は着々と積み上げていくタイプでしたね。提出の1週間前になるとプレゼンテーション用の模型が完成していて、スケジューリングも完璧でした。一方、2018年度の学生は、ラストスパートの力が凄まじく、最後に圧倒されました。ただ、教える立場としては、コンスタントに積み上げるタイプなのか、ひっくり返すタイプなのか、学生の特性を瞬時に見極めて個別にモチベーションを鼓舞しつつ接し分けるのは、とても難しいと思っています。

長谷川｜学生がたくさん聞いているようなので念のため誤解がないように言いますと、「最後に案をひっくり返せ」と言っているわけではありません(笑)。設計は最後まで粘ることが重要だということです。先ほども言いましたが、建築は答えがない世界で、これで終わり、もう大丈夫と思った瞬間に、その先に行けなくなってしまう。最後の最後まで1mmでも良くなる余地がないかを考える。時間ある限り、絶対に今よりさらに良くなりますから。丹下健三が「建築は粘り」だとよくおっしゃっていたそうなのですが、この言葉は僕も事務所でスタッフが嫌になるくらいに言っています(笑)。それは、住宅に限らず建築設計においてとても大事なことだと思います。

渡辺｜日本における大学の設計教育では、模型が非常に重要ですが、例えば法政大学で長くつながりのあったSCI-Arc(南カリフォルニア建築大学)では模型をつくりません。CGのみです。SCI-Arcの教え方も見てきましたが、僕は今の日本における模型を重視するやり方は、ある価値を持っているのではないかと思います。コンセプトは、学生が持っている度量、あるいは自分の腕前によるものなので、何日もかけずにつくることができますし、ドローイングも2週間ずっとやらなくてもできますよね。一方で、完成度の高い模型をつくろうとすると、積み上げるしかなく、時間がかかります。

青木｜そうですね。今回の学生は模型のクオリティも高く、アウトプットの完成度を評価したいと思う一方で、長谷川さんが先ほどおっしゃったように、成果物をまとめあげるためのマネジメントは苦手だが、ギリギリまで考え続け、きっと自分の案が良くなるに違いないと信じ、可能な限り

遠くにボールを投げようとする姿勢は評価したいという想いがあります。どちらが良いというわけではないですが、われわれ教員の評価軸は、学生に対して明確に提示するべきだと思います。

佐々木｜青木さんは25〜29人全員の講評をするのですか?

青木｜先ほど説明した通り、それぞれの非常勤講師が前半課題と後半課題を担当しつつ、講評会では3名の教員が履修者全員の作品を講評するというスタイルですね。そのような形を取ることで、必ず1名はプロセスに関わっていない教員が講評することになるので、ある種の客観性を担保することができるようになっています。

佐々木｜静岡理工科大学だと人数が多過ぎてできないですよね?

田井｜講評会は人数をセレクトします。

佐々木｜セレクトされた人はもちろん講評されるけれど、セレクトされなかった人は成績だけつき、最終ディスカッションもなく、次の課題がスタートとなりますよね?

田井｜グループごとにプレ講評みたいなことをしている教員もいますけどね。

佐々木｜前回のトークイベントでは日本大学の古澤大輔さんから、マスで教える場合、最終クリティークのあり方を考えないといけないという話がありました。当日は採点と講評で時間がなく、次の週には新しい課題が始まってしまう。法政大学もマス教育だと思いますが、いかがですか?

渡辺｜今は1学年120から130人くらいいますが、デザインスタジオは3年生から選択になり、50〜60人くらいになります。選択科目とはいえ、履修人数が少ないことは問題だと僕は思っています。選択科目として取った50〜60人に対しては全員講評をしています。それから4年生の前期もスタジオになり、その後に卒業設計になります。学生を拾い上げていく方法を何とかしないといけませんが、3年生くらいまでは全員が、少なくとも自分の作品を先生が選んだのか選ばなかったかを一言聞くべきだと僕は思います。でもオープンでやっているので、選んだものは話しやすいけれど、選ばなかったのは先生もなかなか言いづらい(笑)。

## 外部のクリティークが担う講評会での役割

渡辺｜長谷川さんが行かれた海外の学校はいかがでしたか?

長谷川｜東工大では、学年の1/4程度の優秀作品が発表できてクリティークからの講評がもらえるという環境だったので、海外でもそうするつもりでしたが、先生方から絶対

ありえないと言われました（笑）。ヨーロッパもアメリカも点数はもちろんつけるけれど、みんな平等というスタイルで、クリティークは全員同じ時間にやらないといけなかったです。

**佐々木**｜クリティークの時間をきっちり取るということですよね？

**長谷川**｜メンドリジオ建築アカデミーでは2日間、朝から夕方まで16時間くらいかけて行います。プレゼンテーションとクリティークで一人あたり40分くらいかけます。

**渡辺**｜いまや日本の大学もファイナルレビューをきっちりやっているところが結構あると思いますが、発表する学生も命がけのような意気込みでやってきますよね。批評内容はどうですか、海外では学生にはどのように対処しているのですか？

**長谷川**｜ゲストクリティークを2、3名呼ぶので、ゲストのキャラクターによって使い分けています。厳しいことを言う人がいたらフォローしたり。

**渡辺**｜ファイナルレビューと言っても日本は、講評というよりも元気づけさせる言葉だけかもしれませんが、批判と言っても必ず良いところと悪いところがあるので両方ともしっかり言ってあげないと、学生のためにはなりませんね。

**長谷川**｜本人も気づいていなかった案の可能性についてしっかり議論することが、その学生にとっても、それを見ているスタジオの学生たちにとっても良いと思います。

**青木**｜今回は頑張ったね、とかではなく、その案が持ち得る可能性を取り上げなければならない。そのような意味では、学生個人に対してコメントしているのではなく、案そのもの自体に対してクリティークしているのだから、すべての学生には主体的に講評会に参加して欲しいですね。そうすることによって初めて、公平なクリティークの場が成り立つのではないかと思います。

**渡辺**｜作品主義でやっていくべきだと思うけれど、田井さんや僕のように専任だと学生をずっと見ているので、努力している人がわかって学生個人に対する評価を除外するのが難しい。だから、講評会で外部の先生を呼ぶのはすごく重要だと僕は常に主張しています。外部の先生の初見のコメントは価値があることですから。先ほど話したアメリカの大学のように週3回見ていると、先生も半分コミットしているわけだから、単なる批評は非常に難しい。

**長谷川**｜共同設計しているようなものですからね。

**渡辺**｜そうですよね。だから、外部のクリティークと内部の

先生の言い合いは起きて当然だと思います。日本の大学は最後の講評会をもっと他流試合としてやるべきで、先生との親密な時間とは別に、最後に出てくる外部のわからない人に批評された際にきちんとコメントができるようにならなくてはいけない。批判されても答えなくてはいけない機会がないと内向きになっていきます。デザインスタジオは親密な空間ですからね。

**田井**｜スタジオ制というのはそのような要素があるし、そのスタジオだからこそできることはありますよね。初学年や選択制でない時は構造や環境に進む学生も全員履修しているので、グループの中で先生と一緒につくっていきます。最終的にそこからセレクトされた作品の講評会がすごく大事で、自分の生徒にはあまりクリティークせず、他の先生方が攻めていく。それをまた他の学生が聞くなかで建築家はそれぞれ評価軸が違うことに気づき、評価軸が合わなかった先生だけれど次は頑張りたいということがあれば良いと思います。正解がないというのは、まさにそのようなことだと思うんですよね。静岡理工科大学では、最終的にピックアップした作品に対するコメントと、全体として見た感想を総評として貼り出します。それを学生が見て、それぞれの先生の評価軸などがわかるようにしています。

## 才能を伸ばすことの難しさとデザイン教育の面白さ

**佐々木**｜ありがとうございます。それでは、視聴者からまた質問が来ていますので、それに対する意見をいただきつつ、まとめに入りたいと思います。まず、パネラーのみなさんの学生当時と今の住宅課題とに違いはありますか？という趣旨の質問です。一方で、今日のお題である「これからの住宅課題」についてですが、これは建築への向き合い方にもつながると思いますので、みなさんに課題としてやっていくべきことを最後にディスカッションしていただければと思います。それでは、みなさんの学生時代と今の住宅課題の違いについてはどうでしょうか？ 田井さんの横浜国立大学在学中から「自然のなかの居住単位」という課題はあったのですか？

**田井**｜僕の時代にはこの課題はなかったのですが、当時の課題も非常に抽象的であったことは確かです。北山恒さんによる課題の改革が始まった時で、最初の住宅課題は名物課題であり、自分で住み手の設定をして、それに合った設計をするという内容でした。具体的な芸能人でも登山家といった抽象的な像でも良い。ただ、敷地は元町辺りに決まっていました。家族設定も自由で、最初から

プログラムを決めさせるようなところがありました。その連続性は今もありますね。自然の中にいるような感じで、居場所をつくるようなことはずっと続いています。

　静岡理工科大学で今出している「開く家」の課題も、どう開くかを提案させる時に家族像なども全部決めさせています。これは横国時代の影響なのかはわかりませんが、それが当たり前になっている気がしました。家族の概念がよくわからなくなっており、シェアハウスで一緒に住んでいる人は、要するに拡大解釈した家族ですけれど、それのためにつくれば住宅ではあると言えるので、どこまで許容していいのかわからなくなります。青木さんが先ほど、パーソナルから遠ざかることの重要性をおっしゃっていましたが、逆に言うと、遠ざかることで住宅でなくなるのではないかという懸念があります。結局、学生がパン屋ばかり注力して設計して、良いパン屋にベッドを置くだけで住宅と言えてしまうような、逆転現象のようなことが起きてしまう。それが時々議論になります。住宅の課題をどのように扱うか。渡辺先生がおっしゃっていたイントロダクションなのか、果たして到達点なのかがわからなくなりつつあります。単位空間だったらイントロダクションになると思いますが、それについてみなさんはどのように考えているかお伺いしたい。

**佐々木**｜地方ならではの住宅課題のつくり方はあるのですか？　東京は一方的に住宅供給事業者の理屈で住宅が供給されていて、スプロールし切っている感じがするけれど、地方は住宅のつくり方がそれとは違う理屈でできているような気もします。

**田井**｜地方では、独立すると家を建てるみたいな風習がありますが、住宅メーカーよりも意外と工務店の自社設計のほうがポピュラーというのはありますね。課題はまだ何を攻めたら良いのか絞り込んでいません。

**佐々木**｜では、これからいろいろな課題が出るということで、今後の課題賞を楽しみにすれば良いということですね（笑）。

**田井**｜難しい（笑）。

**渡辺**｜特に住宅はスケールが人間に近いので、先生がナラティブのボールを課題に込めて投げるけれど、学生にとってあまり近過ぎず遠過ぎない課題を出せるかどうかは、先生方の設計課題をつくる腕前によるのではないかと思います。大学で設計行為を学ぶプロセスの中で、その一部を徐々に習得してもらうという目的もあるし、その前に設計に興味を持ってもらうという狙いもあります。先

ほど長谷川さんのスピーチにあったように高校生が朝練の前に来てでも模型をつくりたくなるような力が設計にはあるので、それさえ感じてもらえれば、あとは自分たちでやってくれるのではないかと僕は思います。

　だから、そのようなナラティブをどうやってつくれるかが、課題を出す側の非常に重要なテーマではないかな。住宅課題賞に応募している学校はそうではないと思いますが、まだまだ課題内容についてもっと検討が必要な学校はあると思います。でも、そのような課題で這い上がってくる人もいるかもしれないから、なんとも言えません。それこそ、東京へ出るのは難しいけれど静岡なら通える学生が、たまたま静岡にできた理工科大学に通い、そこから才能が伸びるのを楽しみにしているわけじゃないですか。先生と出会って開花する、それがデザイン教育の面白さだと思います。

**田井**｜ストーリーやコンセプト、プログラムを締め切りの2週間前までずっと取り組んで、結果、形にならない学生が時々いると思いますが、それをどう捉えるべきか、評価すべきなのか。それこそ長谷川さんの話したような、全く違う案が出てくる可能性が高いけれど、図面や模型などが中途半端ということも起きうるんですよね。

**渡辺**｜でも、将棋で1時間長考して最後の1分将棋で勝つ人もいるじゃない（笑）。そこがデザインの面白さだと思います。普通はタイムマネジメントをうまくする人が勝つのだけれど、1分将棋のように勝つことがある。それは、おそらく天才的ですごく馬力を持った人のみであり、その素質を持った学生はそれでも良いと言えるような平均型でない柔軟性のある教育方針こそ、教育方針として望ましいのではないかな。

**田井**｜そうですね。

**佐々木**｜青木さんは、先ほどの課題に対する話についていかがですか？

**青木**｜一般的には、最初はパーソナルな空間をデザインする課題から始まり、住宅、集合住宅と徐々に規模とプログラムが複雑になる構図が往々にあるかと思いますが──。

**長谷川**｜青木さんが北海道で学んだ時も、そうだったのですか？

**青木**｜そうですね。当時母校の住宅課題では敷地が決まっていなくて、A4サイズの課題の要綱には、架空と思しき簡単な敷地図が描かれているのみでした。そのため、いろいろ勉強していくと、建築にはコンテクストというものがあり、周辺環境のリサーチも必要らしいということがわ

かっていくのですが、架空の敷地だから、やりようがない
んですよ。そうすると、住宅の場合は、さしあたり卑近な
問題に向き合うしかないんですよね。住宅は身近な存在
でしかないというか、ありふれた住宅の設計から脱するこ
とができないという経験をしました。そのような想いから
も、学生には「住宅を設計しなさい」ではなく「住宅から遠
ざかりなさい」と言いたい。住宅の設計を通して、自分の
身体感覚や価値観、既存の枠組みを一旦外側から見つ
め直し、どれだけ逸脱できるのか、その距離を推し量って
みるトレーニングとして課題を位置づけたいという想いは
ありますね。それは非常勤講師ゆえの気楽な立場で、テ
クニカルな部分から少し距離を取り、抽象的なことを振り
かざしているだけなのかもしれませんが、常に意識してい
ることですね。

**佐々木**｜一方で、リフォームの座学も持たれていますが、
座学と演習を組み合わせていく可能性もありますか?

**青木**｜もう一つ問題だと思っていることがあります。学生と
話しているとレファレンスに乏しい印象を受けます。もちろ
ん頑張って勉強している学生もいるのですが、引き出しの
中には何も入っていないというか。それは建築家の作品
だけでなく、アートでも構わないのです。そのため、文化
学園大学で受け持っているリフォーム計画という座学の授
業では、リノベーションの事例を国内外を問わず広く紹介
しながら、コメントを添えてレビューしつつ一人で感動す
るという授業を行っています（笑）。学生と一緒にレファレ
ンスをストックすることが狙いで、さまざまな事例を引き
合いに出して、ひょっとしたらリノベーションも新築も変わ
らないのではないかとか、建築の可能性を押し広げられ
るのではないかとか、徹底的に話の風呂敷を広げていく
授業です。座学の内容が、演習で実際に手を動かす際の
エンジンになることもあるでしょう。それらの相互関係は
意識すべきことかもしれないです。

## 歴史や設計だけでなく
## 批評性を養うことが大切

**佐々木**｜ありがとうございます。長谷川さんの東工大在学
時の課題と、今自分が関わっている課題の違い、これか
ら住宅を教えていく方法についてご意見あれば、教えて
いただきたいです。

**長谷川**｜まず東工大の建築教育に関していうと、オーセン
ティックと言いますか、パッと見の派手さや設定の特殊さ
で競うよりも、思考の深度が求められるようなところが
あったと思います。建築の新しさは、単にこれまで誰も
やってないことをすることではなく、むしろすでにあるも
の、これまで人間が積み上げてきたものとの関係の中に

生まれるというような考え方が共有されていました。先生
方が先ほど話したような建築の批評性や意味について講
評会の中で話されるので、僕なんかはそれに影響を受け
たし、鍛えられました。既存の建築のボキャブラリーや周
りの建物と同じやり方で、いかに違うものをつくるかとい
うことを学びました。

　僕が大学で出してきた設計課題は、ある特定の都市の
住宅タイポロジーを選んで、その現代版を設計するという
ものです。ベルリンではアーバンヴィラ、ジードルング、ブ
ロックという3つのタイポロジー、ロサンゼルスではディン
グバットというピロティ形式のアパート、ボストンはトリプル
デッカーという3階建ての普通木造、ニューオーリンズで
はショットガン、クレオール・コテージ、クレオール・タウン
ハウスという3つのタイポロジーを選びました。これらはど
れも、それぞれの都市でデベロッパーが19世紀後半から
20世紀前半に建てたものですが、リノベーションされなが
ら今も残っています。まずは実測したうえで歴史や構法な
どをリサーチし、現代の条件のもとでそのタイポロジーを
更新するという課題です。これが学生たちにはなかなか
難しいようで、タイポロジーから離れ過ぎてしまうんですよ
ね。半分くらいの学生は自分のデザインに意識が向いて
しまうので、ベースとするタイポロジーを無視した提案を
してこれが面白いなどと言い始めるんですが、それでは
意味がない。タイポロジーにはその場所の技術や知恵が
生きていて、それを活用しながら形や意味を少し変えるこ
とで、現代の問題や今の私たちの暮らし方、生き方など
に響き合う提案をしなくてはいけない。設計課題は、学
生たちに自由に構想させることも必要だとは思います
が、なによりも現実世界を注意深く観察すること、そして
そこに鋭く切り込んでいく提案をするトレーニングが重要
だと思っています。

佐々木｜ありがとうございます。僕もいろいろなところで非常勤をやっている印象として、観察して発見するというプログラムが建築のカリキュラムには意外とないんです。つくるといっても最初はつくれない人がいますが、見るとか観察することは、つくるよりもハードルが低い。建築を読むという授業もありそうだけれど実は意外とない。でも、先ほどの高校生のワークショップのように、きっかけをつくってあげればできると思うんですが、その授業が大学にはないんですよね。

長谷川｜アメリカやヨーロッパの大学には理論や批評の授業があるのですが、日本では歴史の一部として少し学ぶくらいです。そこが設計課題がまるで一発芸のようになってしまう要因で、歴史や批評と設計はひとつながりでないと本来はダメだと思うんです。

佐々木｜最後に渡辺さんより、法政大学を退任されたことも振り返りつつ、お話しいただけたらと思います。

渡辺｜僕は京都大学で学びましたが、在学中には感動的な住宅課題を一度も経験したことがないです。もちろんその後は、高松伸さん、岸和郎さん、竹山聖さん、平田晃久さんなど僕の友人でもある秀でた建築家が教えているのでだいぶ変わっていると思います。だから古い話となりますが、僕は大学で学ぶべきものがほとんどなく、先生から学ぼうという気持ちになったのはハーバード大学デザイン大学院に行ってからです。こちらが避けても先生が週3回会いに来るんです（笑）。チームXにいたイェジー・ソルタンなどは、僕が英語はあまり得意ではなかったのに対し、「お前も英語が下手だけれど、竹山聖も英語が下手だった。言葉は下手でもいいんだ。デザインはドローイングだ」ということを言ってくれました（笑）。

それで、住宅課題ではないけれど僕が非常にショックを受けたのは、『新建築』で毎年開催している住宅コンペ（新建築住宅設計競技）で磯崎さんが審査員だった時、当時僕はおそらく京都大学の大学院生だったと思うのですが、「わがスーパースターたちのいえ」という課題でした。1等に選ばれたのはトム・ヘネガンの案でしたが、AAスクールを卒業したばかりのイギリス人の案がピーター・スミッソンやハンス・ホラインを退けてなぜ1等に選ばれたのかがわからなかったんです。日本の建築教育ではついていけないとつくづく思いました。トムと僕はほぼ同い年なのですが、磯崎さんが剛速球で遠くに投げた課題に対し、当時の僕の建築教育が全くついていけなかった。AAスクールという学校は、彼にあのようなことを考える力を与えたわけですが、その後もレム・コールハースやザハ・ハディドなどを輩出しており、やはり違うなと思いました。住宅課題賞もまだまだ頑張って、新たな「わがスーパースターたちのいえ」のような課題をどこかの学校の先生が出すようになるとすごいと思います。50以上の学校が応募しており、みんなすごくレベルが高いけれど、似通っているところが少し気になります。ナラティブがみんな似ているのは、日本の戦後教育の特徴である均質性という網に引っ掛かっているのではないでしょうか。

佐々木｜みなさん長時間ありがとうございました。学生のみなさんに、僕から一言伝えたいのは、学生がもっと声を上げても良いのではないかということです。学部1年で入った時から義務教育ではなく専門教育になるので、自分たちの学びたいことをきちんと考え、発信していくと良いと思います。長谷川さんが高校でやられていたようなことを、大学でもどんどんやっていける状況をつくれると良いのではないでしょうか。今回視聴されたみなさん自身が声を上げていっても良いと思います。そのような気持ちを持って建築を続けていって欲しいと思います。

# ♪ 総合資格学院の本

## ▶ 法令集 & 試験対策書

建築士 試験対策
**建築関係法令集 法令編**
定価:3,080円(税込)
判型:B5判

建築士 試験対策
**建築関係法令集 法令編S**
定価:3,080円(税込)
判型:A5判

建築士 試験対策
**建築関係法令集 告示編**
定価:2,750円(税込)
判型:B5判

1級建築士 学科試験対策
**学科 ポイント整理と確認問題**
定価:3,630円(税込)
判型:A5判

1級建築士 学科試験対策
**学科 厳選問題集 500+125**
定価:3,410円(税込)
判型:A5判

1級建築士 学科試験対策
**学科 過去問スーパー7**
定価:3,080円(税込)
判型:A5判

2級建築士 学科試験対策
**学科 ポイント整理と確認問題**
定価:3,410円(税込)
判型:A5判

2級建築士 学科試験対策
**学科 厳選問題集 500+100**
定価:3,190円(税込)
判型:A5判

2級建築士 学科試験対策
**学科 過去問スーパー7**
定価:3,080円(税込)
判型:A5判

2級建築士 設計製図試験対策
**設計製図テキスト**
定価:4,180円(税込)
判型:A4判

2級建築士 設計製図試験対策
**設計製図課題集**
定価:3,300円(税込)
判型:A4判

宅建士 試験対策
**必勝合格 宅建士 テキスト**
定価:3,080円(税込)
判型:A5判

宅建士 試験対策
**必勝合格 宅建士 過去問題集**
定価:2,750円(税込)
判型:A5判

宅建士 試験対策
**必勝合格 宅建士 オリジナル問題集**
定価:2,200円(税込)
判型:四六判

宅建士 試験対策
**必勝合格 宅建士 直前予想模試**
定価:1,650円(税込)
判型:B5判

1級管工事施工管理技士
**第一次検定 問題解説**
定価:2,970円(税込)
判型:A5判

1級管工事施工管理技士
**第二次検定 問題解説**
定価:3,080円(税込)
判型:A5判

1級建築施工管理技士
**第一次検定 問題集**
定価:3,080円(税込)
判型:A5判

2級建築施工管理技士
**第一次検定・第二次検定 問題解説**
定価:1,870円(税込)
判型:A5判

2級建築施工管理技士
**第一次検定 テキスト**
定価:2,420円(税込)
判型:A5判

## ▶ 設計展作品集 & 建築関係書籍

**建築新人戦 オフィシャルブック**
定価:1,980円(税込)
判型:A4判

**JUTAKU KADAI 住宅課題賞**
定価:2,420円(税込)
判型:B5判

**Diploma×KYOTO**
定価:1,980円(税込)
判型:B5判

**歴史的空間再編コンペティション**
定価:1,980円(税込)
判型:B5判

**ヒロシマソツケイ**
定価:1,980円(税込)
判型:B5判

**Design Review**
定価:1,980円(税込)
判型:B5判

**NAGOYA Archi Fes**
定価:1,980円(税込)
判型:B5判

**卒、20 全国合同建築卒業設計展**
定価:1,650円(税込)
判型:B5判

埼玉建築設計監理協会主催
**第21回 卒業設計コンクール作品集**
定価:1,100円(税込)
判型:B5判

**トニカ 北九州建築展**
定価:1,650円(税込)
判型:B5判

**JIA 関東甲信越支部 大学院修士設計展**
定価:1,980円(税込)
判型:A4判

**赤レンガ 卒業設計展**
定価:1,980円(税込)
判型:B5判

**都市・まちづくりコンクール**
定価:1,980円(税込)
判型:B5判

**JIA神奈川 学生卒業設計コンクール**
定価:1,980円(税込)
判型:B5判

**建築模型で学ぶ! 木造軸組構法の基本**
定価:7,700円(税込)
判型:A4判変形

お問い合わせ

## 総合資格学院 出版局

[URL] https://www.shikaku-books.jp/　[TEL] 03-3340-6714

# 1級建築士試験 全国 合格者占有率 No.1

## 総合資格学院は「今」最も合格者

### 令和2年度 1級建築士 学科・設計製図試験

**全国 ストレート合格者占有率**

# 60.8%

他講習利用者＋独学者／当学院当年度受講生

全国ストレート合格者1,809名中／
当学院当年度受講生1,099名
〈令和2年12月25日現在〉

### 令和2年度 1級建築士 設計製図試験

**全国 合格者占有率**

# 53.8%

他講習利用者＋独学者／当学院当年度受講生

全国合格者3,796名中／
当学院当年度受講生2,041名
〈令和2年12月25日現在〉

### 令和3年度 1級建築士 学科試験

**全国 合格者占有率**

# 45.6%

全国合格者4,832名中／
当学院当年度受講生2,202名
〈令和3年9月7日現在〉

---

### 令和3年度 2級建築士 学科試験

**当学院基準達成 当年度受講生合格率**

# 94.0%

全国合格率 42.0%

8割出席・8割宿題提出・
総合模擬試験正答率6割達成
当年度受講生763名中／合格者717名
〈令和3年8月24日現在〉

### 令和2年度 2級建築士 設計製図試験

**当学院基準達成 当年度受講生合格率**

# 82.6%　その差 31.9%

当学院基準達成者以外の合格率 50.7%

8割出席・8割宿題提出・模試2ランクⅠ達成
当年度受講生841名中／合格者695名

**当学院当年度受講生合格者数 1,974名** 〈令和2年12月10日現在〉

---

### 令和3年度 1級建築施工管理 第一次検定

**当学院基準達成 当年度受講生合格率**

# 81.4%　その差 45.4%

過去10年で最も低い全国合格率 36.0%

6割出席・6割宿題提出
当年度受講生440名中／合格者358名
〈令和3年7月16日現在〉

### 令和3年度 建築設備士 第一次試験

**当学院基準達成 当年度受講生合格率**

# 75.0%　全国合格率の 2倍以上

全国合格率 32.8%

8割出席・8割宿題提出
当年度受講生40名中／合格者30名
〈令和3年7月29日現在〉

---

### 令和3年度 2級建築施工管理 第一次検定（前期）

**当学院基準達成 当年度受講生合格率**

# 75.7%　全国合格率の 2倍

全国合格率 37.9%

8割出席・8割宿題提出
当年度受講生103名中／合格者78名
〈令和3年7月6日現在〉

### 令和3年度 1級土木施工管理 第一次検定

**当学院基準達成 当年度受講生合格率**

# 82.4%

全国合格率 60.6%

6割出席
当年度受講生102名中／合格者84名
〈令和3年8月19日現在〉

---

※当学院のNo.1に関する表示は、公正取引委員会「No.1表示に関する実態調査報告書」に沿って掲載しております。　※全国合格者数・全国ストレート合格者数は、（公財）建築技術教育普及センター発表に基づきます。　※学科・製図ストレート合格者とは、令和2年度1級建築士学科試験に合格し、令和2年度1級建築士設計製図試験にストレートで合格した方です。　※総合資格学院の合格実績には、模擬試験のみの受験生、教材購入者、無料の役務提供者、過去受講生は一切含まれておりません。

 **総合資格学院**
東京都新宿区西新宿1-26-2 新宿野村ビル22階 TEL.03-3340-2810

総合資格 ［検索］

スクールサイト ⇒ https://www.shikaku.co.jp
コーポレートサイト ⇒ http://www.sogoshikaku.co.jp

Twitter ⇒「@shikaku_sogo」 LINE ⇒「総合資格学院」 Facebook ⇒「総合資格 fb」で検索！

おかげさまで総合資格学院は「合格実績日本一」を達成しました。
これからも有資格者の育成を通じて、業界の発展に貢献して参ります。

総合資格学院学院長　岸 隆司

# を輩出しているスクールです！

令和2年度 **1級建築士** 設計製図試験 卒業学校別実績

**卒業生合格者20名以上の学校出身合格者のおよそ6割は当学院当年度受講生!**

卒業生合格者20名以上の学校出身合格者合計2,263名中／
当学院当年度受講生合計1,322名

下記学校卒業生
当学院占有率 **58.4%**

他講習利用者＋独学者 / 当学院当年度受講生

| 学校名 | 卒業合格者 | 当学院受講者数 | 当学院占有率 | 学校名 | 卒業合格者 | 当学院受講者数 | 当学院占有率 |
|---|---|---|---|---|---|---|---|
| 日本大学 | 162 | 99 | 61.1% | 東洋大学 | 37 | 24 | 64.9% |
| 東京理科大学 | 141 | 81 | 57.4% | 大阪大学 | 36 | 13 | 36.1% |
| 芝浦工業大学 | 119 | 73 | 61.3% | 金沢工業大学 | 35 | 16 | 45.7% |
| 早稲田大学 | 88 | 51 | 58.0% | 名古屋大学 | 35 | 22 | 62.9% |
| 近畿大学 | 70 | 45 | 64.3% | 東京大学 | 34 | 16 | 47.1% |
| 法政大学 | 69 | 45 | 65.2% | 神奈川大学 | 33 | 22 | 66.7% |
| 九州大学 | 67 | 37 | 55.2% | 立命館大学 | 33 | 25 | 75.8% |
| 工学院大学 | 67 | 31 | 46.3% | 東京都立大学 | 32 | 21 | 65.6% |
| 名古屋工業大学 | 65 | 38 | 58.5% | 横浜国立大学 | 31 | 15 | 48.4% |
| 千葉大学 | 62 | 41 | 66.1% | 千葉工業大学 | 31 | 19 | 61.3% |
| 明治大学 | 62 | 41 | 66.1% | 三重大学 | 30 | 16 | 53.3% |
| 神戸大学 | 58 | 27 | 46.6% | 信州大学 | 30 | 16 | 53.3% |
| 京都大学 | 55 | 28 | 50.9% | 東海大学 | 30 | 16 | 53.3% |
| 大阪工業大学 | 55 | 34 | 61.8% | 鹿児島大学 | 27 | 18 | 66.7% |
| 東京都市大学 | 52 | 33 | 63.5% | 福井大学 | 27 | 11 | 40.7% |
| 京都工芸繊維大学 | 49 | 23 | 46.9% | 北海道大学 | 27 | 13 | 48.1% |
| 関西大学 | 46 | 32 | 69.6% | 新潟大学 | 26 | 18 | 69.2% |
| 熊本大学 | 42 | 23 | 54.8% | 愛知工業大学 | 25 | 17 | 68.0% |
| 大阪市立大学 | 42 | 22 | 52.4% | 中央工学校 | 25 | 12 | 48.0% |
| 東京工業大学 | 42 | 17 | 40.5% | 京都建築大学校 | 23 | 19 | 82.6% |
| 名城大学 | 42 | 27 | 64.3% | 武庫川女子大学 | 23 | 13 | 56.5% |
| 東京電機大学 | 41 | 25 | 61.0% | 大分大学 | 21 | 12 | 57.1% |
| 広島大学 | 38 | 29 | 76.3% | 慶応義塾大学 | 20 | 9 | 45.0% |
| 東北大学 | 38 | 26 | 68.4% | 日本女子大学 | 20 | 11 | 55.0% |

※卒業学校別合格者数は、試験実施機関である(公財)建築技術教育普及センターの発表によるものです。※総合資格学院の合格者数には、「2級建築士」等を受験資格として申し込まれた方も含まれている可能性があります。〈令和2年12月25日現在〉

| 開講講座一覧 | 1級・2級建築士 | 構造設計/設備設計1級建築士 | 建築設備士 | 1級・2級建築施工管理技士 | 1級・2級土木施工管理技士 | 法定講習 | 一級・二級・木造 建築士定期講習 | 第一種電気工事士定期講習 | 宅建登録講習 |
|---|---|---|---|---|---|---|---|---|---|
| | 1級・2級管工事施工管理技士 | 1級造園施工管理技士 | 宅地建物取引士 | 賃貸不動産経営管理士 | インテリアコーディネーター | | 管理建築士講習 | 監理技術者講習 | 宅建登録実務講習 |